王尔敏 著

史 学 方 法

中华书局

图书在版编目（CIP）数据

史学方法/王尔敏著. —北京:中华书局,2018.3
（2021.12重印）
ISBN 978-7-101-13072-0

Ⅰ.史… Ⅱ.王… Ⅲ.史学-研究-中国 Ⅳ.K092

中国版本图书馆 CIP 数据核字（2018）第 022447 号

书　　名　史学方法
著　　者　王尔敏
责任编辑　欧阳红
出版发行　中华书局
　　　　　（北京市丰台区太平桥西里 38 号　100073）
　　　　　http://www.zhbc.com.cn
　　　　　E-mail:zhbc@zhbc.com.cn
印　　刷　北京市白帆印务有限公司
版　　次　2018 年 3 月北京第 1 版
　　　　　2021 年 12 月北京第 2 次印刷
规　　格　开本/920×1250 毫米　1/32
　　　　　印张 10　插页 2　字数 300 千字
印　　数　2001-4000 册
国际书号　ISBN 978-7-101-13072-0
定　　价　48.00 元

目　录

增订本自序

　　鄙人生平学术著作有二十四种，在国内出版者二十种，另有一种重复者不计，其中唯一被用于大学部历史系作教材者即是《史学方法》。此书虽用作教本，实据个人深心专门研究，讲求学术规制与严格义法，既供后生参阅，必当讲示规范。故此书当具有学术资格。

　　在此尚须略述个人教书经历。鄙人出身研究机构，而且在大学教历史课，大学系所讲中国近代史十二年，中国近代思想史十九年，近代史料分析四年，近代重大问题研究四年，近代史研究一年。而又在大学研究所分别任硕士班、博士班之专门课程。在我退休前之八年间，曾在台湾师范大学历史研究所分别给硕士班、博士班开课。俱是一年两学期，全年四学分之课。我的立场，凡教研究所之课决不可与大学部之课雷同。是故在硕士班开讲"方志学"及"历史地理"，分年轮开。方志学各在专门名家，我自按传统群书内涵，分章节讲授。至于开讲"历史地理"，则是完全开新内容。早先世所熟知之"历史地理"乃是沿革地理，专门名家乃是岑仲勉先生。鄙人佩服而不加引用，我所开讲之历史地理乃完全不按旧章,不仅不用沿革地理,亦不讲顾炎武之《天下郡国利病书》以及顾祖禹之《读史方舆纪要》。鄙人之"历史地理"乃得自于业师地理学大师沙学浚之《史地综论》所采用之"地缘政治学"(Geopolitics),正是近代后起之新学问。例如我讲到香港、新加坡,其位置价值是十字路,而直布罗陀之位置价值乃是堡垒。讲到空间价值,地中海之空间价值,乃是欧洲全部之安全保障,若不能掌控地中海,欧洲难得安宁。因是乃罗马帝国必须争夺非洲,三次大战乃灭亡迦太基。近代拿破仑争夺北非败于纳尔逊。二次大战时,希特勒派隆美尔争夺北非而败于蒙哥马利之手。看来今世仍重要,尚无人能完全掌控地中海。

我当然也就大中国历史举例分析,凡长城、运河亦是重要论题。

至于师大博士班之课,我亦开讲两种学课,亦是一年四学分,分年轮开。我开讲"中国古代典籍"有四年,开讲"掌故学"有三年,开讲"清人简牍"有一年。这些课全是由我所创,但我不要自专,而盼望史家同道也开此课,尤其大陆大学之盛,大师以数十计,专门名家以数百计,他们开课决胜于我。

关于史学学问专门,我经研治即有著作有五种书。若《新史学圈外史学》属于史学通论之类,若《二十世纪之非主流治史学与史家》乃属史学史之类,若《史学方法》乃为方法学之类。此外著有《中国古先智慧今诠》以及《演史开新别录》,此二者则属我个人之史学开拓之类。此处所著后者之两种,无不免冒昧仿入古学类。

想来,中国大陆之古学盛状,岂敢妄想插手探讨此一领域,在此自须略作申解。前已提及大陆古史大师以数十计,古史名家以数百计,我等末学岂敢犯此领域?须知学术界必要弄清楚人弃我取,学术是天下之公器,万千题材,未必样样兼顾。我等在台湾同道治学者,竟有人研治到大陆所向来未涉论之问题,可略举事实。有位中国政治史学的缪全吉博士(已故台大教授)著有《明代胥吏》,大陆研治政治制度无人论及胥吏,亦决未见成书,而使缪教授领先。缪全吉教授另著有《清代幕府制度》,大陆学者亦尚无人谈及,更无此类书。看来俱被缪教授领先。两书应可传世不朽。再举我近代史学同事魏秀梅教授,著有《清代回避制度》,大陆向无人论及此学掌故,自无成书。魏教授此书自亦当传世不朽。再有吾之门人刘德美博士(已退休教授)著有《清代学官制度》,通论清代之教谕、教授、学正、训导等职十分详备。大陆亦并无人涉谈学官制度,刘教授之书亦可传世不朽。

我之敢于插手古史,亦正在于人弃我取。举实而言,同一世代,大陆绝不愿谈王道。哎呀!这样高尚学术,怎可不谈。因而我写三篇论文,一是《中国上古之存祀主义》,我自殷商武丁论起,以周武王为代代主轴,包括孔子、司马迁之言论,足以表现"兴灭国、继绝世"之伟大思想。今世大陆学者绝对不会涉谈神仙。鄙人写两篇文章大谈神仙,俱载上述拙著之中,敬祈同道名家取以评判指教。

我们近代史研究所同仁,俱必主张学习他人,仿行外国学问政教,乃是中国向西方反应而讨论,同时也接受美国学者费正清(John King Fairbank)的理论,即是 China's Response to the West。我们提倡仿习西洋之见,乃是为了国家富强,我国早期先知先觉魏源在 1844 年就已"师夷之长技以制夷",我们同仁也都是提倡者。

其实中国古代早有这种仿习他人之思想,即是《吕氏春秋》中的"贵因",大陆无人涉谈,鄙人则写成《先秦贵因思想》一文,敬请同道识家教正。

凡以上陈叙个人之敢于演论古代史迹,多是本之于人弃我取,决不愿冒然涉论古代多人能谈之论题,尤其不会与人争一日之短长。

最后要说,鄙人撰此自序,一在表述个人之教学经历,使同道信任我能出版方法学之书;一在申明我个人对国内学风有充分了解;一在盼望在校开讲方法学者能够以拙著为教材。作此交代，以释疑虑，弥望同道先进不吝指教。

河南王尔敏写于多伦多市
二〇一七年八月二十三日

自　序

二十世纪初始，梁启超创说"新史学"一个治学方向，遂自一九〇二年起，中国史学开出与前古不同之路，直迄二十世纪之末，史学固自人才鼎盛，但亦处士横议，百家争鸣，新说层出，流派纷呈。原是可喜现象，而一些学者争夺主流，是丹非素，又不免歧异丛生，形成鸿沟。实质上争较宗主，反而嫉妒仇对，倾轧排斥。吾在其同代，自亦备览龌龊，真是今不如古。

二十世纪二十年代，史界主流学派就是包括疑古派的科学派史学。在科学主义思想潮流之盛世，自是风靡全国，但不久就出现马列科学派史学，日趋壮大。二者敌对甚深，互相丑诋。我亲自听到董作宾先生述说，郭沫若骂他们科学派史学家是"抱着金饭碗讨饭吃"，也亲自听到何炳棣近年讲演骂他们是"钻在老鼠洞里称大王"。其实更强烈的丑诋斥骂，在大陆报刊上多次出现，不必细举。虽是如此分野，但我这五十年来的治学是追随科学派史学流派的路子，我想我比任何同类史家更要注重科学。这本《史学方法》是我许多物证之一。我自读大学,即追随新风气,用心于科学治史,始终不渝。

吾于二十世纪七十年代曾在台湾师范大学史学研究所讲授"史学方法"一课,连续开讲四个年度。接着草成此书,于一九七七年出版,算来已将三十年头。

大陆史学界对拙著之鉴赏知音,最早有清史名家王戎笙先生,他在二十余年前访美时得见此书,而寻章摘句,大量引入其所编《港台清史文摘》之中。自此吾在香港中文大学时有通信来往。嗣后上海熊月之先生访台,阅读拙著,亦多鉴赏此书。近十年间又得中国社会科学院文学研究所贺照田先生识赏,介荐于大陆出版。吾自欣然接受,并签合约。但爱惜羽毛,须先细校,并作增补,而实有增无删,代表吾于所作常保信持。我相信学术是天下之公器,今能在大陆出版,结识广众学人,盼得指教,实感荣幸。

梁启超所开创二十世纪新史学之路,于今百年,这一代史学之回顾,已有顾颉刚之《当代中国史学》和许冠三之《新史学九十年》可供史学史性之参考。但简括以观此一新史学时代中新路,所走出者厥为三个重点,表现二十世纪史学特色,即史学通论、史学方法、史学史,可代表二十世纪新史学之内涵。鄙人自是承时代风气,而有史学方法之作,大可以忝列梁启超史学之路一位忠实效力者。

拙作提供大陆学界,要先自省此书是否参考广博,网罗先贤旧闻、当世高见?是否具有完密架构,具申理层次?是否提正确积极制断,供学人参酌?是否讲究文字运用,典丽晓畅?经过详慎复校补充,愿以提呈史界评断,当负一切责任。

大陆史学界除前述三位学者我当深心感谢之外,其他相识学者,北京方面有李侃、刘德麟、陈东林、张海鹏、耿云志、王庆成、郝治清、欧阳哲生诸位先生,东北方面有关捷先生,天津方面有江沛、侯杰两先生,山东方面有戚其章先生,南京方面有张宪文先生,上海方面有易惠莉、顾卫民、忻平、冯金牛诸位先生，杭州方面有陈学文先生，福州方面有林庆元先生，广州方面有陈胜粦、林家有、韦庆远、桑兵诸位先生，在此敬祈不吝指教。

饮水思源，我在此当申述研治史学方法的师承根源。五十年前受教朱云影业师的"史学通论"，受教于王德昭业师的"史学方法"，自是史学领域知识所本。虽然所著与师门所教已有不同，但启牖之恩不能不永存感戴。俾世人俱知我所学有本，本在何处。

本书学术责任，著者个人自负，凡海内外同道方家，愿意以文会友，有所指教，必当虚心商磋，互相协济以力求进步。

王尔敏

二○○五年十月

第一章　引　论

　　史学方法是民国初年所发展出之一门学问,迄今尚未形成一定体制,全在讲授者自行设计,自行开创体例,故一面显示讲授之绝大自由,一面又显示涣漫杂乱,无所遵循。以往之五十余年,史学方法之著作出现不少,除若干零散常识可备采用者外,而所谓方法云者,多不免纸上谈兵,毫无裨于实际。有些条分缕析,十分琐屑,看似甚有系统,而实际用于研究,决难自信必然一一遵循,仍不免一派空言。

　　今日实际现象,大概所谓社会科学学者,最喜探讨理论与方法,往往人各一词,实际又不免大致雷同。固已使初学者无所适从,更严重关键,则在于理论虽多,而均有漏洞,方法虽新,亦多不适用,只可供作参考,以备更新理论方法之创造。然即令再次不断出现创新理论与方法,而实际上则亦不过多出一种理论与方法,以增加原已繁乱杂驳之现象而已。至于展望未来,则新理论新方法之继续出现,当终无有止期。此固显示学术进步,无有止境,而千百学者之耗竭心力,苦思冥索,创造理论与方法,其自信或确认放诸四海而皆准,俟诸百世而不惑,绝未料仅供学术发展过渡之参考而已。或竟转眼之间,而成明日黄花。至莘莘学子何其不幸,而随新理论新方法任其播弄一时,随风波流转,甚至奉为真理不二法门,终生不悟。检讨过去,环顾学术现状,与教学需要,终不能不戒慎警惕,以信撰述方法论之不易着手。其间最大考虑,则在于检讨其是否有较持久之效用,以及是否影响后生之误入歧途。

阅读我国五十年前后各种史学理论与方法之书,学者未尝不是苦心孤诣悉力教导方法,但亦不免其无意中误人子弟。余亦从事教授此课,四年于兹,就经验而得,亦深知已加入误人子弟之行列。盖凡普遍概念之方法原则,似若天罗地网之周遍,而于实用之需要,则不能捉捕蝇蚋。此所以慨叹其误人之处。请任一人文社会科学学者冷静思考,其所能以教人治学之有效方法何在?五十年来学界人士所高呼倡导之科学方法者,虽已响彻云霄,历久不衰,而充其实际,方法条理之内容又在何处?顾颉刚自述其科学方法有谓:

> 我常说我们要用科学方法去整理国故,人家也就称许我用了科学方法而整理国故。倘使问我科学方法究竟怎样,恐怕我所实知的远不及我所标榜的。①

在同一文中顾氏并说及其最深领悟亦不过如此。彼虽有意撰著方法论之书,不过仍是徒托空言,终未实现。然则标榜科学方法云云,仍不出"科学方法"四字,毫无实质内容。学界流风,通行五十余载,真成欺世之尤。至在"科学方法"一命义之下,一些老权威学者,个个像入定老僧,使人莫测高深,看不出丝毫破绽。曾有谁人写出一毫经验方法留给后人?此一鲜明高张之"科学方法"徽帜,所以徒蒙冒滥之污

---

① 顾颉刚:《古史辨·自序》,《古史辨》,第一册,第九四页。

秽而无所用于治史之实情,又有谁能掩尽天下人耳目而敢称谓并无
其事。

然事豫则立,不豫则废,无论如何,治史之一门学问,岂可没有方
法? 既从事史学研究,又岂可不讲究方法? 此余固不厌俗陋粗浅,不
惮误人子弟之嫌,而终愿略提研究经验,以备后人之采择。唯须特为
声明者,著此《史学方法》一书,旨在赎我罪愆,以谢往者四年误人子弟
之重罪。而且决将远离现今通行科学方法之命义,不欲冒称,亦不愿
同流。

凡属一门独立学问,实自然能发展出理论与方法,史学亦无例外,
学者焉可舍而不顾。张致远(贵永)已就学术成长抒论其道理:

> 学术的变迁须受文化演进的影响。这门学问的历史愈久,变
> 迁亦较有意义。无论哪一门学问,研究的程序终是由紊乱而趋于
> 有系统的,由简单事实的凑合,一进而为普遍的推论。其次,就从
> 外表事实的观察进而研究内心的关系及其特性。最后根据因果
> 关系,研究这全部分关联的事实,当作有机体似的。这样照我们
> 现在的观念说来,才是真的学术,这种渐次演进的情形,在史学的
> 发展上亦是如此。①

何炳松亦言学问贵有体系:

> 总之,研究学问,贵有纲纪。所谓学能"得其条理,由合而分,
> 由分而合,无不可为"(《戴东原集·年谱》)。若罔识大体,徒事
> 赅存,则"一岁所出,不知几千百亿。岁岁增之,岱岳不足聚书,沧
> 海不足供墨瀋矣。天地不足供藏书,贱儒即死,安所更得尺寸之

---

① 张致远:《史学讲话》,第二页。

隙,以藏魂魄哉?"(《章氏遗书·博杂》)。①

梁启超亦申言史为诸学科基础,当需及早建立史学体系:

> 凡治各专门学之人,亦需有两种觉悟:其一,当思人类无论何
> 种文明,皆须求柢于历史。治一学而不深观其历史演进之迹,
> 是全然蔑视时间关系,而兹学系统,终末由明了。其二,当知今日
> 中国学界,已陷于"历史饥饿"之状况,吾侪不容不亟图救济。历
> 史上各部分之真相未明,则全部分之真相亦终不得见。而欲明各
> 部分之真相,非用分功的方法深入其中不可,此决非一般史学家
> 所能办到,而必有待于各学之专门家分担责任。此吾对于专门史
> 前途之希望也。②

西方史家伯伦汉(E.Bernheim)并言人类社会不可一日缺少史学:

> 具有演化动作之人类社会,苟一日存在,则史及史学亦将与
> 之俱存,而就史料之性质而言,可知其前途并无止境可言。因之,
> 史学尚有其他一特性,与之相关者,即由后来之演化阶段出发,易
> 明了其先前之阶段,盖吾人得综观其结果,以知先前之演化,其趋
> 向为何如也。③

盖今世史学前修,早已熟论建立史学体系之需要。此一近代学术自
觉,明显可见。

既言建立史学体系,然则一切入手,必循一定宗旨方法,亦为共同
之认识,自为不争之事实。此即五十年来大学史学教育必立史学方法
一课之根本动机所在。讲义之编著,专书之刊行,亦为此一观念下之

---

① 何炳松:《历史研究法》,第三八页。
② 梁启超:《中国历史研究法》,第六二至六三页。
③ 陈韬译:《史学方法论》,第三〇页。

产物。张致远提出其必然意义,并确立其宗旨:

> 史学方法与史学的演进可以说是并行的。史学方法就是把材料变作智识的工具与途径。①

杨鸿烈亦为史学方法作一界说:

> 凡人对于现在或过去社会上种种事物的沿革变化有了解的必要,而即搜集一切有关的材料,更很精细致密地去决定其所代表或记载的事实的真伪、残缺、完全与否,然后再用极客观的态度加以系统地整理,使能解释事物间的相互关系和因果关系,以透彻明白其演进的真实情形及所经历的过程,这样便是所谓"历史研究法"。②

李思纯并言及探讨史学方法论之基本用心:

> 夫方法论为肤浅之物,非学术之本身,曾何足取。吾非盲聋,宁敢厚诬中国史学之无方法。唯以吾国史籍浩瀚,史料芜杂,旧日法术,或有未备。新有创作,尤贵新资。则撷取远西治史之方,以供商兑,或亦今日之亟务。此则译者所由从事之志耳。③

陆懋德并为方法问题,特言无中西之分:

> 盖学问之道,无所谓中西,但取其长而求其是而已。④

既言史学方法,其性质实际,本在于一般原则与普遍步骤,即使专用于史学范围之内,盖亦无异于自然科学及社会科学各门类自有之原则与步骤。虽称之为科学方法,本无关于得失荣辱,可与不可,亦毫无

---

① 张致远:《史学讲话》,第四三页。
② 杨鸿烈:《历史研究法》,第一五至一六页。
③ 李思纯译:《史学原论·李思纯序》。
④ 陆懋德:《史学方法大纲·陆懋德序》。

理由特别夸大标榜。请参阅西方学者罗兹（A.L.Rowse）所论，当可知其梗概。如罗兹云：

> 在最简单和最基本的方式上，历史方法与科学方法同为一物。这两种方法都是从收集事实为出发，然后归纳成通则，而后又从通则回返到事实。①

此言或可澄清当前我国史界之许多争议。

方法论之形成，非由演绎而得，盖以实际研究，累积多人多年经验，自经验中提出普遍通行原则，足以广泛应用于治理学问者。其所表现之一般性质，则在于：其一，浅显简单，而非深奥之哲理；其二，粗略空疏，而非繁密之条目；其三，非固定，无止境，当须逐步改进；其四，归纳众多之经验，愈多愈见稳固。凡此皆务在慎重切实，不厌粗浅凡俗。近世夸张方法论者至众，追逐风气，投人心之趋好，标榜新奇，诪张为幻，十足表现广告之神通。后世学子受害之深何可胜言。

余从事近代史研究二十余年，当为史学界历练之粗工。而又吸收当世方法论著者四年，粗有所得，未敢深信为是，岂敢夸示标榜，贻误世人。提出此一累积经验之作，但愿学有递进，使后人循此轨辙，扩大通路，遵前人之遗规，并力为后世学术辟坦途。或不免偶有致误，亦望后世有所曲谅。

近百年来，史界竞言史学方法。须知此是西方学术冲击，为因应学术变局而形成推衍动力。中国学术自有传承，中国史学亦早具规模。但自晚清中西接触频繁，遂即产生思想之流变，日积月累，更使国人创生学术因应之动机。其他不论，而史学向在千余年学术门类上是经史子集四大宗之一。伟大史家古今毕集，各类史籍，汗牛充栋。时

---

① 廖中和译：《历史的功用》，第七三页。

至近代，承受西方学术冲击，特别是二十世纪之初，学者反省，乃有梁启超在光绪二十八年（1902）著文标举"新史学"一个方向，①遂至影响百年来史家竞相追随之目标。梁氏身体力行，即在史学开新方面，有诸多著作贡献，重在尝试创新手法与开拓论题。然其最显著最能影响史界风气者，则在于亲撰之《中国历史研究法》，于是这一类之专门著作即为史家竞相附从追摹，终是以代表百年来新史学之主体表征。由是情势，而近人许冠三撰著《新史学九十年》自是以梁启超为时代先驱，为新史学之开拓者。凡若许氏之书未提及而标榜新史学者，皆是抄袭剽窃，冒牌货色。台湾学界真是有一批人士在高倡新史学创为门户品牌。可惜许冠三的《新史学九十年》对于这一股"新史学"人士一字不提，全弄不清楚谁是真品，谁是冒滥。② 我们大多相信，只有梁启超在二十世纪初的先见，才是史界共宗的时代开创者。无论在大陆或在台湾学界，岂会冒出一个旁流别支。学者总得应思考学术伦理吧！

我写史学方法之书，有一个重要问题过去未加澄清，现在须补充说明。就是一九〇〇年以前中国史家有否留下史学方法之作？答案自然是没有。但中国历史经过三千年，何以没有人著史学方法？其实中国古史自《左传》已有"五十凡"，后来有刘知几《史通》、章学诚《文史通义》，其内涵俱只是原则和通论，可以列为史学理论，而未必就是史学方法。

我现在有经验、有胆量、有信心向学界澄清，中国在二十世纪到临之前并未创造出史学方法，我们这百年来可以标榜新史学如梁启超所主张。同时也要说清楚，没有史学方法并不是古人缺点，也不是古人没有智慧，而是在于中国学术领域中经史子集，以今日词汇言哲学、文

---

① 《新史学》，《梁启超史学论著三种》，第一至四〇页："新史学"。
② 许冠三：《新史学九十年》，第二册，香港中文大学出版社，1986 年。

学、史学,这些最全面最重要的门类,俱不讲究方法。

第一,古代以来的哲学论点,多不开示推理步骤与过程。孔子、孟子、老子、庄子最可作为代表。第二,自古以来中国文学代代有文学大家,代代传世各样文学著作,只是中国自来没有文法。中国史上第一部文法书是《马氏文通》,马建忠晚年所著,不久卒于一九〇〇年,而中国之有文法书,已至二十世纪。第三,史学早讲体制、格局和原则,但一向并无史学方法。这是中国学术固有特色。因此我很高兴我们这一代在二十世纪之史学界有一种代表与古人不同的特色者,就是史学方法。不过看来这一代数十种史学方法书,都只能算是过渡时代成就,所以嗣后尚有广阔空间,留给后学作广远开拓。亦如孙中山对青年学生讲演说,我的所为是披荆斩棘者,诸君才是架梁砌石之人。本书写作,用心不过如此。

第二章　原　论

第一节　史　字

近世新说层出　中国近世论史学问题之学者，每必先探讨"史"字之形义。盖上溯渊源，必有起始。且中国民族文化遗产，自古迄今，史为最丰富之重大成就。在世界上各民族文化比较，中国历代之史绵延不绝，正可据以考见中华民族自古以来活动实迹，较之其他民族，实具显著特色。因是中国史家，几为系统论述史学者，莫不自中国有史事记录谈起，亦并必及上古"史"字形义之解释。近世学术，治史者尤尚系统完密，先后脉络，必须清澈辨明，"史"字形义之讨论，遂成为多数学者注意考辨之问题。自清末吴大澂创发新旨以来，形成近百年史学上热烈讨论焦点，只此"史"字单纯形义范围，申辩考证者不下四五十人，发抒各种不同见解，足以显见活泼自由，妙谛层出不穷。

近代风气，自清末吴大澂开其先河。吴氏生平爱好钟鼎彝器，以治古文字学丰富学识，长于辨识金文，于二千年来中国文字学正宗许慎之《说文解字》多所补充勘正。吴氏贡献与前人不同者,在开启以古器实物文字改正旧说,辟千载榛芜,创现代地下遗物证史之新路。后世步趋者众,钻研者精,而开山宗师,仍当首推吴大澂,其下皆望风承流之辈而已。先人创迹,厥功至伟,后世治史者不能不表彰前贤,以免有亏于史德之教养。

从右持中 史字定义,自许慎《说文解字》谓:"史,记事者也。从右持中。中,正也。"历代承此解释,二千年来,无有疑义。

从右执简册说 吴大澂就所见金文实体字形,另作新解,认为许氏"从右持中"之说,不符实情,而倡从右执简之说。吴氏申述略云:

> 史,记事者,象手执简形。古文中作帛无作中者,推其意盖以中当作中,即册之省形。册为简册本字,持中即执简册之象也。①

虽然,江永早有以中为簿书之说,所谓持中,即持簿书,亦即简册。但江氏仍本旧贯,乃就许氏持中本义作申解,完全不同吴氏溯源起始,就字形考察。吴氏对证实体文字,探原溯本,比勘讨论,持中之说,已无立足之地。故江氏不及吴氏立论之有力。唯江氏所见,亦立说有本,足备参考。兹略举其所论云:

> 凡官府簿书谓之中,故诸官言治中受中,小司寇断庶民狱讼之中,皆谓簿书,犹今之案卷也。此中字之本义。故掌文书者谓之史,其字从又从中。又者右手,以手持簿书也。吏字事字皆从中字。天有司中星,后世有治中之官,皆取此义。②

———————————

① 吴大澂:《说文古籀补》。世人多或仅知吴氏爱好钟鼎彝器,甚至书信亦用古篆书写。其实吴氏当时对西洋军械武器研究亦精,并善射靶,清末督抚大吏中为最出色。淮军名将周盛传曾叙其与淮军善射者以新式后膛枪共同射靶,只有少数超过吴氏,连周氏本人亦不能及。说见《周武壮公遗集》。故吴氏对史字解释开近代新途,后人从此纷纷立说。宜其足为开风气之先驱也。

② 江永:《周礼疑义举要》。

同其说者,章太炎则直释中字本为册类,引《国语》所云:"右执鬼中",对史字解释,仍主从右执中之说。章氏有谓:

中本🔲之类,故《春官·天府》"凡官府乡州及都鄙之治中,受而藏之",郑司农云:"治中谓其治职簿书之要。"《秋官·小司寇》:"以三刺断庶民狱讼之中,岁终则令群士计狱弊讼,登中于天府。"《记·礼器》曰:"因名山升中于天。"升中即登中,谓献民数政要之籍也。《尧》曰:"咨尔舜,天之历数在尔躬,允执其中。"谓握图籍也。春秋《国语》曰:"余左执殇宫,右执鬼中。"韦解以中为录籍。汉官亦有治中,犹主簿耳。史字从中,谓记簿书也;自大史内史以至府史,皆史也。①

师承章氏说者,有章氏门人朱希祖。亦因承江、章故说,申解史字,并增若干论据,朱氏有谓:

《说文解字》云:"史,记事者也。从又持中。中,正也。"其字古文篆文并作🔲。案记事者,即后世之书记官,此为本谊;历史官之史,乃引申谊。盖又,为古右字,篆文作🔲,象右手形。中,为册字,右手持册,正为书记官之职。盖古文册作🔲,篆文作🔲,省作🔲,后世误认为中正之中,其实中正为无形之物德,非可手持,许君之说非是。中为简策,戴侗《六书故》,吴大澂《说文古籀补》,已有此说,然其说尚非密。江永《周礼疑义举要》,吾师章太炎先生《文始》,引证更确实。江氏云:"凡官府簿书谓之中,故诸官言治中受中,小司寇断庶民狱讼之中,皆谓簿书,犹今之案卷也。此中字之本义。故掌文书者谓之史,其字从又从中。又者右手,以手持簿书也。吏字事字皆有中字。天有司中星,后世有治中官,

---

① 章炳麟:《文始》,卷七,第二一一页。

皆取此义。"章先生云:"屮从卜中,中字作屮,乃纯𝍷象形。古文
屮作𢀒,则中可作𢀒、屮二编,此三编也。其作中者,非初文,而为
后世文字。中本𝍷之类,故《春官·天府》'凡官府乡州及都鄙之
治中,受而藏之'。郑司农云:'治中谓其治职簿书之要。'《秋
官·小司寇》:'以三刺断庶民狱讼之中,岁终则令群士计狱弊讼,
登中于天府。'《记·礼器》曰:'因名山升中于天。'升中即登中,
谓献民数政要之籍也。《尧》曰:'咨尔舜,天之历数在尔躬,允执
其中。'谓握图籍也。春秋《国语》曰:'余左执殇宫,右执鬼中。'
韦解以中为录籍。汉官亦有治中,犹主簿耳。史字从中,谓记簿
书也;自大史内史以至府史,皆史也。"①

顺乎江、章、朱三说,并与之相同者,又有金毓黻之解释史字,亦就
执中立论,举证详博。金氏有谓:

　　愚考中字之释义,尚有不止如上文所说者,《周礼》春官之属
有天府,"掌祖庙之守藏与其禁令,凡官府乡州及都鄙之治中,受
而藏之以诏王,察群吏之治"。又地官乡老及乡大夫:"群吏献贤
能之书于王,王再拜受之,登于天府,内史贰之。"又《秋官·大司
寇》:"凡邦之大盟约,莅其盟者而登之天府,大史、内史、司会及六
官皆受其贰而藏之。"《小司寇》:"以三刺断庶民狱讼之中,岁终
则令群士计狱弊讼,登中于天府。及大比民数,自生齿以上登于
天府,内史、司会、冢宰贰之,以制国用。"按郑《注》云:"治中谓治
职簿书之要。"此即江、吴诸氏以簿书释中之所本也。至其所谓
贰,即簿书之副本,亦犹今世称分类存贮之簿书为档案;所谓天
府,即储藏档案之库,略如清代之内阁大库。周制以档案正本之

_____

① 朱希祖:《中国史学通论》,第一至二页。

中,藏之天府,而大史、内史、司会及六官诸司受其贰而分藏之,此则保存档案之法也。愚谓中之得名,盖对贰而言也。登于天府,等于中秘,外人无故不得而窥,故以中名之,此档案之正本也。副本对中而言,故曰贰。凡中与贰,皆为档案之专名,或以册释中,或以盛筹之器释中,固各有其胜义。然《说文》何以释中为内,以别于外,置此而不数,未为善解。窃谓中有内义,或由秘藏簿书引申得之,如此则两义为一贯矣。老子为周室守藏史,所守之藏,必为天府,天府掌祖庙之守藏,是其证也。现代档案,即为他日之史料,古人于档案外无史,古史即天府所藏之中也。保藏之档案谓之中,持中之人谓之史,一指书言,一指人言,分际至明,后世乃以史为书,而别以吏名史,遂不知中字含有簿书档案之义,此可于诸氏所说之外,又进一解者也。①

直承吴大澂之说,以字形立论,解释史字者有罗振玉。罗氏亦主张中象简册,以为史字事字俱同此册形,并反对中正之说。罗氏有云:

　　中象册形,史、事等字从之,非中正字。②

戴君仁释"史",由岁字形体申进一层,自甲骨文字,但论中形,视为史字省体,仍推为册形。故其主张亦同吴氏罗氏。申说则另有曲折。如戴氏所谓:

　　检各书甲骨片子原文,来看这些中字,有两个可能是史字省体借为事字,而多数不能定是史的省体,抑是独立的中字。如中是一个独立的字,无疑为史字所从。根据三笔的册字,说它象册形,是很说得过去的。如它是史字的省体,我们依据甲骨文省体的例

①　金毓黻:《中国史学史》,第六至七页。
②　罗振玉:《殷虚书契考释》,卷中。

子看来，这个中一定是一种实物的形象。甲骨文中祝省为兄，但像人跪拜之形而略去像神的示字。僕省去箕，但像头上着丵之人（看《续甲骨文编》，卷三百六）。婦省为帚，去女字而但存其执业之物（妇执箕、帚之事，故帚是妇人执业之物）。史字省为中，正如婦字省为帚，但存其执业之物。史所执的从他的业务看，应该是册，故中字即使非册字，而中之为物亦必是册的同类之物。所以我们说中就是册，亦无不可。如有柄的畚箕和无柄的畚箕，我们说为一物，亦无不可。故史字从又持中，章罗二氏说为象册形，这是对的。①

此外与简册说可以列为一类之新说，为王国维所主张从右而所执者为盛算之器。即王氏将中字解释为盛算之器，其盛算之中，仍然全为简册，故可与执简册一说视为同类，如王氏所谓：

> 算与简策本是一物，又皆为史之所执，则盛算之中，盖亦用以盛简，简之多者，自当编之为篇。若数在十简左右者，盛之于中，其用较便。《逸周书·尝麦解》："宰乃承王中，升自客阶，作筴执筴从，中宰坐，尊中于大正之前。"是中筴二物相将，其为盛策之器无疑。故当时簿书亦谓之中。《周礼·天府》："凡官府乡州及都鄙之治中，受而藏之。"《小司寇》："以三刺断庶民狱讼之中"，又"登中于天府"；乡士、遂士、方士："狱讼成，士师受中。"《楚语》："左执鬼中。"盖均谓此物也。然则史字从又持中，义为持书之人，与尹之从又持丨（象笔形）者同意矣。②

以上诸家，或就许慎前说，据古代文献，进而申述"从右执中"之中为简册；或就史字在甲骨金文之形制，进而解释中字即为简册本形。最

---

① 戴君仁：《释"史"》，《台湾大学文史哲学报》，第十二期，第五三至六五页，台北，1963年。
② 王国维：《观堂集林》，卷六。

终结论,均归之于从右以执简册,为史字所表达之实义。然当世甲骨文学者,以其所熟识甲骨文字形制,颇不同意简册之说。如屈万里所谓:

> 史字上半所从之,决非简册之形。因册字习见于甲骨文及金文,绝无作甲者(甲骨文往往以"史"为"事")。①

从右持钻说 从右执简册之说,持之有故,言之成理,推断不同,而结论一致。然新路一开,自必有多途发展,终于未能尽循此一新说,遂又有从右持钻之说。此说出于劳榦。劳氏首论前说之非,而自申说以𠳲字手上所执者乃一弓钻之形。故其说谓:

> 史字和吏字及事字本为同出一源的字。史字金文与甲骨同作𡴂形,事字作𡴀形,而吏字作𡴂形,上部出头,与事字同,仍是事字。且按意义,在金文甲骨全部相通。因此,在这一个同组的三个字,应当一同设法来解决其形义问题。
>
> 认为所从的是中字当然不可以,是中字也不可以,是串形更不可以,王国维认为盛筭器也不可以,只有认为所从的是一种"弓钻"是可以的。在史字中其所从的甲就是一个弓背向下的弓形,金文及甲骨凡从弓的字,弓都是对侧面的,这都是射箭的弓,只有这个弓形的弓背向下,对于弓钻的形状,正皆符合;吏字所从是弓钻顶上压着的重物;事字所从,则为弓钻顶上还附上一根绳子,现在内地的木匠,还有人用这种样子的钻子。②

劳氏既说𠳲为从右持钻,遂并认为史官原来就是拿弓钻做工具的人,他的实际意旨并确指为攻治甲骨之人与钻木取火之人,而重点尤

① 李宗侗:《史官制度——附论对传统之尊重》,《台湾大学文史哲学报》,第十四期,第一一九至一五七页,台北,1965 年。
② 劳榦:《史字的结构及史官的原始职务》,《大陆杂志》,十四卷三期,第一至四页,台北,1957 年。

侧重前者：

　　我们中国钻木取火之事，是在古史中说到的，还有火在古代是神秘的，到了汉代还有改火之事，并且这一个事属于太史，因此弓钻和史官之间，是可以找到相互的关系的。《居延简》：御史大夫吉（丙吉）昧死言，丞相相（魏相）上太常昌书言太史丞定言，"元康五年五月二日壬子夏至，宜寝兵，太官抒井，更水火，进鸣鸡，谒以闻，布当用者"——臣谨案比原宗御者水衡抒太官御井，中二千石、二千石各抒别火官，先夏至一日以除燧取火，授中二千石、二千石官在长安、云阳者，其民皆受，以日至日易故火，庚戌寝兵，不听事，尽甲寅五日，臣请布，臣昧死以闻。

　　所以改火的事，应由主持历法的太史主持。改火之事，虽然《周礼》是属于司寇的，但《周礼》可能由六国之法修改而来，反而有些地方，比秦汉相承之制，还要进步一些，也就是秦汉之制可能更为原始。

　　但是弓钻与史官的关系，证据更多的，还是龟卜。

　　龟卜的重要工作是先"钻"而后"灼"。《庄子·外物》篇的"七十二钻而无遗筴"，及《荀子·王制》篇的"钻龟陈卦"，都是指的钻龟的工作。龟甲是比较坚硬的，为求得卜兆先要在预备灼火之处，把他刮薄，因为硬难于刮薄，因此便先钻，然后在钻处再用凿扩大，在殷墟发现的龟甲灼处，都是已经修理过成为枣核形的凹穴，而在城子崖所发现的卜骨，治作较粗，就留下了钻痕，并且还形成为单钻及三联钻的两种形式。关于卜骨钻痕及龟甲凿穴的比较，可参看《"中央研究院"院刊》第一辑，张秉权先生的《殷墟卜龟之卜兆及其有关问题》（1954 年版）。①

---

① 劳榦：《史字的结构及史官的原始职务》，《大陆杂志》，十四卷三期，第一至四页，台北，1957 年。（转下页注）

其解释之结论遂谓：

> 所以史字是从右持钻,钻是象钻龟而卜之事,因为卜筮之事
> 是史官最重要的职务,而记事为后起。①

劳氏虽批判他人证据不足,当自信自己举证充足,然在对史字解释而言,所谓从右持钻一说,实仍为对字形之直接观察判断,而后再加以申说。与从右执简册说,其立足点、运用资料及方法程序并无不同,亦不较他人为高明。换言之,从右持钻仍只能代表一种解释而已。

同意劳氏从右持钻之说,而别作解释者,则有李宗侗所主张钻木取火之说,实为劳氏原说之补充。李氏主张谓：

> 史官最初的职务甚广,如汪中《述学》所说,或王国维《释史》
> 所说。并且,我疑心中国古代也有祀火之礼。我在拙著《中国古
> 代社会史》中曾说,中国古代的主出自祀火,并且是用钻燧的方法
> 取火。后来木制的神主仍沿用《说文解字》所说"主,灯中火炷
> 也"的旧名称。我更用中国古代若干典礼与祀火的关系,及中国
> 古代宫室建筑与祀火的关系,来证明中国古代确有祀火,而且典
> 礼与古代希腊、罗马相似。并且灭人的国家叫作灭,与灭火同一

（接上页注）又,按劳氏从右持钻之说,启念渊源,当来自董作宾之贞人说。在劳氏之前,金毓黻已略有提示。见金氏《中国史学史》,第一四页："凡甲骨上所刻之文字,悉为殷代之卜辞。其文中贞字之上一字,皆为人名,称之为贞人,贞人即为某事而贞卜之人,亦即当代之史官也。殷墟发见之卜辞,武丁之世最多,有所谓㱿贞宾贞者,㱿宾二字为贞人之名,亦即武丁时代之史官。依近年发见之甲骨,分为三期：一为武丁时代之贞人,二为祖庚、祖甲时代之贞人,三为廪辛、康丁时代之贞人。依其贞人之名,即可断言甲骨属于某一时代,贞人记其所贞之事于甲骨之版,正为记事者之所司,故称贞人为当代之史官,其说甚确,此近人董作宾之所考定者也。"

① 劳榦：《史字的结构及史官的原始职务》,《大陆杂志》,十四卷三期,第一至四页,台北,1957年。

字,减字从水、从火,水可熄火。因为古时候灭人国家的必"毁其宗庙",若非古代有祀火的制度,则灭字就无法解释了。史官既然同巫一样是天人间的媒介,大约最初的改火亦由史官所掌。①

李氏同意劳氏从右持钻之说,亦并申叙明白:

> 所以改火的事,应由主持历法的太史主持。虽然《周礼》改火属于司爟,"司爟掌行火之政令,四时变国火以救时疾",但《周礼》可能由六国之法修改而来,反而有些地方比秦、汉相承之制还要进步些,也就是说秦、汉之制可能更为原始。其实,劳先生已经看出,史官是主持改火的,但是他因为注意到弓钻是为龟骨之用,所以便特别注意史官的占卜职务。但是我就因此明白,为卜筮用的钻龟的弓钻也可能就是在同一部落中钻燧改火的弓钻。所以用它来钻龟卜筮,也就是因为它与神有特别的关系。这是我的大胆假设,虽然并无实物可作证,但我想是去题不太远。②

当然也有持怀疑态度而并不同意劳氏说者,沈刚伯即提出反驳而不予赞成,沈氏意见有谓:

> 劳贞一先生另有创见,谓中乃穿龟甲之弓钻,但占卜并非太史的主要职务。古时"取龟""攻龟"的有"龟人","契龟""灼龟"的有"华氏","开龟之兆"的有"卜师"。假使彼时果有弓钻其物,那也应该操于"龟人"或"卜师"之手,而不至于拿来当作"史"的标记。所以劳君之说仍大有商榷之余地。③

载笔执简说 沈刚伯就史字形义自提不同之说,据《曲礼》与《左

---

① 李宗侗:《史官制度——附论对传统之尊重》,《台湾大学文史哲学报》,第十四期,第一一九至一五七页,台北,1965 年。

② 同前书。

③ 杜维运、黄进兴编:《中国史学史论文选集》,第七至八页。

传》所记,而谓史乃载笔执简之人。沈氏解释云:

> 《曲礼》有"史载笔"之语,《左传》有"南史氏执简以往"的记
> 载。我就根据这两句极能写实的话,而认定所谓以手持中乃象笔与
> 简之形,因释史为载笔执简之人;换句话说,就是能写字的人。①

史官原出于抄胥:

> 史字的原义只是写字的人,并非"记事者";这在经、史典籍中
> 可以看出,周官任何机关均设有"史"若干名,其位仅在"胥""徒"之
> 上,那便是今日抄写公文的书记。汉时,常由"大史试学童能讽书九
> 千字以上,乃得为史",也只是征求书记的考试。其时有"长史"之官,
> 等于今日之秘书长;他虽位高权大,但仍与记事不相涉也。②

从右持笔说　沈氏之外,又有王恒余所主张从右持笔说,王氏就
甲骨文尹字字形为𦥑,即从右持笔;并笔字原字形为𦥯,确认𦥑为笔形,
笔端翻转向上,即成𦥔字,故推断史为从右持笔。兹见王氏释尹字谓:

> "尹"之成字,为从彐握,意即以手持笔。彐为手,则示物之
> 形象,表示"尹"的工作,就是从事于文事工作的知识分子。③

对于史字解释,王氏有谓:

> "尹氏""内史尹"之尹字,甲骨文作𦥑,古文作𨳝,知为从彐持
> 笔,而笔字古作𦥯,以此例之,则史字,当亦为从彐持笔,笔尖作向
> 上之形。向上之义有二:一为示祭祀之情形,二为示上知天
> 文——日月星历,下明地理——山川草木人鬼之辨,意示史者从

---

① 杜维运、黄进兴编:《中国史学史论文选集》,第八页。
② 同前书,第八页。
③ 王恒余:《中国古代的尹官》,未刊稿本。

上而下应均有所知而为其所攻治也。①

从右执笔置口前说　王氏主张从右执笔，固不同于他人，而最近在去冬今春之间又有《幼狮月刊》发表徐复观对史字的考辨，主张从右执笔并置口前之说。笔置口前说，始于姚名达之解释，而以徐氏考释申论最为详备。徐氏首先批驳江永、吴大澂、王国维等人之说，与各家所见略同，唯对简册形之释论特为详密，兹举其说云：

> 史字乂上之形为屮，此在契文金文篆书里，皆无二致，由史字所滋生出的吏字事字，其所从之中字亦皆作屮；与中字实别为一形。若谓屮系由刻者书者在□形上所加上的一点花样，则何以甲文金文中近百的史字，竟不曾发现出一个从中形的，而皆为屮形。由此可断言史字右手所持者并非与射有关的盛算之中；凡由盛算之中所联想出的簿书简策等，殆皆不能成立。②

徐氏据甲骨、金文，就史字字形观察，认定屮为以手执笔直通向口之形。所抒意见，颇不同于前时诸家，就字形立言，徐氏有谓：

> 史字通行《说文》本篆作屮，契文则作屮，金文中有四种写法，一作屮，与契文全同，一作屮，一作屮，一作屮。按若作屮，则与彐不相关联，不能有《说文》之所谓"持中正"的"持"字意义。许氏用一持字，则他所看到的史字的篆文，必作屮或屮而不应作屮。作屮，乃一时写刻的不注意，或来自摹写之讹。《攈古录金文》录有五通"师酉敦"，第一通师酉敦的史字作屮，其余四通皆作屮。"寰盘"有两个史字，一作屮，一作屮。所录五通"颂敦"，一作屮，余皆作屮或屮。此例尚多。由此可以断定，史字之原形应作屮或作屮。从口，与祝之从口

---

① 王恒余：《中国古代"史"文研究》，未刊稿本。
② 徐复观：《原史》，《幼狮月刊》，四十四卷六期，第二至一六页，台北，1976 年。

同,因史告神之辞,须先写在册上。故从彐,像右手执笔。将笔所写之册,由口告之于神,故右手所执之笔,由手直通向口。①

就史职内容,徐氏解释有谓:

> 金文中有奉册之形,有守册之文,由此可知册的神圣的性格。其次是王者对臣下的诏诰,在周初大概是称为"册命"。《洛诰》"王(成王)宾杀禋咸格。王入太室祼。王命周公后,作册逸诰"。这是说,史(作册)逸把成王封周公后于鲁的事,书之于策,并诰示天下。此逸所诰者当称为"册命"。《尚书·顾命》"太史秉书,由陛阶宾,御王册命",此处的册命,是太保代成王(摄成王)册命"元子钊"继承王位的。此册命系"太史秉书"的。金文中"王呼史册命"之文屡见,神祭的"册",王者诏诰臣下的"册命",是史在西周时代的两大基本任务,现更可通过《左氏传》等对春秋时代的史职作全面性的考察。史的第一职务当然是在祭祀时与祝向神做祷告。《左·庄三十二年》秋七月,有神降于莘,据《国语·周语》,惠王听内史过的话"使太宰忌父帅傅氏及祝史奉牺牲玉鬯往献焉"。《左氏传》"虢公使祝应宗区史嚚享焉"。《闵公二年》"狄人囚史华龙滑与礼孔,以逐卫人。二人曰,我太史也,实掌其祭。不先,国不可得也"。《左·昭十七年》"夏六月甲戌朔,日有食之,祝史请所用币"。及前所引《左·昭二十年》"齐侯疥,遂痁"。梁丘据请诛祝固史嚚以向问疾之宾作解说的故事,意思是认为齐侯之疾病,乃由祝史祭神之不得力。《说文·三上》:"嚚,语声也。"虢史齐史,皆以嚚为名,可知史在向神念册文时对声音的重视。此亦可补充史字从口之义。②

---

① 徐复观:《原史》,《幼狮月刊》,四十四卷六期,第二至一六页,台北,1976 年。
② 同前书。

近代各家考辨史字实义,各抒所见,各据理说,反映学术问题思考活泼与言论思想之自由公开。吴大澂开辟实物证史之先路,后世踵行,蔚成风气,凡辟新说之士,入手途径,不出吴氏轨辙,实已成为治古史者必循之宗风。吴氏启牖之功,自不可没。

近代考辨史字形义问题,虽不免众说纷纭,而各家共趋之大致途径,仍多就史字原形与史之原始功能立说。就史字形义思考,既能直接辨察,又可把握根源,使问题简化,自为有效途径。至史字字形所费解释者仅有上半三画,下半从手,原为共喻共晓,向未成为问题。即各家所费力申释考辨者,只在上半之屮形,众多史家,费尽心思,搜考资料,从事解释,无非在解答史字上半边之字形而已。

前述各家解释,一般谓为考证,在史学研究程序上,各尽所能,罗举资料,最后归纳以成结论。以基本态度与运用方法而言,无论各家所标宗旨,所具信念,以至所尽心力,可谓彼此并无轩轾。盖考辨问题,虽取材不同,结论有异,而所运用之方法全然不外推理之解释,并无一家可以被视为较他人优越,更没有权力使他人必然接受。因为"史"字之上半究为何形,原已决定于古人自由意志与普通共约,其基础建立于习惯之上,而非理性之上。后人考辨所受限制,即基本上不能违背古人之定约,故无法以合理与否作判断基础。且上古屮字通用共约,定义只能容许一个,屮字形制亦必确定只有一义。诸家所推结论,各争此唯一之是,真实结果,只容许一个。故上述诸说只能有一真,或即全部不真,其情判然可明。我辈治史学方法,尤在罗列诸说,提供参考,并无法任择其一,迫使学者接受。故史字原义若何,仍当就多方参考之中,期待确诂的达成。

第二节　史　职

史之工作起源——讲古　庄子有谓:"名者实之宾也。"名以指实,史字出现,自为形容已有的史职之一类工作,或一种人事。推至远古部族时代,保存一民族之艰苦奋斗、英雄活动、美人遗事,以至解答人类起始、民族来源者,一定有一种人物,在本族中申述其记忆中所蓄见闻故事,智辩中所参道理经验,以动人口词,传说给同族民人,使大众有所参考,备为行动的教训;或以故事生动有趣,而获得愉快满足的感觉。因是在没有实证情况,以常人喜听故事的一般心理现象,而推断史之工作与流传保存,乃起始于讲说故事之一种活动。中国俗话中的"讲古",迄今犹为常见之普通行为。史之职司,始于讲古,自为情理中所能测知之。鲁滨孙(James Harvey Robinson)即抱如此主张:

> 最初发明历史的,一定是说书的人,他的目的往往在于讲述故事,不一定供献一种有系统的科学知识。所以假使我们以为自古以来的历史是文学的一部分,他的目的无非用美术的方法去表现过去的事实,将古代伟人的事业同境遇、国家的兴衰、天灾人祸的交乘,来满足我们的好奇心。①

瞽 史　史之职司,起源于一民族中讲故事之人。虽无直接记载,积极证据,但于实情接近,可以备供一种参考。至进一步追索,则可在古代记载中得见一种人物,身负讲说故事之责,此即中国载籍中多次出现之瞽。盲者之为讲古之人,中西皆有实例,迄于晚近,民间仍通常可见。其表达方式,或以口词演说,或发为诗歌啸吟,或即边讲边唱,形式不一,而内容则必为一定范围之故事。古无文字记载,则口传自为最重要之记事手段,其职司自必渐为某些记忆健长之人所承当。此职往往落于盲者之手,实由于盲者之无所事事而用心专一,健者征战狩猎,何须做此清闲之事。盲人不事生业,又不能从军征战,当必自然留心编

---

① 　何炳松:《新史学》,第二九页。

集同族中流传故事,采集族中战后归来者自述之经历,于是渐成口传故事,为盲人一代一代流传下去。胡适遂谓此为当时形成之一种职业:

> 古代的传说里常提到"瞽、史"两种职业人。《国语》的《周语》里,召公有"瞽献典、史献书"的话,又说:"瞽史教诲,耆艾修之,而后王斟酌焉。"《周语》里,单襄公说:"吾非瞽史,焉知天道?"很可能的是古代说故事的"史",编唱"史诗"的"史",也同后世说平话讲史的"负瞽盲翁"一样,往往是瞎子。他们当然不会做历史考据,只靠口授耳传,只靠记性与想像力,会编唱、会演说,他们编演的故事就是"史",他们的职业也叫作"史"。①

由是而全部之古代史料及史实,自然也必依靠盲人记忆、编辑与传播。因是远古传说之史,自必原存藏于瞽史记忆之中,完成于瞽史编造之功。胡适又申解谓:

> 春秋时代以至战国时代各国的许多大规模的"史"的故事,就是这样编造出来的,就是这些"瞽史"编唱出来的。其中至少有一部分,经过《国语》《左传》《战国策》《史记》诸书的收采,居然成了历史了(我们不要忘了古代还有"左丘失明,厥有《国语》"的传说)。中间虽然出了几个有批评眼光、有怀疑态度的大思想家,如孔子要人"多闻阙疑,慎言其余",如孟子说"尽信书则不如无书,吾于武成取二三策而已矣",然而孔子自己说的尧舜,说的泰伯,也还不是传说里的故事吗? 孟子自己大谈其舜的故事,象的故事,禹的故事,也还不是同"齐东野人之语"一样的"史"吗?②

西方学者也会就史诗的形成,特别是希腊史诗《伊利亚特》和《奥

---

① 胡适:《说"史"》,《大陆杂志》,十七卷十一期,第一至二页,台北,1958 年。
② 同前书。

德赛》,推之成于盲人之手,并以为此类编诗歌之人,多因熟悉本部落详情,而为统治者特为刺瞎双目,以防其逃出部落。如韦尔斯(H.G. Wells)所叙云:

> 有史以前之文学,以希腊《伊利亚特》诗为最有兴趣。《伊利亚特》之故事,在纪元前千年盖已有人吟诵之。形诸文字,则在纪元前六七百年间。后世谓为盲诗人荷马所作,然其书之著作及增订必非一人,《奥德赛》传亦公认为彼所作,然其精神及概念,与《伊利亚特》绝不相同。歌人之盲目者为数殆甚多。迈尔教授谓若辈故使歌人盲目,以防其遁出部落中。①

然瞽者之从事编唱史诗,恐因先有盲目之身体缺陷,或战争中双目受伤,而后始执编唱诗歌之业。即近世中国社会流品中仍不乏其例,凡此皆由自然形成。何至如西方学者所解释,故予忍性残害,使此类诗人失明。其说不免牵强,不能使人信服。

瞽史之制度化 就中国古代文献所载,不唯记叙清楚,可据以考察判断,而且多次出现于古籍,尤足以互相参证,自远胜西方学者之测猜解释。《国语·周语》记载云:

> 故天子听政,使公卿至于列士献诗,瞽献典,史献书,师箴,瞍赋,矇诵,百工谏,庶人传语,近臣尽规,亲戚补察,瞽史教诲,耆艾修之,而后王斟酌焉。是以事行而不悖。②

就此所记,已明见瞽史职司已进于制度化,自然由悠久渊源演化而来。"瞽献典",在于表叙国之典章大法,当已非琐碎之故事,盖凭瞽之记忆而专司保存此重大条纲。"史献书"者,书即一国史籍,即宣讲先世重大史事

---

① 韦尔斯著,梁思成等译:《世界史纲》,第二〇〇页。

② 《国语》,卷一,第五页(中华四部备要本)。

之谓。故乃有"瞽史教诲,耆艾修之"之语。在形成制度中之瞽史,对于民族国家负有重大使命,其在古代国家民族中之重要性,实非西方学者所能梦见。戴君仁历举古籍,推证瞽史在国家政治上之重要性,见戴氏所云:

> 《国语·周语下》:"吾非瞽史,焉知天道?"(韦解:瞽为乐太师,史为太史。)又《晋语四》:"瞽史之纪曰:唐叔之世,将如商数。"(韦解:瞽史知天道者。)史是知天道者,所以他有资格掌符命。在祭典中,他是重要角色。《礼记·礼运》篇:"祝嘏辞说,藏于宗、祝、巫、史,非礼也。"又云:"故祭帝于郊,所以定天位也;祀社于国,所以列地利也;祖庙,所以本仁也;山川,所以傧鬼神也;五祀,所以本事也。故宗祝在庙,三公在朝,三老在学。王前巫而后史,卜筮瞽侑,皆在左右。王中心无为也,以守至正。"也是以宗祝巫史并举。①

其中所谓"王前巫而后史,卜筮瞽侑,皆在左右"一语,足以说明制度化之瞽史在政治上所达到的重要地位。

史官之建置 由瞽史讲古之来历,进而至于制度化成为国家政府之职司,在中国历史上是一种重大成就。中国民族自远古而创设史之一职,即是文明迈向理性之第一步。盖史有专职,职为专业,此尚平常,而职分科别,乃有专注人事纪录之史,即已自然进入理性以人为中心而不以神为中心之时代。进之史家世业,以求真求实精神传承之,则益以人事理性为宗旨矣。此中华民族重大创造,亦为民族生存维系、扩大绵延之重要条件。

史官创置之必要,章学诚谓为典守载籍。国家政治进于繁复,文献档卷,为施治依据,必不可缺。守藏之史,必须专职,并具分工,已非瞽之诵述所能包罗,而严肃之史职制度,自必因此逐渐建立。章学诚

---

① 戴君仁:《释"史"》,《台湾大学文史哲学报》,第十二期,第五三至六五页,台北,1963年。

论其创制之始谓：

> 夫一朝制度，经纬天人，莫不具于载籍，守于官司。故建官制典，决非私意可以创造，历代必有沿革，厥初必有渊源。溯而上之，可见先王不得已而制作之心，初非勉强，所谓"道之大原出于天"也。①

始建史官　中国古代建置史官，古籍所载，最早者多举黄帝之世史官仓颉、沮诵二人。其说原自《世本》，而《荀子》《韩非子》亦有记载，可知为先秦共识之常说，当非后人杜撰。朱希祖多方引据，倡为是论：

> 《说文》序云："黄帝之史仓颉，初造书契。"寻许君此说，出于《世本》。《世本》今亡，《广韵·九·鱼》"沮下"引《世本》云："沮诵仓颉作书，并黄帝时史官。"仓颉作书，古书有传述者多，可无疑义，如《荀子·解蔽》篇云："好书者众矣，而仓颉独传者，一也。"《韩非子·五蠹》篇云："古者仓颉之作书也，自环者谓之私，背私谓之公。公私之相背也，乃仓颉固以知之矣。"②

梁启超引据古籍，历举夏、商、周三代史官，若夏太史终古、殷内史向挚，以至周代最著称之史佚，凡此均足以显示中国古代建置史官年代之悠久。梁氏所举，可略作参考：

> 殷周史官人名见于古书者，如夏太史终古，殷内史向挚，见《吕览·先识》。周史佚，见《周书·世俘》《左·僖十五》《周语上》。史扃，见《文选》注引《六韬》。太史辛甲，见《左·襄四》《晋语》《韩非·说林》。太史周任，见《论语》《左·隐六》。左史戎

---

① 章学诚：《文史通义》，第二七页。
② 朱希祖：《中国史学通论》，第三页。
　又，同前书，同页："《尚书·序》孔颖达正义曰：'世本云："仓颉作书"，司马迁、班固、韦诞、宋忠、傅玄皆云："仓颉，黄帝之史官也"。'"
　又，蒋祖怡：《史学纂要》，第二页，亦具相同之说。

夫,见《周书》《史记》。史角,见《吕览·当染》。史伯见《郑语》。内史过,见《左·庄三十二》《周语上》。内史叔兴,见《左·僖十六》《二十八》《周语上》。内史叔服,见《左·文元》。太史儋,见《史记·老子传》。史大弢,见《庄子·则阳》。①

周置五史　柳诒徵申论史官创始,特重周代建置制度。五史之设,尤具规模,足以说明周代建制特具重大关键,其体系与成就,均对于后世影响深远:

> 《酒诰》称太史友内史友,足证商代有太史内史诸职。第其职务不可详考。周之史官,若史佚、辛甲之伦,皆开国元老,史官地位特尊,故设官分职,视唐虞夏商为多,而其职掌又详载于《周官》。自《隋志》以来,溯吾史原,必本之周之五史。唯后世囿于史官但司记注,撰者初不参加当时行政,故于周官五史之职掌,若与史书史学无关,但知溯职名所由来,而不悟政学之根本。实则后史职权,视周代有所减削而分析,而官书史体及其所以为书之本,皆出于周也。②

五史体制,博大周详,广揽一国政治。《周礼》记载其职掌功能,极具参考价值,柳诒徵综辑而并录之,兹列于后:

---

① 梁启超:《中国历史研究法》,第一八页。
② 柳诒徵:《国史要义》,第三至四页。
　　又,徐复观亦特重周代之建制,故云:"通过契文、金文、《尚书》《左传》《国语》等可信的材料,殷代已如前所述,出现有史字,但其地位亦不如巫、祝、贞人等的显著。周代文化的特征,可由史职的发达而加以说明。有天子之史,有诸侯之史,卿大夫或且有私史。史的名称,有内史、外史、太史、小史、左史、右史。其仅称史者,多为泛称或对太史而言之次一级的史官,亦即《尚书·金縢》之所谓'诸史'。金文中亦偶有女史、相史的名称。"(徐复观:《原史》,《幼狮月刊》,四十四卷六期。)

周官春官宗伯序官太史下大夫二人,上士四人。小史中士八人,下士十有六人,府四人,史八人,胥四人,徒四十人。内史中大夫一人,下大夫二人,上士四人,中士八人,下士十有六人,府四人,史八人,胥四人,徒四十人。外史上士四人,中士八人,下士十有六人,胥二人,徒二十人。御史中士八人,下士十有六人,其史百有二十人(此句特殊,载明其史,且载于府之上),府四人,胥四人,徒四十人。

又太史掌建邦之六典,以逆邦国之治,掌法以逆官府之治,掌则以逆都鄙之治,凡辨法者考焉,不信者刑之。凡邦国都鄙及万民之有约剂者藏焉,以贰六官,六官之所登,若约剂乱,则辟法,不信者刑之。正岁年以序事,颁之于官府及都鄙,颁告朔于邦国。闰月,诏王居门终月。大祭祀,与执事卜日。戒及宿之日,与群执事读礼书而协事。祭之日,执书以次位常,辨事者考焉,不信者诛之。大会同朝觐,以书协礼事,及将币之日,执书以诏王。大师,抱天时,与太师同车。大迁国,抱法以前。大丧,执法以莅劝防,遣之日,读诔,凡丧事考焉。小丧,赐谥。凡射事,饰中舍算,执其礼事。

又小史掌邦国之志,奠系世,辨昭穆,若有事,则诏王之忌讳。大祭祀,读礼法,史以书叙昭穆之俎簋。大丧,大宾客,大会同,大军旅,佐太史。凡国事之用礼法者,掌其小事。卿大夫之丧,赐谥读诔。

又内史掌王之八枋之法,以诏王治,一曰爵,二曰禄,三曰废,四曰置,五曰杀,六曰生,七曰予,八曰夺。执国法及国令之贰,以考政事,以逆会计。掌叙事之法,受纳访,以诏王听法。凡命诸侯及孤卿大夫,则策命之。凡四方之事书,内史读之。王制禄,则赞为之,以方出之。赏赐亦如之。内史掌书王命,遂贰之。

又外史掌书外令。掌四方之志。掌三皇五帝之书。掌达书名于四方。若以书使于四方,则书其令。

又御史掌邦国都鄙及万民之治令,以赞冢宰。凡治者受法令焉。掌赞书。凡数从政者。①

五史职称，为自古历世传衍发展而来，至周代乃更完备，任事者实有其人，然其无关重大史实者，每每姓名不彰，随世湮灭。后人搜考汇辑，仍能制成古代史官人物表，借以考见古代五史梗概，金毓黻所制最

---

① 柳诒徵：《国史要义》，第四至五页。

又，关于五史以及左史右史等职司，后世学者申述不同意见。如刘知几《史通》，第二五四页："案周官礼记，有大史、小史、内史、外史、左史、右史之名，大史掌国之六典，小史掌邦国之志，内史掌书王命，外史掌书使乎四方，左史记言，右史记事。"

又，如黄以周《礼书通故》，卷三十四，第一一至一二页："以周案，《盛德》篇：内史、大史左右手也。谓内史居左，大史居右。《觐礼》曰：大史是右，是其证也。古官尊左，内史中大夫尊，故内史左大史右。《玉藻》篇：动则左史书之，言则右史书之。左右字今互讹。《汉·艺文志》、郑《六艺论》并云：左史记言，右史记事，可证。熊氏谓：大史左史内史右史，非也。其申《酒诰》郑注：大史、内史掌记言记行。谓大史记行，内史记言是已。郑注《玉藻》云：其书《春秋》《尚书》具在，谓右史书动为《春秋》，左史书言为《尚书》也。荀悦《申鉴》云：古者天子诸侯，有事必告于庙，庙有二史，左史记言，右史书事；事为《春秋》，言为《尚书》。与郑注合。《书·洛诰》云：作册逸诰。逸即史尹佚，以内史策命诸侯及孤卿大夫，与春秋传王命内史策命晋侯为侯伯核之，盖尹佚内史也。孔鼒轩云，《国语》访于辛尹。谓辛甲尹佚，并周史也。《左传》以辛甲为大史，则尹佚为内史矣。此说是也。《大戴·保傅》篇云：答远方诸侯，不知文雅之辞；应群臣左右，不知己诺之正。凡此其属少师之任也。贾谊《新书》曰：古者史佚职之，是史佚为内史，主言诰之事也。《史记》成王削桐珪与叔虞。史佚曰：天子无戏言，言则史书之。是史佚为内史而记言也。服虔《文十五年传》注云：史佚，周成王大史，盖失考矣。"

如章学诚之见，虽不反对左史右史之说，但颇批斥记言记事职司之区别："《记》曰：'左史记言，右史记动。'其职不见于周官，其书不传于后世，殆礼家之衍文欤？后儒不察，而以《尚书》分属记言，《春秋》分属记事，则失之甚也。夫《春秋》不能舍传而空存其事目，则左氏所记之言，不啻千万矣。《尚书》典谟之篇，记事而言亦具焉；训诰之篇，记言而事亦见焉。古人事见于言，言以为事，未尝分事言为二物也。刘知几以二典贡范诸篇之错出，转讥《尚书》义例之不纯，毋乃因后世之空言而疑古人之实事乎！《记》曰：'疏通知远，《书》教也。'岂曰《记》言之谓哉！"

详,兹表列自上古迄汉代之史官姓名于后,以备参证:

氏名	时代	职名	出处	附考
仓颉	黄帝	史	《说文·叙》、卫恒《四体书势》	
沮诵	黄帝	史	《风俗通》、卫恒《四体书势》	
大挠	黄帝	史	《世本》宋衷注	
隶首容成史皇	黄帝	史	同上	
孔甲	黄帝或夏初	史	《史通·史官》篇,又注引《归云集》	
伯夷	虞舜	史	《大戴礼》	又尧舜时之历官有重、黎、羲、和四氏,且世其职,亦史官也。
终古	夏桀	大史令	《吕览·先识》	
迟任	商盘庚	大史	《书·盘庚》郑注	
向挚	商纣	内史	《吕览·先识》《通典》《通考》俱作高势	
尹逸	商末	史	《周书·克殷》《史通·史官》	
辛甲	商末周初	大史	《左·襄四》《晋语》《韩非·说林》	《汉书·艺文志》谓辛甲,纣臣,七十五谏而去周封之。
史佚	周武王	内史	《史记·晋世家》	疑与尹逸为一人,《晋语》作大史。
史扁	周	史	《文选》注引《六韬》	
周任	周	大史	《左·隐六》《论语·季氏》	
鱼	周	大史	《周书·王会解》	
戎夫	周	左史	《周书·史记解》,汲冢古文亦然	《汉书·人表》作右史,疑误。

续表

氏名	时代	职名	出处	附考
武	周	右史	《世本》宋衷注	
史豹	周穆王	左史	《文选·思玄赋》注引	原文称曰左史氏。
史良	同上	左史	古文《周书》	
史籀	周宣王	大史	《汉书·艺文志》《说文·叙》	
史角	周	史	《吕览·当染》	
史伯	周	史	《郑语》韦注	《史记·郑世家》称大史伯。
过	周	内史	《左·庄三十二》《周语上》	
叔兴	周	内史	《左·僖十六》《左·僖二十八》《周语上》《说苑》	
叔服	周	内史	《左·文元》	
大玻	周	史	《庄子·则阳》	《人表》有周史大弢，当是一人。
柏常骞	周	史	《晏子春秋·内篇·问下》	
友	周	大史	《酒诰》	
友	周	内史	同上	
伯阳父	周	大史	《周语》《史记·周本纪》	或谓即老聃。
辛有	周	大史	《左·僖二十二》《左·昭十五》《晋语四》	
聚子	周	内史	《汉书·人表》	一作撅之。
州黎	周	大史	《左·襄七》《说苑·君道》	
苌弘	周	史	《左·昭十一》《国语》《淮南子》	《汉志》称为周史。
蔡公	周	大史	《晋语》	原作谘于蔡原、访于辛尹。蔡蔡公、原原公、辛辛甲、尹尹佚，注皆周大史。

氏名	时代	职名	出处	附考
原公	周	大史	同上	
阙名	周	大史	《左·哀六》	时居楚。
阙名	周	内史	《左·桓二》《左·襄十》	
老聃	周	守藏史	《史记·老子传》	
儋	周	大史	同上	
克	鲁	大史	《左·文十八》	《鲁语》作里克。
固	鲁	大史	《左·哀十一》	
阙名	鲁	大史	《左·昭二》	韩宣子观书于大史氏。
左丘明	鲁	大史	《汉书·艺文志》	
掌恶臣	鲁	外史	《左·襄二十三》	
阙名	郑	大史	《左·襄三十》《左·昭元》	《说苑》有史叟,亦郑人。
阙名	齐	大史	《左·襄二十五》	兄弟三人,其中二人为崔杼所杀。
南史	齐	史	同上	《左传序》正义谓南史为大史之副,应是小史之官。
柳庄	卫	大史	《檀弓》《韩诗外传》	
华龙滑	卫	大史	《左·闵二》	又有史朝、史鱼、史狗,皆卫人。
礼孔	卫	大史	同上	
伯黡	晋	史	《左·昭十五》	司典籍之史。
辛有二子	晋	董史大史	同上	董史即董典籍之史,董狐其后也。
史赵	晋	史	《左·襄三十》《左·昭八》《左·哀九》	
史龟	晋	史	《左·哀九》	
董狐	晋	大史	《左·文十二》	

氏名	时代	职名	出处	附考
屠黍	晋	大史	《吕览·先识》《史通·史官》	《说苑·权谋》篇作屠余。
史苏	晋	史	《左·僖十五》《晋语》	
阙名	晋	左史	《左·襄十四》	"左史谓魏庄子"云云。
史墨	晋	史	《左·昭二十九》《左·哀九》《左·襄二十》作史黯	赵简子之史,时三家尚未分晋。
倚相	楚	左史	《左·昭十二》《楚语》	
史皇	楚	史	《左·定四》	楚又有史疾,战国时人。
史嚚	虢	史	《晋语二》	
阙名	郑	史	《说苑·君道》	
阙	宋	史	《国策》	宋康王使占雀生鹯。
廖	秦	内史	《史记·秦本纪》	缪公时。
阙名	秦	御史	《史记·廉蔺列传》	
阙名	赵	御史	同上	
周含	赵	史	《说苑》	
阙名	韩	阙名	《韩策》	
史起	魏	史	《吕览·乐成》	魏襄王时人,有民歌为"邺圣令史公"之语。
敫	田齐	大史	《国策》	
阙名	田齐	侍史	《史记·孟尝君传》	
胡母敬	秦始皇	太史令	《汉书·艺文志》《说文·叙》	
司马谈	汉	太史令	《史记·自序》	
司马迁	汉武帝	太史令	同上	

史掌秘书之任 史官原始,本掌秘书之任,嗣后事繁,渐多分职。然秘书职掌,或为草拟策命诏令,或为传抄档册图录,轻重虽有悬别,

而其为史之职则一。及政事增繁，自然各执各司，名号亦渐繁赜，唯论职司本原，当以秘书之任为创制之初基。章学诚论其共有之义，无论何种名目，概括以后世指称表之，则直言谓起于"书吏"是矣。故章氏所谓：

> 或问周官府史之史，与内史、外史、太史、小史、御史之史，有异义乎？曰：无异义也。府史之史，庶人在官供书役者，今之所谓书吏是也；五史则卿大夫士为之，所掌图书、记载、命令、法式之事，今之所谓内阁六科、翰林中书之属是也。官役之分，高下之隔，流别之判，如霄壤矣；然而无异义者，则皆守掌故而以法存先王之道也。①

掌秘书职司，为近世学者普遍承认，毫无疑义。② 金毓黻总括其义，推论治史者上溯源流，所以必自史官职掌起始，盖亦在于意旨鲜明，演变脉络厘然可寻之故。金氏有谓：

> 史为官名，其初如吏，后乃进当记言记事之任，一也。周代之左史右史，即为《周礼》之内史大史，而《周礼》五史，又为经制，不得轻疑，二也。汉世去古未远，史官之制未废，故司马迁以世为史官而修《史记》，三也。史为书名，起于汉后，古代无之，只以名官，

---

① 章学诚：《文史通义》，第一四七页。

② 朱希祖《史官名称议》云："案周官五史，与周官府史胥徒之史，皆非史官而为书记官。五史如今之秘书及秘书长，府史之史即今书记，故三百六十官皆有史也。"（本文收在《中国史学史论文选集》，第六三页）

　　又，金毓黻《中国史学史》，第四页云："愚谓史官之始，不过掌书起草，品秩最微，同于胥吏，只称为史，如汉人所称令史是也。其为诸史之长者，亦不过如汉代之长史、魏晋之掌书记。其以记事为职，古今亦无二致。继则品秩渐崇，入居宫省，出纳王言，乃有大史、小史、内史、外史、御史诸称，以别书掌书起草之史。然亦不过因诸史之长，而稍崇其体制，如汉晋之有中书监、令，唐宋之有翰林学士、知制诰，明清之有大学士是也。"

四也。古代学在王官，典籍为史官所专掌，故私家无由修史，欲考古代之史学，舍史官外，别无可征，五也。兹叙吾国史学，上溯其源，必首史官，义不外此。①

史官之广泛职司 史官广泛职司，本不尽在于秘书一途，而随世事政务之演进，亦并同时俱进。凡有使任增繁，即必衍生功能分殊，古代史职，历有扩展，终成就为中国职官中一项特有体系。多因事实之需要而形成，古史官之称职，亦为发展条件之一。上古政务与后世不同，史职所掌实纷杂不一，演进非一时，踵事日渐繁赜，古代之史职遂

---

① 金毓黻：《中国史学史》，第一七页。

又，同前书，第三至四页云："昔者孔子删书，断自唐虞，子长撰史，始于黄帝，虽云时涉传疑，未可置之弗论。《说文·叙》云：'黄帝之史仓颉，见鸟兽蹄迒之迹，初造书契。'此则古代史官之先见者也。荀卿有言：'好书者众矣，然而仓颉独传者，一也'（《解蔽》篇）。考《风俗通》及卫恒《四体书势》，皆谓黄帝之世，与仓颉同制字者，尚有沮诵，亦史官也；《世本·作》篇谓大挠作甲子，隶首作算数，容成造历。宋衷注云：'皆黄帝史官'；何是时史官之多也。愚考古代史官，职司记事，位非甚崇，试以周制征之。《周礼·春官》之属有大史掌建邦之六典；小史掌邦国之志；内史掌王之八枋之法，掌书王命；外史掌书外令，掌四方之志，若以书使于四方，则书其令；御史掌邦国都鄙及万民之治令，掌赞书；而六官所属诸职司，莫不有史。史与胥徒并列，故又释之曰：'史掌官书以赞治。'郑注云：'赞治若今起文书草也。'征之汉制亦然。《汉书·艺文志》云：'大史试学童，能讽书九千字以上乃得为史。'又以六体试之，课最者以为尚书、御史、史书、令史。是则史之初职，专掌官文书及起文书草，略如后世官署之掾吏。如谓仓颉、沮诵为黄帝之史，则其所掌当不外是。凡掌官文书者及起文书草者，日与文字为缘，整齐其现行之字，以供起草之用，亦史官之所有事。周之内史掌书王命，外史掌书外命，御史掌赞书，是史职起文书草之证也。太史掌邦之六典，内史掌八枋之法，外史掌四方之志，御史掌邦国都鄙及万民之治令，是史掌官文书之证也。凡周之六典、八枋之法、四方之志、邦国都鄙及万民之治令，或为当代之法典，或为治事之案据，今日称为寻常之官文书，异日则视为极可贵重之史料，古今一揆，理无二致。周代有然，黄帝以来迄于夏商，应莫不如是。是则史之初职，本以记事为务，史官之多，亦以此也。"

即具诸相关公务之总称，足以包罗卜、巫、祝、宗诸事。陈槃有说，主张史为诸职总称：

> 案春秋时代，祭（宗）、祝、卜、筮、占梦、天象之等，皆史官掌之。盖"史"其总称，而所掌者则有祭、祝、卜、筮、占梦、天象等之分职也。①

陈氏举证有谓：

> 唯其总之以"史"，故有"筮史"（《左传·僖公二十八年》："曹伯之竖侯獳货筮史。"杜解："史，晋史也。"《赵世家》："王召筮史敢占之。"）、"祭史"（又《左传·昭十七年》：晋"使祭史先用牲于雒"。）、"史墨"、"史龟"（又《左传·哀九年》："晋赵鞅卜救郑，遇水适火，占诸史赵、史墨、史龟。"案《周礼·春官·占人》："掌占龟……凡卜筮……史占墨。"传云史赵，盖太史；史墨、史龟，当即此《周礼》所谓占墨、占龟，盖太史之属官也。）之等辞。盖散称则通，皆可言"史"；对称则固有别也。②

---

① 李宗侗：《史官制度——附论对传统之尊重》，附注五六，引陈氏语。
② 同前书，附注六〇，引陈氏语。

    又，同前书，同注引陈氏语云："史官之属又有称'史巫'者（《说苑·辨物》篇：'哀公射而中稷，其口疾不肉食，祠稷而善，卜之巫官。'案史官掌卜，经传习见。今云'卜之巫官'，则此巫者，所谓'史巫'也。《易·巽·九二》：'用史巫纷若，吉，无咎。'亦称'巫史'。《楚语下》：'夫人作享，家为巫史。'），又有称'祝史'者（《左传·襄二十七年》言范宣子之德云：'其祝史陈信于鬼神，无愧辞。'案侯国之卿，未闻具备史官。此所谓'祝史'者，家祝也。《晋语六》：'范文子谓其宗祝曰。'韦解：'宗，宗人；祝，家祝。'此范氏有家祝之证也。卿之家祝亦或曰太祝。《新序·杂事第一》：'中行寅将亡，乃召其太祝而欲加罪焉。'中行卿亦有太祝，是其比。然史官之属并得系以'史'，则《左传》'祝史'之称[《晏子·外篇七》作'祝史'同]，固自不误）。合前述'筮史''祭史''史墨''史龟'诸辞观之，则太史之属官筮、祭、龟、墨、巫、祝之等并得有'史'称，则此诸官胥为太史属官之说可决矣。"（转下页注）

如陈氏所见,史职包罗种种祀祭礼仪活动工作,以为宽泛之共名,足以澄清往者以史与各职平视,而在功能上大费考辨与区别。唯后世

（接上页注）又,史职包括卜、巫、宗、祝,劳榦同有此说:"现在再谈史官和卜筮的关系。《周易·巽·九二》:'巽在床下,用史巫纷若,吉。'《楚语下》:'少暤之衰,九黎乱德,民神杂糅,不可方物,夫人作享,家为巫史。'《左传·庄公二十二年》:'陈厉公……生敬仲,其少也,周史有以易见陈侯者,陈侯使筮之,遇观之否,曰是谓观国之光,利用宾于王。'《僖公十五年》:'初晋献公筮嫁伯姬于秦,遇归妹之睽,史苏占之曰,不吉。'《昭公二年》:'晋侯使韩宣子来聘,观书于太史氏,见《易·象》与《鲁春秋》曰:周礼尽在鲁矣。'《昭公七年》:'孔成子以周易筮之……以示史朝。'《哀公六年》:'是岁也,有云如众赤鸟,夹日以飞,三日,楚子使问诸周太史。'《哀公九年》:'晋赵鞅卜救郑,遇水适火,占诸史赵、史墨、史龟。'又《闵二年》:'狄灭卫,囚史华龙滑与礼孔以逐卫人,二人曰:我太史也,实掌其祭,不先,国不可克也。'所以史官就是祭司而兼卜官。

"《史记·自序》称:'谈为太史公……学天官于唐都,受易于杨何……既掌天官不治民。'天官即《史记·天官书》之'天官'。《史记·天官书》司马贞索隐云:'案天文有五官。天官者星官也,星座有尊卑,若人之官曹列位,故曰星官。'《后汉书·任文公传》:'明晓天官风星秘要',也和此法相同,所以太史所掌的也就是占星术(astrology),这和祭司、卜官属于同类的职务。太史公曾受《易》,《史记》把'龟策'专列一传,也因为卜筮是史官所专掌。《续汉书·百官志》:'太史令一人六百石。'本注曰:'掌天时星历,凡岁将终,奏新年历,凡国祭祀丧娶之事,掌奏良日,及时节禁忌,凡国有瑞应、灾异,咸记之。'注汉官曰:'太史待诏三十七人,其六人治历,三人龟,十三人庐宅,四人日时,三人易筮,二人典禳,九人籍氏、许氏、典昌氏各三人,嘉法、请雨、解事各二人,医二人。'所以龟策之事,到东汉之时仍属太史令;这正是古代太史相承之业。并且还可以反映出史官记事之职,正是从'凡国有瑞应灾异咸记之'一职衍变而来。

"所以史字是从右持钻,钻是象钻龟而卜之事,因为卜筮之事是史官最重要的职务,而记事为后起。

"相传黄帝之史官仓颉始制文字,也可推断先有史官而后才有文字,有文字而后才可以记事。

"直到现在俣佯及摩些的巫师,仍然是祭神的人、占卜的人、造字的人、记事的人,而且还是部族中仅有的认识文字的人。我们推想古代的史官,岂不应当与此一样吗?"(劳榦:《史字的结构及史官的原始职务》,《大陆杂志》,十四卷三期,第四页。)

发展,使史职脱出神祇范围,终以人事活动为主要职责,则其政府官常行为,自秘书入手,自然进至于制作册命诏令,掌理国典档案,此一种之史,渐渍而成为治国理民之助手,其转化之踪,亦可自上古文献中见之。徐复观就甲骨文字,推证祝史同工,由祝告连带册命,乃进入于国政设施范围。徐氏认为作册乃史之工作,祝册即祝之工作,祝为神祇之部,册为人事之部,既为一事之两面,史则合此工作而为之。此即史职渐次进入实际政治之通道。徐氏举证周详,兹引之于次:

> 《殷契粹编考释》第一片郭氏谓"叀册用"与"叀祝用"为对贞,祝与册有别,祝以辞告,册以策告也。《书·洛诰》"作册逸祝册"乃兼用二者,旧解失之。郭氏以册与祝有别,是对的。以《洛诰》的"祝册"为"兼用二者",则因不知演变之迹而误。册是盛简策之器,同时即指的是简策,其用途有二:第一,是把告神的话录在简策上以便保存;其次是王者重要活动的记录。古代王者的重要活动亦皆与神有关,故"次"义亦来自第一义。记录的文字谓之册,主管记录之人亦谓之册,所以册与祝,又皆为官名。契文中,册与祝常见;第四七八片及五一九片,且"册祝"连词。史字较为少见,更没有发现册史或史祝连词的。册祝连词时,是说明在祭神时,既由册以策告,复由祝以辞告。
>
> 殷代与祝同科的"册",周初则称为"作册"。殷代册与史的关系我尚弄不清楚。周初则作册即是史。不过在称呼的演变上,则最早多称为作册,再则有时作册与史并称,再则仅称史而不复称作册。最可注意的,是《尚书·洛诰》"戊辰,王(成王)在新邑,烝(冬祭)祭岁。文王骍牛一,武王骍牛一。王命作册逸祝册,惟告周公其后。王宾杀禋咸格。王入太室祼。王命周公后,作册逸诰。在十有二月"一段话中的"王命作册逸祝册"及"作册逸诰"

的两句话。曾运乾《尚书正读》以“作册”为史官名，此与早期金文中之作册尹、作册睘互证，当为可信。盖即来自契文中的“册”。《殷契粹编考释》由第一一一片“王申卜尹贞”起，共有二十一个“尹贞”，郭氏释为这是贞人的名字。从[illegible]的字形看，大概是特长于契写的贞人，因而也是很有名位的贞人，其子孙即以他的名为氏。“作册逸”的逸，与佚通。作册即是史，史的名称比较流行后，“作册逸”便称“史逸”。他是以尹为氏，所以有时又称史佚。尹氏在周代，有的是世其官，有的则地位不止于史。上引《洛诰》之所谓“祝册”，是将立周公之后于鲁的简策，祝告之于文王武王。周初只称一个册字时，则指的是简策而不是官名。殷契文中虽有史字，如《殷契粹编考释》第一百一片“史叀上甲盡酒”，第二四一片“祖乙史其卿乡卿”，只能看出他与祭祀有关，他的地位似乎不甚显著。及周初作册一词，渐为史所夺后，史之功用乃大著。①

戴君仁亦就周代金文，推证史之作册，其进行与功用，以及实有地位状况，甚为详明：

在周代彝器文字里，史所司的册命，是命诸侯和群臣的。然册命的典礼，仍在祭典中举行。如趞鼎：隹三月，王才（在）宗周。戊寅，王各（格）于大朝（庙）。密弔（叔）右趞即立（位）。内史即命。王若曰：“趞，命女（汝）乍（作）[illegible]自家嗣马，啻官仆射士訊（讯）小大又（右）隣，取遺五寽。易（锡）女赤市幽亢，䜌旂，用事。”趞拜䭬首，对䚄王休，用乍季姜隮彝。其子子孙孙迈（万）黍宝用。又颂鼎：隹三季五月既死霸甲戌，王才周康邵宫。旦，王各

① 徐复观：《原史》，《幼狮月刊》，第四四卷六期，第三页，台北，1976年。

大室。即立。宰弘右颂入门。立中廷。尹氏受（授）王令（命）
書。王乎（呼）史虢生册令颂。王曰："颂，令女官嗣成周（下
略）。"又师虎殷：佳元季六月既望甲戌，王才杜竚（居），各于大室。
井白（伯）内（入）右师虎即立中廷，北乡（向）。王乎内史吴曰：
"册令虎。"王若曰："虎，截（载）先生既令乃取（祖）考事（仕）（下
略）。"又吴彝：佳二月初吉丁亥，王才周成大室。旦，王各庙。
宰肼右乍册吴入门，立中廷，北乡。王乎史戊册令吴嗣胎眔叔金
（下略）。

　　以上四则器文，录自《两周金文辞大系考释》，都是记人事的
册命，册命的典礼，都在庙中举行。师虎殷和颂鼎里的大室，是庙
中太室（参看王国维氏《明堂庙寝通考》，《观堂集林》卷三）。《礼
记·祭统》篇说："古者明君爵有德而禄有功，必赐爵禄于大庙，示
不敢专也。故祭之日，一献，君降立于阼阶之南，南乡。所命北
面，史由君右，执策命之。再拜稽首，受书以归，而舍奠于其庙。"
足证封爵的册命，仍是在祭典中举行的。①

史为世官父子相承　　史职源自上古，附于政治领袖，凡其为官，皆
为世业，故为父子祖孙相传。相沿以迄汉代，世业之制，记载颇明。晋
史之籍氏，周史之司马，均有世代渊源可藉，为其明证。今世史家，述
称申讲之外，多无他论。刘师培举证叙说谓：

　　观籍谈司典籍，而其后为籍氏，倚相为左史，而其后为左氏，
皆史为世官之证。史墨曰："官宿其业，一日失职，则死及之"，可
以知上古史官为贵职矣。况史官世袭，其制至汉犹存，司马谈、司

①　戴君仁：《释"史"》，《台湾大学文史哲学报》，第十二期，第五三至六五页，台
北，1963 年。

马迁,其最著者也。①

戴君仁更举《国语·楚语》之例,以证史为世官之说:

《国语·楚语下》:昭王问于观射父曰:"周书所谓重黎实使天地不通者,何也? 若无然,民将能登天乎?"对曰:"非此之谓也。古者民神不杂。民之精爽不携贰者,而又能齐肃衷正,其智能上下比义,其圣能光远宣朗,其明能光照之,其聪能德彻之,如是则明神降之,在男曰觋,在女曰巫。是使制神之处位次主,而为之牲器时服,而后使先圣之后之有光烈,而能知山川之号,高祖之主,宗庙之事,昭穆之世,齐敬之勤,礼节之宜,威仪之则,容貌之崇,忠信之质,禋絜之服,而敬恭明神者以为之祝。使名姓之后,能知四时之生,牺牲之物,玉帛之类,采服之仪,彝器之量,次主之度,屏摄之位,坛场之所,上下之神,氏姓之出,而心率旧典者为之宗。于是乎有天地神民类物之官,是谓五官。各司其序,不相乱也。民是以能有忠信,神是以能有明德,民神异业,敬而不渎。故神降之嘉生,民以物享,祸灾不至,求用不匮。及少皞氏之衰也,九黎乱德,民神杂糅,不可方物。夫人作享,家为巫史。无有要质,民匮于祀,而不知其福。烝享无度,民神同位,民渎齐盟,无有严威。神狎民则不蠲其为,嘉生不降,无物以享,祸灾荐臻,莫尽其气。颛顼受之,乃命南正重司天以属神,命火正黎司地以属民。使复旧常,无相侵渎,是谓绝地天通。其后三苗复九黎之德,尧复育重黎之后不忘旧者,使复典之,以至于夏商。故重黎氏世叙天地而别其分主者也。其在周、程伯休父其后也。当宣王时,失其官守,

---

① 刘师培:《古学出于史官论》,《国粹学报》,第一期,上海,光绪三十三年(1907)。

而为司马氏。"①

史职之演变 至于史职演变,以其职司增殖与名实迁流,历代制度实有重大变化。自上古以迄周秦,历时约二千年。史职自创始粗迹,以至多样功能分殊,发展脉络一贯,体制系统一律,构成一致之特色,大致可以五史职司包罗②。凡史家使命之陶冶,史职任务之历练,世业习惯之沿承,史学义法之规制,均经历代严肃思辨实践而达成,以成就中国史职制度、史学风格、史家典范之总根源,以为后世百代之宗仰,故在中国史学上、学术上以及政治制度上,关系均极重要。

自汉代史职逐渐简化归趋于著作一途,已自往古天官之范围入于纯为人事记注之职守。而典章图籍之所集,兰台、东观即为史职承领之地,远疏实际政治,且尚不及秘书记室之近于政事,实质之改易,远逊于畴昔。然史学之义法,史官之惯例,史家之节操,则仍如往昔之严正不苟,沿承未改,此可见出中国史学自来传承之意义。近世史家喜言史官职守三变或二变之说,盖在论其名号职务之外表,著史精神实有渊源一贯一脉相承之统纪,后之治史者不可不知③。

---

① 戴君仁:《释"史"》,《台湾大学文史哲学报》,第十二期,第五三至六五页。
② 柳诒徵《国史要义》,第五页云:"总五史之职详析,其性质盖有八类:执礼一也,掌法二也,授时三也,典藏四也,策命五也,正名六也,书事七也,考察八也。归纳于一,则曰礼。五史皆属春官宗伯,春官为典礼之官,即尧典之秩宗。伯夷以史官典三礼,其职犹简。故宗伯与史不分,二职历夏商至周,而政务益繁,典册益富,礼法益多,命令益夥,其职不得不分。然礼由史掌,而史出于礼,则命官之意,初无所殊。上溯唐虞,下及秦汉,官制源流,历历可循。《汉书·百官公卿表》,奉常,秦官,掌宗庙礼仪,属官有太史令丞。景帝更奉常为太常,后汉因之,太史仍属太常,此非本于周官五史之隶春官宗伯欤。"
③ 史官职司三变之说,有李宗侗《中国史学史》,第四页云:"史之初义为史官,而其职权凡三变。总全国一切之教权政权,最初之职务也(王国维《释史》:'自诗书彝器观之,内史实执政之一人,其职与后汉以后之尚书令,唐宋之中书舍人、翰林学士,明之大学士相当,盖枢要之任也。')。盖最古教权(转下页注)

自唐代设置史馆,直迄清末,史官集体著史,史书非出一家,史官职
————————————

（接上页注）与政权原不分,史既掌管一切天人之际的事务,则总理一切
政权教权,亦极合理。后渐演变,因政权与教权分离,天人之际属于教权范
围,故史官职权缩小,只包括天人之际的事务及其记载而不能参与政权,此第
二阶段也。只以著国史为事,此第三阶段。"

又,金毓黻《中国史学史》,第四页,亦主张三变:"凡官之以史名者,既掌
文书,复典秘籍,渐以闻见笔之于书,遂以掌书起草之史,而当载笔修史之任。
初本以史名官,继则以史名书,而史官之名,乃为载笔修史者所独擅,而向之
掌书起草以史名官之辈,转逊谢以为无与,不得不以吏自号矣。史官至此,盖
经三变,发展之序,不外是矣。"

又,魏应麒《中国史学史》,第三七至三八页,则主张史官演变有两个阶
段:"中国史官之建置与职守,综其宏纲,可分为二:(一)为唐以前之史
官——所涉甚广,每及天时人事之推移,其功在于知来;(二)为唐以后之史
官——所守有恒,仅专征献考之著述,其功在于鉴往。若申其小目,则可分为
五:古代史官,名号既多,职守尤杂,官礼说颇异同,《左传》言亦繁富。此其
一也。秦汉至隋,史官建置不常,太史令之职沿自《周官》,著作郎之任仿于
《礼记》,而史官以撰修为专业之风以始。此其二也。唐开史馆,不仅史官有
定名,即史职亦有定制,前朝史事与昭代故实,自是遂确定为史官之专业。此
其三也。五代至宋,沿袭唐制,虽少所发明,而院馆之设已开翰林院修史之
端。此其四也。元明及清,纳史馆于翰林院,以院官为史官,且广征修史之人
才,自唐以来,史馆之制又一变矣。此其五也。"

又,近人朱希祖就名实考辨,以言撰著之史之所昉,有谓:"或谓汉之太史
如司马迁世为史官,迁之《自序》既有明文,《史记》一书非史官所作乎?《史
通·史官》篇云:'太史之职,虽以著述为宗,兼掌历象日月阴阳度数,司马迁既
殁,后之续《史记》者,若褚先生、刘向、冯商、扬雄之徒,并以别职,来知史务,于是
太史之署,非复记言之司,故张衡、单飏、王立、高堂隆等,其当官见称,唯知占候而
已。'案刘知几溯史官于沮诵仓颉,固误,说太史为史官,其署为记言之司,更误也。
考西汉一代,尚无官修之史,太史之署非国家修史之所,《史记》为司马迁私人著
述。盖太史即大史,为天官,周已然。《汉书·百官公卿表》不言太史令职掌,司
马迁《自序》言:'余先周室之太史,典天官事。'《续汉书·百官志》:'太史令掌天
时星历,凡岁将终,奏新年历,凡国有瑞应灾异,掌记之。'未尝言其职司作史也。
后汉官制,多承前汉,则其职掌亦必相同。《汉书·艺文志》:汉著记百九十卷,此
即太史令所记瑞应灾异而附见人事者,所谓天人相应之学也(余别有《汉著记
考》,载《北京大学国学季刊》)。然则太史非史官,太史之署非国史之署,史记非
官修之史,明矣。余言史署起于后汉东观,史官起于后汉著作郎,盖以此也。"(朱
希祖:《史官名称议》,《中国史学史论文选集》,第六三页。)(转下页注)

司既有变化,著史精神亦大有改易。然论及义例方法,史书形制,仍不能不上承前古之旧,而祖述左氏马班之遗规。

史官创制,随中华民族成长之需要而产生,然其开展规模,日趋繁复完备,自为全民历代才智之结晶。且其义法严正,旨趣高明,典范众多,自尤见古代中华创制经营之苦心。近世史家故颇标其特色而申其意义,柳诒徵所论,与世界他国之不同,足以表其正大之端,故柳氏有谓:

> 民之所仰,职有所专,由是官必有史。而吾国之有史官,乃特殊于他族。《说文》释史字曰:史,记事者也。是为通义。吾国与他族之史皆记事也。《周官》释史曰:史掌官书以赞治。此为吾史专有之义。由赞治而有官书,由官书而有国史。视他国之史起于诗人学者,得之传闻,述其轶事者不同。世谓吾民族富于政治性,观吾史之特详政治,及史之起源,可以知其故矣。①

史官建置之重大意义　至史官重大意义所在,近世学者有一普遍认识,即多数一致表示,中国学术百川竞流,唯史为根本始源。古代学术渊薮,史为大宗,龚自珍之说,最为清晰完备:

> 周之世官(句)大者史。史之外无有语言焉;史之外无有文字焉;史之外无人伦品目焉。史存而周存,史亡而周亡。殷纣时,其史尹挚抱籍以归于周;周之初,始为是官者,佚是也。周公、召公、太公,既劳周室,改质家跻于文家,置太史。史于百官,莫不有联事,

---

（接上页注）又,朱希祖《中国史学通论》,第九页,有云:"夫兰台东观,为图籍秘书之所;令史掌奏及印工文书,盖后汉之时,尚无历史官专职也。至魏太和中,始置著作郎,隶中书。晋元康初,改隶秘书,专掌史任。梁陈二代,又置撰史学士。历史官之有专职,盖始乎此。由此观之,西周以前,无成家之历史,魏晋以前,无历史之专官,可断言也。"

① 柳诒徵:《国史要义》,第二二页。

三宅之事,佚贰之,谓之四圣。盖微夫上圣睿美,其孰任治是官也?是故儒者言六经,经之名,周之东有之。夫六经者,周史之宗子也。《易》也者,卜筮之史也;《书》也者,记言之史也;《春秋》也者,记动之史也;《风》也者,史所采于民,而编之竹帛,付之司乐者也。《雅》《颂》也者,史所采于士大夫也。《礼》也者,一代之律令,史职藏之故府,而时以诏王者也。小学也者,外史达之四方,瞽史谕之宾客之所为也。今夫宗伯虽掌礼,礼不可以口舌存,儒者得之史,非得之宗伯;乐虽司乐掌之,乐不可以口耳存,儒者得之史,非得之司乐。故曰:五经者,周史之大宗也。孔子殁,七十子不见用,衰世著书之徒,蜂出泉流,汉氏校录,撮为诸子,诸子也者,周史之小宗也。①

龚氏之外,近代论者尤众,归纳各家意趣,若刘师培、柳诒徵、金毓黻、朱希祖、戴君仁、李宗侗、徐复观、陈槃等,多主上古学术以史为本源大宗之说。② 足见史官之建置与发展,实构成中国学术文化之生成基础。

---

① 龚自珍:《龚自珍全集》,第二一页。
② 刘师培《古学出于史官论》,第四四页:"孔子六艺之学,皆得之史官。周易春秋得之鲁史,诗篇得之远祖正考父,推之问礼老聃,问乐苌弘,而百二十国宝书,又孔子与左丘明观之周者也。不有史官,则孔子虽有订六艺之心,亦何从而得其籍哉。仁和龚氏有言:'史无孔,虽美何待,孔无史,虽圣曷庸',是则孔子者,得周史学术之正传也。"

又,刘师培《(补)古学出于史官论》,第四九至五十页:"上古之时,学掌于史,今推其原因,而知其故有二。一曰史官普设于列国也。周代之时,不独王朝有史也,即列国亦有之,所谓君举必书。观《春秋》一书,晋有史赵、史墨(又韩宣子言史莫之知,亦晋国之史),齐有南史、史嚚,鲁有史克(韩宣子观书于太史氏,亦鲁国之史),卫有史华,皆列国之史也。而鲁之初封,又有祝宗卜史之赐(《左传·定公四年》),则列国皆置史明矣。故有周一代,凡一国之事迹,莫不详书,则置史官之效也(见汪容甫《春秋左氏释疑》)。二曰史官为世袭之职也。籍黡司典籍,而其后为籍氏(《左传·昭公十五年》),倚相为左史,而其后为左氏(据王安石、郑樵诸人,皆以《左传》非丘明所作,所谓左氏者,乃楚臣左史倚相之后,别为一说,然不可尽非)。皆史为世官之(转下页注)

第三节　史　籍

由口传心诵之记忆进至于符号记录　民族部落初型,虽粗成一定

(接上页注)证(《史记·太史公自序》言司马氏世为天官,天官亦史官之一)。故史墨曰:"官宿其业,一日失职,则死及之。"(见《左传·昭公二十九年》)可以知上古之重史职矣。且史为世官,至汉犹然,司马谈、司马迁,其最著者也,即班彪、班固父子亦然。"又,柳诒徵《国史要义》,第七页:"史官掌全国乃至累世相传之政书,故后世之史,皆述一代全国之政事,而尤有一中心主干为史法史例所出,即礼是也。《传》称韩宣子适鲁,观书于太史氏,见《易·象》与《鲁春秋》。曰:'周礼尽在鲁矣。吾乃今知周公之德与周之所以王也。'(《左传·昭公二年》)此《春秋》者鲁史官相传之书,尚非孔子所修者。然已非泛泛记事之书,其所书与不书,皆有以示礼之得失,故韩起从而叹之。使为普通书记所掌档案,他国皆有,韩起何必赞美。故世谓古者止有书记官之史,而无著作家之史,必至汉魏以来始有著作家之史者,正坐不知此义也。古史浩繁,人难尽阅。掌档案者,既有全文,必为提要,苟无提要,何以诏人。故史官提要之书必有定法。是曰礼经。《左传·隐公七年》:春,滕侯卒,不书名,未同盟也。凡诸侯同盟,于是称名,故薨则赴以名告终称嗣也,以继好息民,谓之礼经。杜预谓:此言凡例,乃周公所制礼经也。周公所制,虽无明文,要以五史属于礼官推之,史官所书,早有礼经以为载笔之标准,可断言也。"

又,金毓黻《中国史学史》,第一六页:"《庄子·天道》篇谓:'孔子西藏书于周室,见老聃,翻十二经以说';《史记·十二诸侯年表序》又谓:'孔子西观周室,论史记旧闻';而同书《孔子世家》及《老子列传》,皆谓孔子适周,问礼于老子,而老子固周之守藏史也。或谓老子世为史官,掌周室之典籍,故孔子从而问礼焉,此亦古人官师合一之证。孔子身非史官,而修《春秋》,诚由王官失守,学下逮于庶民之故。然非西适周室,以观藏书,问礼于守藏之史,亦无以考文献而证旧闻。司马迁以身为史官,而修《史记》,正为合于古法,此亦应诠之义也。"

又,李宗侗《中国史学史》,第五页:"古代王国典册皆掌于王官;列国者掌于列国之官吏;下至大夫,其家族之典册,亦为其族所私有。非官吏非独不能掌理,且不能学习,且亦无从学习。学必有师,师皆是贵族官吏,亦不肯授于外人。史书是典册的一部分,故史书亦掌于官吏,狭义的说掌于史官。史官所传的弟子,仍是贵族,且或者是史官的同族,若晋之董史,即系历代相传者。"

又,徐复观《原史》,《幼狮月刊》,第四十四卷六期,第六页:"我国古代文化由宗教转化而为人文的展开,是通过古代史职的展开而展开的。文化的进步,是随史官文化水准的不断提高而进步的。史是中国古代文化的摇篮,是古代文化由宗教走向人文的一道桥梁,一条通路。黄帝之史仓颉造字,不过是(转下页注)

组织系统,而各级领袖之外,其体制实至简略,语言足以表达周至,原自无须记事之人。及发展壮大,领域拓广,部民众多,不唯领导中枢渐形成功能分殊之各阶政府,其每一分部分支,亦必各有一定组织,与中枢联成一复合政府体系。在复杂政治组织中,以及战阵之指挥,人力之统率,消息意见之交换,均必取备共通共喻之种种讯号,此即典章制度、法规律条生成之基础。既须共同行动,必有共守定约。除一一形成于部族生活习惯中者外,凡一族重大活动,对内之祀祭,对外之征战,均必就组织发挥力量,因是必在生活习惯之外,创立共约之制度;因是必须有守此制度之人,以从事于对典章规条之记忆。一族固然可以多置专任记忆之官,以分别从事记忆与转述,犹若瞽史之所职司。然语言只凭记忆口述,不存记录,仍不足以适应分工繁复之社会与政治,创制文字,自应运而生,遂使一族有进一步笔载典章故实之能力。此即人类进化之一大进步。

中国文字创生,为同民族公器,为共约共创。其自然成长,必累积百千年世,辗转应用,始能定形。世谓仓颉造字者,或为向上推衍之传说,或归美于古代著名之贤豪,盖必非凭空杜撰。然以史为惯用文字

(接上页注)一种传说。但史因记录的要求,因而发明出文字,这是很合理的传说。大篆出于周宣王的太史籀,小篆则除李斯、赵高外,尚有太史令胡母敬的《博学篇》,文字与古代之史不可分,是无可怀疑的。史由文字的记录与保管而得到历史知识,由历史知识而得到人类行为的经验教训,由此以发展出有关人文方面一切学问,是很自然而合理的。《汉书·艺文志》以诸子百家出于王官,乃依稀仿佛之谈。欲为中国学术探原索本,应当说中国一切学问出于史。"

又,陈槃云:"古代史官,文献所汇,实知识之中心。王国维谓,古者读书皆史官之事(《观堂集林五·史籀篇疏证》),是也。春秋时代,其事亦有可考,楚左史倚相'能读三坟、五典、八索、九丘'(《左传·昭十二年》)之类是也。以此推之,则春官大史、小史所掌,非无所据而云然也。"(见李宗侗:《史官制度——附论对传统之尊重》,注一七七,《台湾大学文史哲学报》,第十四期)

之人,并为职责所必需,则彼此使用之间,首要务在于了解及后日复阅,自必努力改良,使其形体一致。或即因此共尊史为造字之人。

中国古代记录之符号,后世确能知者有两种:一为远古先民之结绳记事,其产生当然远在语言通行之后,以代语言之不足,并扩大地域之交流。然此前事邈远,并早绝迹于上古之世,后世徒知中国远古民族,实有一相当时期以结绳为记录符号之制度,且必人人通晓,日常习用。若论广义之文献,用此结绳符号,固当视为今世所知之最古文献形式。故在口传之外,记录符号以结绳为最早。另一种记录符号,当即晚出之书写文字,经全民改良共约,历久应用而得以发扬者。结绳之制,由于种种不便,终在上古之世,渐绝使用。文字终成为有效之记录工具。

简册典籍形制 既有文字,自必有载文字之工具,与书写方法同时创生。就地取材,最便宜而易于处理之物,当为泥土、竹、木等类。中国远古制作文字,取用竹木毫毛书写,自出于一种选择,且仍以地产之丰足为重要条件。竹管、毫毛、炭烟之灰,皆取用不竭,贱价之物,竹木片块,亦易裁削。单片为简,简义亦引申为单;以丝韦编群简即成为册;置之高阁收藏,即称为典。册、典二字,本之象形,甲骨、金文均为常见字体,甲骨文"册"字形体颇多,大致书为卌,其竖画多长短不齐,金文则整齐形状而为卌。甲骨文"典"字书为卌,金文亦整齐之而为卌。足知其字由来已久。至少言远自殷商已成定制,至何时创始,已难推知其邈悠年代。然上古文书册籍,其始取材竹木,实自然而普遍,当可确知上古文书形制。柳诒徵所推论当颇近情:

> 国产多竹,编削为书,可执可记,可阁可藏,是亦异于他族,而言史原者所宜究也。《王制》曰:太史执简记。《国语》曰:右执鬼中。皆执竹也。与竹并用者亦有木版,曰方。《聘礼》记曰:百名

以上书于策,不及百名书于方。《中庸》曰:文武之政,布在方策。周官司书,掌邦中之版。木版固与竹简并用。然以其不利于编排,故用竹为多。编集竹片则名曰册。重要之册,以开阁藏,则名曰典。司此要籍,因亦曰典。①

据"册"字之形,可推知古籍形制,今世甲骨文学者,已确知占卜之龟甲,其保存必串编成册。创其说者有董作宾云:

> 吾人既知商人贞卜所用之龟,其大小长短,曾无两甲以上之相同者,又知其必有装订成册之事,则此龟版之一长一短参差不齐,又有孔以贯韦编,甚是册之形状。而"册",当然为其象形字也。②

有陈梦家云:

> 这种鞋底形的改制背甲,有一个不小的穿孔,可知连系若干背甲穿札起来,可能就是"典册"的象形。③

有懿恭云:

> 那一叠初出土的龟版,从侧面看,不正好是册的象形吗?那么这种叠累的记载卜辞的龟甲也就是"龟册"了。《小屯乙编》四五二八片有一片龟腹甲记事刻辞:"三册,册凡三。"无疑的,这正是记载龟册的数目,《史记》的"龟策",正好给这作一个注解。④

① 柳诒徵:《国史要义》,第二页。
② 董作宾:《商代卜龟之推测》,《安阳发掘报告》,第一期。据刘渊临《殷代的龟册》,《东吴大学中国艺术史集刊》,第二期,第二九页,台北,1973年。
③ 陈梦家:《殷墟卜辞综述》,第八页。据前引刘渊临《殷代的龟册》,第三五页。
④ 懿恭:《我们最古的书,甲骨文——龟册》。据前引刘渊临《殷代的龟册》,第三六页。

以及最近刘渊临云：

> 编册之用，则可就甲骨文本身的资料，册字的字形得到证明，又因全部贞人都是武丁时代的，所以我认为所谓"改制的卜龟背甲"实在就是殷武丁时代的龟册。①

就今日可见现存最古之龟册、战国玉册、居延汉简兵物册之实物（见图一至三），已可明确了解上古典籍形制，②而史籍即其中之一种，如《尚书》有云："唯殷先人，有典有册。"亦足证明殷商典籍之丰富完备，乃上古共知之事实。

上古典坟　中国史籍最古名称，号为坟典，如刘知几所谓："三五之代，书有典坟，悠哉邈矣，不可得而详。"后人实已无法知其性质内容，自更难见实有之物。唯就前述实有之典册，尚可推知殷商时代大致状况，但坟为何物，如《左传》所载"左史倚相，能读典坟"，则仅留存名词而已。上推典册起始，仍可就古代记载中略见传说，所谓五典五惇是也。如柳诒徵所述：

> 古史孔多，唐虞时已有五典。史克述虞书，慎徽五典（《左传·文公十八年》）。《皋陶谟》称，五典五惇。是唐虞之前，已有若干典也。五惇之义，自来未析，稽之内则，盖古有惇史，记载长老言行。《皋陶谟》所谓五典五惇，殆即惇史所记善言善行可为世范者。故历世尊藏，谓之五典五惇。惇史所记，谓之五惇。犹之宋元史官所编之书，谓之宋史元史矣。③

---

① 刘渊临：《殷代的龟册》，《东吴大学中国艺术史集刊》，第二期，第三六页，台北，1973 年。

② 龟简、龟册、汉简兵物册三图版，俱引自刘渊临《殷代的龟册》。

③ 柳诒徵：《国史要义》，第二页。

图一

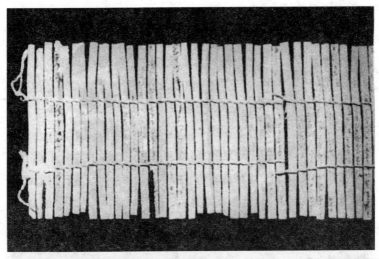

图二

远古虽早有所谓之三坟五典,至今已只知其名而难得其实。约略推断,亦不过稍知典册形制,究不知三坟为何时代,五典具何内容。今则姑存此早期流传之名词,备为学者参考而已。

上古之书 迄今所能确知上古之史籍,即孔子时代已成要典并为孔子用作教材之所谓"书",今世通称为《尚书》。原有百余篇,流传至今仅余二十八篇。"书"之一词,即如今日史籍之谓,自上古以迄隋唐,史著多被称书,若《汉书》《后汉书》《晋书》,以至《唐书》均袭此名,足见渊源有本。当时之史向来原为官名,当时之史籍,则多称之为书。此古代共喻之通义,二千年迭用不变,当时本无若何怀疑。李泰棻推其原始谓:

> 周官有太史、小史、内史、外史、御史,凡五官。逮至春秋战国,各邦皆有史官。至汉武帝置太史令。然史也者,实官名,非学名也。古者谓史为坟,为典,为书,不称为史。史者,因官名而假借之者也。①

陆懋德亦申论详明:

> 吾国史字之原义,原是官名,而非书名。史字古文作㘝,本象手执简册之形。《说文解字》谓:"史,记事者也。"故凡甲骨文、钟鼎文中之史字,及《周书》《周礼》内之史字,皆是官名而非书名。若以为记事之书名,则古人谓之曰书,不谓之曰史。盖上古初无他书,只有国史一书,故谓之为书,实即国中唯一之书。吾国最古者为虞夏商周之史,皆谓之曰书,故有《虞夏书》《商书》《周书》之称,见伏生《尚书大传》。故在吾国上古,史字为史官之名,而书字为史书之名,与后世之名词,完全不同。②

书实为国史,为上古通义。上古之世,亦尚不止书之一种,即今日所称之《尚书》一种之外,据古代资料所见,可知各国之史籍亦称书。郑国亦有书,见《左传·襄公三十年》云:"郑书有之,曰:安定国家必

---

① 李泰棻:《史学研究法大纲》,第七页。
② 陆懋德:《史学方法大纲》,第一页。

图三

大焉先。"《左传·昭公二十八年》云："叔游曰：郑书有之，恶直丑正，
实蕃有徒。"鲁国亦有书，见《左传·昭公二年》云："二年春，晋侯使韩
宣子来聘，且告为政而来见礼也。观书于太史氏，见《易·象》与《鲁
春秋》。曰：周礼尽在鲁矣。"春秋之世，各国有史，多称为书，孔子求考
各家，得百二十国宝书，足见参阅之广，故刘知几叙之，申言各国皆有
史官并具史籍：

> 又当春秋之世，诸侯国自有史，故孔子求众家史记，而得百二
> 十国书，如楚之《书》，郑之《志》，鲁之《春秋》，魏之《纪年》，此其
> 可得言者。左丘明既配经立传，又撰诸异同，号曰外传国语二十

一篇,斯盖采书志等文,非唯鲁之史记而已。①

上古之春秋　中国史籍编纂制度,编年史晚出于所谓"书",自尤晚于坟典。一般而论,多以西周共和时代为界限,前此者简略,虽记载故事起自黄帝,实多出于据前古典册及传说之追叙。共和以后之编年史,多号称春秋,各国编年之史往往用之。如朱希祖所述:

> 西周之时,记载事实、时间之观念未明,故无编年之史。自共和以后,始有春秋,然各国史记,皆藏周室(见《史记·六国表》)。秦既得意,烧之尤甚,盖当时国典,自史氏外,齐民不得上窥此秘籍也。迨孔子修春秋,于是史记始布民间,编年贻于后世,不与周室俱亡,此则孔子之功,足以垂诸不朽者也。②

金毓黻所述:

> 《墨子》载周春秋记杜伯事,宋春秋记祏观辜事,燕春秋记庄子仪事,又见《史通·六家》篇,盖墨子佚文。《隋书·李德林传》:《答魏收书》引《墨子》曰'吾见百国春秋史',毕沅辑《墨子佚文》收之。《史通·六家》:"故墨子曰,吾见百国春秋。"③

虽然春秋之编年史仍各有异名,在当时人见之,则并不以为怪,故孟子有谓:"晋之乘、楚之梼杌、鲁之春秋,一也。其事则齐桓晋文,其文则史,孔子曰:其义则丘窃取之矣。"是以春秋为编年史之共名可知。

同为编年之古史,因后世发现,载于竹简之上,号称《竹书纪年》,为春秋晋国至后时魏国之史乘。梁启超述其发现经过有云:

> 书藏汲郡之魏安釐王冢。晋太康二年,郡人不准盗发得之,

---

① 刘知几:《史通》,第二八九至二九〇页。
② 朱希祖:《中国史学通论》,第三六页。
③ 金毓黻:《中国史学史》,第一九页。

凡数十车。皆竹简素丝纶,简长二尺四寸,以墨书,一简四十字。初发冢者烧策照取宝物,及官收之,多烬简断札。武帝以其书付秘书校缀次第,寻考指归,而以今文写之。所写出诸书如下:(一)《纪年》十三篇,(二)《易经》一篇,(三)《易繇阴阳卦》二篇,(四)《卦下易经》一篇,(五)《公孙段》二篇,(六)《国语》三篇,(七)《名》三篇,(八)《师春》一篇,(九)《琐语》十一篇,(十)《梁丘藏》一篇,(十一)《缴书》二篇,(十二)《生封》一篇,(十三)《穆天子传》五篇,(十四)《大历》二篇,(十五)《杂书》十九篇。内有周食田法,周穆王盛姬死事等,凡七十五篇。此《晋书·束晢传》、《荀勖传》所记大概也。①

《纪年》为汲冢所出竹书之一,至宋代以后,又被散佚。今日存者,则有王国维所辑《古本竹书纪年辑校》一卷,已较原有之十三篇所缺实多。盖仅备参考而已。②

国语　古代史籍,编年之外又有国别之史,为方域史志滥觞,即分国立篇之《国语》是也。然其名称后无继者,亦上古之一绝响。后世据其形制,而有方域分国之志乘,即其传衍之遗韵。梁启超盛称为最早有组织之名著。梁氏有云:

> 史学界最初有组织之名著,则春秋战国间得二书焉,一曰左丘之《国语》,二曰不知撰人之《世本》。左丘或称左丘明,今本《左传》,共称为彼所撰。然据《史记》所称述,则彼固名丘不名丘

① 梁启超:《中国历史研究法》,第九六至九七页。
② 同前书,第二一页:"《竹书纪年》来历,别见第三章注十八。但今所传者非原书,盖出宋以后人杂糅窜补。清朱右曾别辑《汲冢纪年存真》二卷,今人王国维因之,更成《古本竹书纪年辑校》一卷,稍复本来面目,然所辑仅得四百二十八条,以较《晋书·束晢传》所云十三篇,《隋书·经籍志》所云十二卷,知其所散佚者多矣。"

明,仅撰《国语》而未撰《左传》;或谓今本《左传》乃汉人割裂《国语》以伪撰,其说当否且勿深论。但《国语》若既经割裂,则亦必须与《左传》合读,然后左氏之面目得具见也。左氏书之特色:第一,不以一国为中心点,而将当时数个主要的文化国平均叙述。盖自春秋以降,我族已渐为地方的发展,非从各方面综合研究,不能得其全相。当时史官之作,大抵皆偏重王室或偏重于其本国(例如《春秋》以鲁为中心;《竹书纪年》自周东迁后,以晋为中心,三家分晋后,以魏为中心)。左氏反是,能平均注意于全部。其《国语》将周鲁齐晋郑楚吴越诸国分篇叙述,无所偏畸。《左传》是否原文,虽未敢断,即以今本论之,其普遍的精神,固可见也。第二,其叙述不局于政治,常涉及全社会之各方面。左氏对于一时之典章与大事,固多详叙;而所谓"琐语"之一类,亦采择不遗。故能写出当时社会之活态,予吾侪以颇明了之印象。第三,其叙事有系统、有别裁,确成为一种"组织体的"著述。彼"账簿式"之《春秋》,"文选式"之《尚书》,虽极庄严典重,而读者寡味矣。左氏之书,其断片的叙事,虽亦不少,然对于重大问题,时复溯原竟委,前后照应,能使读者相悦以解。此三特色者,皆以前史家所无。刘知几云:"左氏为书,不遵古法……然而言事相兼,烦省合理。"(《史通·载言》篇)诚哉然也。故左丘可谓商周以来史界之革命也,又秦汉以降史界不祧之大宗也。左丘旧云孔子弟子,但细读其书,颇有似三家分晋田氏篡齐以后所追述者。苟非经后人窜乱,则此公著书,应在战国初年,恐不逮事孔子矣。①

世本 《国语》以外,又有一史籍,撰著制度方法绝不同往昔,此即《世本》。《世本》较以往史籍更具组织系统,著作体制分帝系、世家、

————————

① 梁启超:《中国历史研究法》,第二四至二五页。

传、谱、氏姓、居篇、作篇等类，实开后世纪传体之先河，并为司马迁引作《史记》底本。然而传至唐宋终于亡佚，"世本"名称亦无继者，盖亦上古绝响之一。今世所能见者，则为近代各家之辑本，略可取资参考而已。梁启超称述《世本》概况有谓：

> 《世本》一书，宋时已佚，然其书为《史记》之蓝本，则司马迁尝自言之。今据诸书所征引，知其内容篇目，有帝系，有世家，有传，有谱，有氏姓篇，有居篇，有作篇。帝系世家及氏姓篇，叙王侯及各贵族之系牒也；传者，记名人事状也；谱者，年表之属，史注所谓旁行斜上之周谱也；居篇则汇纪王侯国邑之宅都焉；作篇则记各事物之起源焉。（注）吾侪但观其篇目，即可知其书与前史大异者两点：其一，开后此分析的综合的研究之端绪。彼能将史料纵切横断，分别部居，俾读者得所比较以资推论也；其二，特注重于社会的事项。前史纯以政治为中心，彼乃详及氏姓、居、作等事，已颇具文化史的性质也。惜著述者不得其名，原书且久随灰烬。而不然者，当与左氏同受吾侪尸祝也。

> （注）《汉书·艺文志》著录《世本》十五篇。原注云："古史官记黄帝以来迄春秋时诸侯大夫。"《汉书·司马迁传》《后汉书·班彪传》皆言"司马迁删据《世本》等书作《史记》"。今据《世本》篇目以校迁书，可以知其渊源所自矣。原书宋郑樵、王应麟尚及见，其佚当在宋元之交。清钱大昭、孙冯翼、洪饴孙、秦嘉谟、茆泮林、张澍各有辑本，茆、张二家较精审。①

柳诒徵亦推尊《世本》，称为后世典志所本：

> 古代史籍，体制孔多。申叔时所举，有春秋、世诗、礼、乐、令

---

① 梁启超：《中国历史研究法》，第二六页。

语、故志、训、典诸种。后世体制要皆由之演进,其最著者则本纪、世家、表、书、列传,都出于《世本》也。秦嘉谟所辑《世本》,分帝系纪、王侯谱、世家、大夫谱、传、氏、姓、居、作、谥法,凡十篇。洪饴孙辑《世本》,言之尤详。谓太史公述《世本》以成《史记》,纪传不自《史记》始也。又曰《左传正义》,引《世本·记文》。《史记索隐》路史注引《世本·纪文》。记纪音同,此即《史记·本纪》之所本。桓谭曰:太史公三代世表,旁行斜上,并效周谱。按《隋·经籍志》:世本王侯大夫谱二卷,是世本即周谱也。又《世本》有帝系篇,又有作篇,记占验、饮食、礼、乐、兵、农、车、服、图、书、器用、艺术之原,即太史公八书所本,后世诸志之祖。又有居篇,记帝王都邑,亦后世地理志所仿。而何焯谓《汉书·古今人表》权舆于《世本》(《义门读书记》),姚振宗因之悟得《人表》即据楚汉之际所传之《世本》。①

志、乘、传、记　上古史籍创制,尚不止前述各种。志、乘、传、记等名称,于古代典籍常语中屡屡见之,不一而足。然著作本身在上古早已亡佚,仅存片语短句,不足以窥全豹,殊为可惜。唯当推知,此类古籍在上古时代为量至夥,绝非如今世所见三数种遗存之书,乃可断言。上古遗物,流传至今,亿万难得其一,任一常用或珍奇之器,俱难逃百世间丧失破坏厄运,后世应知若何珍惜,使之流传,于后世留作参考。凡为史家,尤应具此自觉,用以召唤国人,共同维护先代遗产。古代史籍丧失,梁启超有很扼要的描述:

　　《汉书·艺文志》谓:"左史记言,右史记事;事为春秋,言为尚书。"此种严格的分类,是否古代所有,虽属疑问,要之此类记

---

①　柳诒徵:《国史要义》,第六九页。

载,必发源甚古,观春秋战国时人语常引夏志商志或周书周记等文可知也。此等书盖录存古代策命告誓之原文,性质类似档案,又似文选。但使非出杜撰,自应认为最可宝之史料。盖不惟篇中所记事实直接有关于史迹,即单词片语之格言,亦有时代思想之背景在其后也。①

史记 史籍名称,创制多始于上古,后世撰著,往往因之,甚少更张。但其仍具新辟体制意义,并影响后世史学最深者,尚须一论成于汉代之《史记》。史记一词本为通称,其意盖即史官所记之文献,凡此类记载,可通称为"史记"。正如章学诚所谓:

> 自司马以前,史记为史籍载记之总名,犹后世之称史策耳,并无专取一书名为"史记"者也。故史迁谓史记放失,杜预称春秋为鲁史记,无定名也。②

司马迁述先人之业,继春秋而作史书,著成之后,并未用一般通称之"史记"为其著作之名。故司马氏书中常语"史记"二字之处不下十二次。近人李宗侗并为一一括出。李氏所述如后:

> 且两汉人习惯以史记称古史,司马迁凡十二称史记。若《周本纪》:"太史伯阳读史记";《陈杞世家》:"孔子读史记";《十二诸

---

① 梁启超:《中国历史研究法》,第二二页。

又,同前书,第二三页:"《春秋》《尚书》二体,皆可称为古代正史;然此外尚非无史籍焉。盖文字之用既日广,畴昔十口相传者,渐皆著诸竹帛,其种类非一。例如《左传》所称三坟五典八索九丘,庄子所称金版六弢,孟子所云'于传有之',其书今虽皆不传,然可悬想其中所记,皆前言往行之属也。汲冢所得古书,有《琐语》,有《杂书》,有《穆天子传》;其杂书中,有《周食田法》,有《美人盛姬死事》(《穆天子传》,及《美人盛姬死事》,今存。《琐语》亦有辑佚本)。凡此皆正史以外之记录,即后世别史杂史之滥觞。计先秦以前此类书当不少,大抵皆经秦火而亡。《汉·艺文志》中各书目,或有一部分属此类,惜今并此不得见矣。"

② 章学诚:《文史通义》,第二一九页。

侯年表》："孔子西观周室,论史记旧闻";又"鲁君子左丘明,因孔
子史记,具论其语,成左氏春秋";《六国表》："秦既得意,烧天下
诗书,诸侯史记尤甚,为其有所刺讥也";又"史记独藏周室,以故
灭";《天官书》："余观史记,考行事";《孔子世家》："乃因史记作
春秋";《老子列传》："史记周太史儋见秦献公";《儒林列传》："故
因史记作春秋";《自序》："史记放绝";又"䌷史记石室金匮之书"
是也。皆谓古史而非后人所称太史公之《史记》。则两汉人不称
太史公书为史记,有其本证且有其原因矣。①

　　司马迁承父志著书,书成以官名书,即称"太史公"或"太史公书"
"太史公记",在汉代记载之中,向未被称为"史记"。魏晋以后渐用今
名。蒋祖怡引钱大昕说,述其名称原始:

　　　　《汉书·艺文志》有"太史公书",是"史记"的原名。钱大昕
　　说:子长述先人之业,作书继《春秋》之后,成一家言,故曰"太史
　　公书"。以官名之者,承父志也。以虞卿吕不韦著书之例言之,当
　　云"太史公春秋";不称春秋者,谦也。班史《艺文志》:太史公百
　　三十篇,冯商所续太史公七篇,俱入春秋家,而班叔皮亦称为太史
　　公书,盖子长未尝名其书曰"史记"也。桓谭云:迁著书既成,以示
　　东方朔,朔署曰"太史公书"。署之者,名其史也。或者不察,以为
　　朔尊迁之称,失之远矣。②

①　李宗侗:《中国史学史》,第二三至二四页。
②　蒋祖怡:《史学纂要》,第二七页。
　　　又,陆懋德《史学方法大纲》,第一页:"至周末人始有'史记'之名,见《逸
　　周书·史记解》,及《吕氏春秋·察传》篇。然此所谓史记者,犹言史官所记也。
　　今人所谓司马迁《史记》,最初原不称'史记',在汉人原称'太史公',见《汉
　　书·艺文志》;又称'太史公记',见《汉书·杨恽传》;又称'太史公书',见《后
　　汉书·班彪传》。由汉至隋,凡国史皆称某书某记,不称某史,如班固《汉书》、
　　刘珍《汉记》、荀悦《汉纪》、王隐《晋书》、干宝《晋纪》之类皆是。"

历史　近世称谓史籍,一般多用"历史"一词。近世广用,往昔并不常见,由来颇为曲折。盖前人之称及历史者,亦若先秦之称谓史记,实为一般通称。"历史"云云,即指历代之史而言。傅振伦引章学诚语为证,并认为始见于《南齐书》,傅氏语云:

> "历史"一名,说者未审何始。《文史通义·修志十议》云:
> "夫历史合传独传之文,具在。"《书灵寿县志后》云:"纪事可附地
> 理,则历史本纪可入地理志矣。"《章氏遗书·史学别录例议》亦
> 云:"故历史纪传,凡事涉互详,皆以旁注之义,同入正文。"因以为
> 历史为历代史之略称。予考二字并用,始见《南齐书·鱼復侯子
> 响传》。①

虽然,"历史"一词之为泛称历代史事,而辗转引称,为日本学界广为沿用,其意义渐变为史籍之总称,并且间关又经留日学生输返中国。民国初年,章嵚著《中华通史》,已在名词上有所考辨。如章氏语云:

> 历史云者,旧解以为历代史之约言。昔人之志于纂史者,仅
> 偶称之,匪常见也。日本沿用汉语,五十年以来,新修乙部之书,
> 辄颜曰"历史",其精良者既输入于吾国,于是吾国人遂取曩昔史
> 家所不常称之语而盛行之,历史之定名始固矣。②

近世对于"历史"一词形成全般史之代称加以较详确之考辨者,有毛一波专文讨论。追索原因,当以教科书之采用为快速传播之最大因素,若毛氏语云:

> 明万历间,袁黄了凡作《历史纲鉴补》,始用"历史"一词。盖

----

① 傅振伦:《章实斋之史学》,收于《中国史学史论文选集》,第七八五至七八六页。
② 章嵚:《中华通史》,第一册,第九二页。

所谓历史者,即历世史之意焉。是书有南昌熊明遇序,述其纂辑
原委略云:司马光上《资治通鉴》,参考群书,评其同异。朱考亭熹
就《资治通鉴》为纲目。京兆刘恕有《通鉴外记》,兰谿金履祥有
《通鉴前编》,丹稜李焘有《续资治通鉴》,四明陈柽有《通鉴续
编》,淳安商辂有《续编宋元纲目》,袁君黄——世称了凡先生
者——和合诸公之所纂纪,将集涑水考亭之前后,名曰《历史纲鉴
补》。删烦就简,事备而文约。此外,王凤洲元美则有《纲鉴会
纂》之辑,其自序有云:余生也晚,窃有志于史学,于是综集历史,
削繁就简,辨诬存真,而一以涑水《通鉴》、考亭《纲目》为归。前
乎威烈,采之京兆兰谿补其缺,后乎五代,因之丹稜、明州、淳安续
其终。大要以纲为主,而鉴与目为附,纪与编,其前列者也。搜讨
参订,群书悉考,勒成一编,名曰"纲鉴会纂",志备也。

王氏谓"综集历史",亦泛指历代言之,非指袁氏之作也。故
明以后史家,鲜见复用此一连缀词者(当时"历史"二字,虽已连
用,但非专门名词),如考顾亭林、黄太冲、钱大昕、王鸣盛、赵瓯
北、章学诚诸人著作可知。

近代国人(如皮锡瑞、章太炎、夏曾佑等)用"历史"作一名词,
反系于清末自日本输入。盖日人早在明末(1663)曾翻刻《历史纲
鉴补》一书,后始由该国教育部采用"历史"二字作为科目名称也。[1]

史籍名称,自古迄今,大抵不外前述范围,稍可以见史家著作变迁
梗概。远古之坟典固已渐被埋没,即嗣后之书与《国语》《世本》亦并不
被引称,唐宋以前称书,嗣后称史,现代又称历史,皆广用之史籍名称。
此足以确知。唯各种史料之名称制度,尤纷繁糅杂,自不必于此论列。

---

① 毛一波:《历史一词的来源》,《大陆杂志》,第二十七卷第九期,第二九至三○
页,台北,1963 年。

第四节　口传史

语言——人类文明之初始工具　希腊、印度古代神话,何以曲折动人,精彩绝伦? 实由于历代口传而成,口吟心诵之间,随时而有删削与润色,去其繁芜寡味之处,而增添旖旎委婉情节,传之愈久,则愈优美,亦无所夺其流传价值。实累积无数口传者之智慧,以构成此完美故事。

凡一民族壮大发达,知识文化有所创发递进,其首要之创制工具,即为语言。语言者,即人类与禽兽分野之重要界限,并为创造文明之重要工具。因是可谓:语言者亦即一民族创始文化之重要资本也。严复对此有明晰申解,严氏谓:

> 昔英人赫胥黎(Thomas Henry Huxley,1825—1895)著书名《化中人位论》。大意谓人与猕猴为同类,而人所以能为人者,在能言语。盖能言而后能积智,能积智者,前代阅历,传之后来,继长增高,风气日上,故由初民而野蛮,由野蛮而开化也。此即教学二字之起点。当未有文字时,只用口传,故中文旧训以十口相传为古,而各国最古之书,多以韵语,以其易于传记也。孔子言:"言之无文,行之不远。"有文无文,亦谓其成章可传诵否耳。究之语言文字之事,皆根心而生。扬雄言:"言,心声也;书,心画也。"最为谛当。英儒培根(Francis Bacon,1561—1626)亦云:世间无物为大,人为大。人中无物为大,心为大。故生人之事,以炼心积智为第一要义。炼心精积智多者为学者,否则常民与野蛮而已。[1]

神话传说——古史之初型　十口相传为古,讲古即讲古代人活动事迹。此中国历来常识常语,近代学者亦确信其为实在情形。当是一

---

[1]　严复:《严几道文钞》,卷三,第一〇至一一页。

民族自然成长所必不能少之行为，亦必为上古人群生活中不可少之文化活动。然讲古之故事内容，随历来讲者之知识记性与才华而编作成各种不同神话传说，此亦历来进化人类与原始人类之共通现象。

世界各民族以有语言能力而编造其优美之神话，此为人类必有之共通现象。唯既各生成于不同环境，彼此间神话性质即各异其趣，故事内容亦各有不同，自是因为各民族生成发展种种活动中之不同遭遇、不同适应、不同结果、不同感受而自然留下不同记录，即用语言记诵，辗转流传。凡此记录一民族活动之传说，虽出之一神话形式，实则即此民族早期活动之史迹。虽不免弥漫荒唐怪诞之描绘，而其中终必有若干真实依据，或据族中英雄美人行迹，或表露民族自信之幻想，或陈述本民族起源与生成经历。此种神话时代在原始各民族文化生长初级，亦必构成一定之进展阶段。故凡此类口传神话，实已充分包罗初民历史之全部。这种历史传承，必长久完全依恃口讲心诵，即成就韵文之多者，亦极自然。虽开化民族，亦必据以研考真实遗迹所在。张致远（贵永）即表明此一观点：

> 不过我们知道已开化的民族，在最初的时候多是半神话诗歌的记载。这很可以当作真的历史来看，并且这种记载常为将来文化已发达的史学著述所采用。就是在史学已上轨道的时代，历史歌谣的创造还是存在。①

---

① 张致远：《史学讲话》，第五〇页。

又，翦伯赞《中国史纲》，第一卷，序云："我并不是否定神话与传说，反之，我以为神话与传说，绝非好事者之凭空谎造，而皆有其一定的历史根据，换言之他们都是历史上之一个突出的片断之记录，不过传之既久，由于言语异音，文字异形，便难免讹伪百出。"

又，同前书："我以为殷以前的古史，虽属于极遥远之太古时代，但是总是中国史上的一个历史时代，而且这一时代的历史，还是后来的中国历史发展之最原始的基础。"

古代神话传说之不可抹杀，不唯在其具有远古史实价值，其更需注视之点，乃在于一民族后时之历史发展。知识信仰与制度思想之形成，皆基此渊源而来。若谓为迷信，一笔抹杀，真是表现没有知识之愚勇。往者神话传说丧失殆尽，亦此种浅见为厉之阶。吕思勉申言，力戒此蔽：

> 且如迷信之谈，删之岂不甚善，然古代神话，实多借此而存。后书之传四夷，如槃瓠负高辛之女，廪君射盐水之神，不避荒唐，咸加甄录，当时看似非体，然迄今日，考彼族之初史者，于此实有资焉。反是者，史公以"言不雅驯"一语，尽删百家言黄帝之词，而我族之神话，遂因此而亡佚孔多矣。《汉书·艺文志》，小说家有百家，百三十九卷。此即史公所谓"言黄帝其文不雅驯"者也。然则史公所弃，即小说家言也。小说家言之不可轻弃，亦可见矣。盖史事有无关系，分别甚难。往往有此人视之，以为无用，而易一人观之，则大有用者；又有现在视之，绝无足重，而易一时观之，则极可宝者；古昔记载所略，后人极意搜求，率由于此。然则好奇爱博，未必无意于方来；而过而存之，究胜于过而废之，亦审矣。①

吾于古代神话传说，看法多符合吕思勉观点，唯尚具有进一层的考虑。我相信原始先民并不是任意平白乱造神话。事有必然者，是古人创生人的自觉，即令尚是茹毛饮血，而自觉不同于禽兽。如何解答自己不是禽兽，聪明的思考，要认定自己是天上神种，有非凡来历，因是可与禽兽清楚区别。是以创造神话，就是进入人之所以为人的第一阶段。古人知识不及后世广博，而其智慧并不输于现代人。

中国上古神话传说之合理化过程 现代学人就文学观点比较中

---

① 刘知几：《史通》，第一〇七页，"吕思勉评语"。

西古代神话史诗,往往惊叹希腊上古史诗丰富优美。回观本国古代,
俱付阙如,所遗者仅有似标题之短语,或三五句或一二句,即可叙完一
段神话,一篇故事。与希腊史诗相形之下,自然见绌。文学家据此互
相感触,不免深深慨叹中国人缺乏想像力与创造力,甚至因此不免诅
咒固有文化遗产,诅咒古代人之愚陋。半世纪来,此类观点广泛流行,
然俱犯了不揣本不深思之病。

　　首先试问现代号称讲理性讲科学风气下之学界,能不能容纳今世
种种荒诞之神怪传说,能不能接受,并代为传播,是不是要一概排斥于
生活之外,排斥于学问之外,斥骂为迷信。事实上上一代与当代学者
可以不必狡辩,人人均曾充分排斥所谓迷信。神话之不能容于懂理性
之学界,本为当然之事实,但并非现代特有现象,而理性亦非现代人独
有特权。中国在春秋战国早已达到重视理性时代,自孔子已不讲怪力
乱神,战国诸子百家,亦早胜于现代人之讲求理性,不愿容纳荒诞之
说。至司马迁曾大书标明,百家言,不雅驯,他撰《史记》所参考此类资
料是一概加以删除。换言之,上古之史诗神话,经春秋至司马迁,已经
过六七百年时间的反复淘汰删削,除大量抛弃之外,所余者亦全以理
性解释,加以改造。理性发达太甚,使充满怪诞玄奇的浪漫史诗,遭到
严重的毁灭驱逐。希腊古代亦有极讲理性时期,而史学则不及中国上
古史学之法制严肃,两者之分野,在于史家之抉择,而史家抉择,基于
史职制度与世守之方法原则。在此一点上,西方史家不及中国之法制
严密,荒诞神话终未在中国文献上得到充分的保留。徐旭生对于中国
神话传说有中肯之释论。徐氏云:

　　　　比方说,古希腊人的幻想力特别发达,所以在他们的传说中
　　所保存的富有诗意的、稀奇古怪的、颇远人情的故事很多;至于我
　　们中国人的祖先却是比较喜欢平淡的、富有实在兴趣的、幻想力

不很发达的,所以我们所保存下来古代的故事,比之希腊的,专就神奇一方面来讲,可就差得多了。①

徐氏并解释古史传说,在上古通过合理化改造之经过,及其所必定作若干保留之意义。徐氏云:

> 两千年来由于人智的进化,知道了神话的不可靠,就逐渐把古史传说加以修正,加以"人化"。对于古史资料其他不可靠的部分也渐渐地能怀疑,并且加以严格的批判。在这一方面有相当大的成绩。但是,无论如何,他们怀疑和批判的对象全是部分的,他们所做的是修正或补正的工作,经的最高权威基本上没有动摇。传说时代所流传下来的一部分古史资料,在经典的荫庇下,在前两千年间的人的心目中,是比将来正史中所载史实更可靠的。②

徐氏亦推断古代传说通过春秋战国时期数百年之合理化改造,其不可磨灭之部分,可靠性甚大,实具重要参考意义,绝非当时人所敢凭空杜撰。如徐氏谓:

> 我们如果细读孔子、墨子、孟子、荀子、韩非子、司马迁诸人的遗书,并不难看出他们治学的态度比现代的极端疑古学派人还较慎重。他们固然为时代所囿,环境所限,所谈的古史资料还有不少的不足信的地方,在他们各学派之间,因为所根据的传说来源不同,所以他们所叙述还有不少互相矛盾之处。并且,由于他们在主观方面见解不同,因而在称述的时候,无意中也常常有把主观的见解增损客观事实的地方。这一些全是不可否认的。可是,总要知道,这些全是普通的情形,极难避免。至于明知道事实的

---

① 徐旭生:《中国古史的传说时代》,第二一页。
② 同前书,第二二页。

经过并不如此，却因为自己立说的利便，故意捏造出来，有意地骗人，我们现在还没有找出来一点可靠的证据，还不敢也不应该那样说。①

又徐氏谓：

在春秋和战国的各学派中间所称述的古史，固然有不少歧异、矛盾，可是相同的地方实在更多。比方说，禹治水的传说，尧、舜、禹三人相互的关系，在先秦诸子中，可以说大致是相同的，没有争论的。而疑古学派的极端派却夸张它们的歧异、矛盾，对于很多没有争论的点却熟视无睹，不屑注意！要知道春秋末期和战国时的学术空气是相当自由的，各学派中间的互相驳斥是并不容情的。一家造谣，正贻别家以口实，何以别家全闭口无言，默示承认？②

徐氏并对于现代风气下史学工作者之极端疑古有很严厉的批评：

他们（指现代疑古学者）对于掺杂神话的传说和纯粹神话的界限似乎不能分辨，或者是不愿意去分辨。在古帝的传说中间，除帝颛顼因为有特别的原因以外，炎帝、黄帝、蚩尤、尧、舜、禹的传说里面所掺杂的神话并不算太多，可是极端的疑古派都漫无别择，一股脑儿把它们送到神话的保险柜中封锁起来，不许历史的工作人再去染指！③

徐氏更分析古学人使神话合理化的信念与精神状态是十分深刻的，并再次主张远古是神话时代，愈是荒唐恢奇之神话其中保留古史成分愈

---

① 徐旭生：《中国古史的传说时代》，第二四页。
② 同前书，第二四页。
③ 同前书，第二四至二五页。

最多。徐氏有云：

> 第一为他们（指现代疑古学者）一看见掺杂神话的历史传说
> 就起了极大的反感，倾向于一笔抹杀。宁可相信伪《古文尚书·
> 大禹谟》所载为"尚像人话"，对于《墨子》书中所记的掺杂神话的
> 史实就要完全否定。我当日的答复曾说：他们"这种倾向或者也
> 可以说不大错误，可是要注意的就是这种倾向并不是从近日才
> 起，实在孔子、孟子、荀子、太史公及宋朝诸儒全带这同样的倾向。
> 他们反对神话是对的，但是对古代社会的复杂情形理解得不够，
> 不明白神话在当时的实在价值。他们同近人不同的就是他们比
> 较审慎，不信神话，就把这一部分去掉，完成人化古史的工作（他
> 们这样意趣的工作并不大错误，但是他们所用的方法大有问题）。
> 近人则胆子较大，一见有神话的嫌疑就完全否定它。我们现在如
> 果完全相信史实中所淆杂的神话，固然大属盲信，可是要密切地
> 注意到：古代是神话的时代，那时候的人无法脱离鬼神去思想。
> 我们现在可以毫不疑惑地断定：凡古代的史实，只要那里面不掺
> 杂神话，大约全是伪造，至少说它是已经经过一番人化的工作了；
> 反倒是掺杂神话的说法尚属近古，想推测古代的经过，只有从那
> 里钻研，才有可能得到靠得住结果的希望。"这一段的说法我现在
> 还是相信它大致不差。这就是说不掺杂神话的古史传说或者靠
> 不住，或者是已经加过工的材料。有些传说虽说里面掺杂了不少
> 的神话，可是它们却的确是从当时流传下来的，里面也包含着一
> 些可靠的史实。极端疑古派人想一笔抹杀它们是错误的。①

近代破坏古史传说之风气　关于中国现代破坏古史的风气，其构

---

① 　徐旭生：《中国古史的传说时代》，第三〇三页。

成因素十分复杂,在诸项动力之中,有一专是来自日本帝国主义学者之推动。近代日本帝国主义抬头,一面极力加强本国民族自信,扩大新神话之不可犯性,一面则极力破坏文化输入国近邻中国的古史,排除以往文化渊源关系,以确立其独立自尊意志。在日本御用学者鼓吹之下,而有所谓"尧、舜、禹抹杀论",首先章太炎已发现日本阴谋,而痛悔往日之受愚(见其致柳诒徵书)。对此情势,后之学者多有省悟,徐旭生即特标出,加以批斥云:

> 日本的御用学者倡"尧、舜、禹抹杀"的议论,自有他们便利侵略、不可告人的隐衷,并不是科学研究的成果。我国在本世纪初叶,因国势的衰弱、社会的不安,半殖民地的意识已经深入人心,而买办资产阶级的学者胡适等人更从美国帝国主义御用学者方面贩运来假冒科学招牌的实用主义哲学,传播毒素。用一种类似科学的方法,打着科学的大旗,遂使年轻一辈的历史工作人望风而靡,不唯不敢持异论,并且不敢有此企图! 极端的疑古派学者直接或间接,有意或无意,沾染了帝国主义御用学者的毒素,对于夏启以前的历史一笔勾销,更进一步对于夏朝不多几件的历史,也想出来可以把它们说作东汉人伪造的说法,而殷墟以前漫长的时代几乎变成白地! 要之疑古学派最大的功绩,是把《尚书》头三篇的写定归之于春秋和战国的时候,这些我在前面已经说过。至于他们所说:既然此说不见于春秋以前人的记录,那一定是战国人的造谣,那却是很不科学的、不正确的。①

神话传说合理化之实例　古代神话传说之合理化,并不只是近人一种观点,若考察上古记载,当可见出合理化之史事痕迹。古史传说

---

① 徐旭生:《中国古史的传说时代》,第二六页。

中之残余遗留，若燧人氏、庖牺氏、有巢氏、神农氏四位先史首领，其荒诞浪漫之神异部分，甚至本有名字，全被淘汰殆尽，仅留下人类自用火以至农耕之各时代代表之极简单标目而已。当日用火时代之英雄首领，恐怕绝对不名燧人氏，三尺童子亦可推知。其余类推，可知其概。然中华民族远古创发开辟之先人，其所有可歌可泣之经历，以神话故事口传至上古理性时代，通过数世纪淘汰，早被彼时圣贤一一合理化而成为竹帛上短短数字而已。然此排斥怪诞之人本精神，亦为中华民族中早期之智慧表现。其一切均足以称美，独对我国远古口传史之破坏无余，则亦中华文化之重大损失。然即令透过现代学人眼光，亦无不视上古神话之合理化为一种进步。钱穆特推称中国人本精神，即以远古口传史为其代表云：

> 燧人氏，庖牺氏，神农氏，此正代表初民社会文化演进之三阶段。燧人氏代表此时代人民始知用火及熟食，庖牺氏代表此时代人民已知畜牧，神农氏代表此时代人民已知耕稼。此三个时代文化之演进，主要都由人类中一位杰出圣人之发明。此后中国文化注重人本精神，即在此种古史传说中已露出端倪。①

古代史家处理神话传说之安排　古代神话传说之合理化，尤反映于古代史家对于传说资材之安排。司马迁分别人事神祇于两途，故在《史记》而有《礼书》与《封禅书》之并列。班固亦同，故在《汉书》而有《礼乐志》与《郊祀志》之区别。盖两汉去上古未远，神话传说必为当世常见，史家面对此类资材，只有先大量弃置所谓不雅驯之言，而与当时政治社会生活密切相关之迷信活动，则不能不特辟专章以载录之。马班二氏用心，正可见出古代史家处置神话合理化之实况。柳诒徵提

---

① 钱穆：《中国史学之特点》，收入《中国史学史论文选集》，第一〇九页。

论此点,确为重要创发,柳氏云:

> 古史起于神话,吾国何独不然。唯礼官兼通天人,而又总摄
> 国政。知神话之无裨人事,乃有史例以定范围(《史记》析《封禅
> 书》与《礼书》为二,《汉书·郊祀志》亦不并入《礼乐志》,皆以别
> 神话史与人事史也)。虽周宣王时之春秋尚记杜伯之事,亦见《国
> 语》,非《墨子》所臆造。以至左丘明之所传,《山海经》之所载,搜
> 神述异,往往而有。而鲁之春秋,不此之务,唯礼为归,此韩起所
> 以云然。①

古代百家典籍先有口传后入文字　事实上古代典籍之形成,也是
先有口传而后才见诸文字。凡上古流传典籍,包括礼乐诗书、诸子百
家杂说、史册故事等,原来本是各家世官子弟世代口口相传之法律条
章史记,即使在有文字广泛应用时代,亦未必均一一转入于文字。及
至政治制度改变,世官失其职守,百家学派纷纷兴起,虽仍维持口传制
度,而若干门人子弟,往往分载于册籍,流传渐广,即成为上古一种新
起之著作形式。日久应用方便,终于取代口传之制。然口传授受知识
学问,自远古以迄今日,未尝有一日消亡于士人忘淡之中。不过因士
人主观,自我蒙蔽,熟见而不能察觉。傅斯年就史料观点,承认上古口
说史料之广泛存在,傅氏云:

> 专凭口说传下来的史料,在一切民族的初级多有之。《国语》
> (《左传》一部分材料在内)之来源即是口说的史料,若干战国子
> 家所记的故事多属于此类。但中国的文化,自汉魏以来,有若干
> 方面以文字为中心。故文字之记载被人看重,口说的流传不能广
> 远;而历代新兴的民间传说,亦概因未经人为之记录而失遗。宫

---

① 柳诒徵:《国史要义》,第七至八页。

帷遗闻,朝野杂事,每不能凭口说传于数十年之后,反观古昔无文字之民族,每有巫祝一特殊阶级,以口说传史料,竟能经数百年,未甚失其原样子者(旧约书之大部分由于口传,后世乃以之著史)。故祝史所用之语,每非当时之普通语言,而是早若干时期之语言。此等口传的史料,每每将年代、世系、地域弄得乱七八糟,然亦有很精要的史事为之保留,转为文书史料所不逮。汉籍中之蒙古源流,即其显例也。①

古史多由口说转入于文字,本为情理之自然形成,著作形式,应用语言,或远在千百年后。今世学者不察,每因此类述古之作,所用形式语言为后代所有,遂即一笔抹杀,概断之为伪,真乃不揣世情而缺乏深思,如此草率孟浪,何可任之于学术研究。不唯古史故事由口传沿至后代,即凡百圣人语言,各家学说理论,亦多先由口传再入文字,后人录入文字,往往俱将口述语句一并收载,不遑辨其内容之龃龉矛盾也。此上古共有之公例。必须通识此情,方可研习上古史志经典百家诸子,否则必至辨伪之不暇,日穿穴于故纸中寻章摘句,以图捣瑕抵隙,攻讦古人之伪托。章学诚早见及之,申论古代书志形成之经过,并辩所谓伪托之说殆非实情,章氏谓:

> 《论语》记夫子之微言,而曾子、子思俱有述作以垂训,至孟子而其文然后闳肆焉,著述至战国而始专之明验也(《论语》记曾子之没,吴起尝师曾子,则曾子没于战国初年,而《论语》成于战国之时明矣)。春秋之时,管子尝有书矣(鬻子、晏子,后人所托);然载一时之典章政教,则犹周公之有官礼也。记管子之言行,则习管氏法者所缀辑,而非管仲所著述也(或谓管仲之书不当称桓公

---

① 傅斯年:《史学方法导论》,第五二页。

之谧，阎氏若璩又谓后人所加，非管子之本文，皆不知古人并无私自著书之事，皆是后人缀辑，详诸子篇）。兵家之有《太公阴符》，医家之有《黄帝素问》，农家之《神农野老》，先儒以为后人伪撰而依托乎古人，其言似是，而推究其旨，则亦有所未尽也。盖末数小技，造端皆始于圣人，苟无微言要旨之授受，则不能以利用千古也。三代盛时，各守人官物曲之世氏，是以相传以口耳，而孔孟以前，未尝得见其书也。至战国而官守师傅之道废，通其学者述旧闻而著于竹帛焉；中或不能无得失，要其所自，不容遽昧也。以战国之人而述黄农之说，是以先儒辨之文辞而断其伪托也；不知古初无著述，而战国始以竹帛代口耳（外史掌三皇五帝之书及四方之志，与孔子所述六艺旧典，皆非著述一类，其说已见于前），实非有所伪托也。然则著述始专于战国，盖亦出于势之不得不然矣。①

张采田则论古代百家学说，以口耳相传为本，其转为著述者，乃后日之发展改变，但仍容伪托之说。张氏有云：

> 三代以上无专门之著述，未尝无专门之学。宣之口耳与见之行履，皆学之所有事也。至战国始纷纷言著述矣。而人亦因其著述称为某甲氏之学，某乙氏之学，是学反借书为重也。学借书重，学斯衰矣。而于是依托诸弊起焉。依托者，皆谬附上古口耳相传之说，而以著述市名者也。②

上古世官口传制度　张采田论及各家学派口传典籍，自上古世官制度探起，而口传身授之规，亦本为历代世官心传制度。经典有传，尤

---

① 章学诚：《文史通义》，第一九页。
② 张采田：《史微》，第二三页。

即显为世代口传之遗规。传至入于文字,其实情亦若经典在先之由口说改入文字者然,此实远古以来世官口传制度自然形成之迹,据理可以推见,故张氏有谓:

自黄帝之史仓颉初造书契以代结绳之治,其时文字简略,取足以达王者政教而已。政教之书,六艺为最大,六艺之外,官司之职,掌百工曲技之授受,其有别识心传,非书契所能具。则治其学者相与口耳讲习而世守之。此天下所以无私家之著述,而学者非从师不能传道解惑也。故六艺之书传于孔氏者,其褒贬损抑之文辞,无不有口说以羽翼之。口说亡,则经师不敢臆说焉。岂非以口说为我孔子微言大义之所寄哉。夫微言大义,非特六艺而已,即诸子亦莫不然。何则,诸子皆先王专官典守之遗,其始道术聚于职掌,如耳目口鼻交相为用而未尝相非;其后天子失官,百家始各以其学纷纷著书焉。然虽则纷纷著书,而其原实本于先王典守之遗,固非谬托上古而以言为市者比也。故道家出于史官,而托始黄帝,即黄帝以来口耳相传之说也。墨家出于清庙之守,而托始夏禹,即夏禹以来口耳相传之说也。儒家出于司徒之官,而托始尧舜,即尧舜以来口耳相传之说也。法家出于理官,名家出于礼官,杂家出于议官,纵横家出于行人之官,农家出于农稷之官,亦曾始为其官者口耳相传之说也。《管子》《晏子春秋》载仲婴临死之言,韩非《存韩》篇附李斯驳议,荀卿《尧问》篇亦附为说者一段,或谓其书由攘拾而成,非四子所自著,而不知承学者本其口耳相传之说笔之于书,而始末不能不互见也。《内经》托于黄帝,《本草》托于神农,或以文法辨其不类,而不知承学者本其口耳相传之说,而成书不能不用后世文法也。《公羊春秋》五传至胡母生,商瞿之《易》七传至丁宽,说者因谓传闻之略,不及亲见之详,而不知当时口耳相传之学,宣之于言不啻著诸竹帛也。①

章太炎论史职世守之制,亦言神话资材为史官所具备,安排入史而不尽删除者,乃世传制法所必守者也。故至汉代马班著史亦必须予以安排,当知世职心传之遗规,虽至汉代尚有影响。章氏云:

> 史职范围,今昔各异,以是史体变迁,亦各殊状,上世瞽史巫祝,事守相近,保章灵台,亦官联也。故作史必详神话,降及迁固,斯道无改,魏晋以来,神话绝少,律历五行,特沿袭旧名,不欲变革,其义则既与迁固绝异,然上比前哲,精采黯黮,其高下相距则远,是由一为文儒,一为专职耳。所谓史学进化者,非谓其廓清粗黩而已。己既能破,亦将能立,后世经说古义,既失其真,凡百典帝,莫知所始,徒欲屏绝神话,而无新理以斠彻之,宜矣其肤末茸陋也。②

章学诚诚据《公》《穀》二传,以申论上古口传制度之重大功用。二传解释《春秋》,其体制皆口语对答之词,足以显见口传之迹,以明口授在先,而后转入文字之实情。且此口传义解,往往历经数代而无所讹误,尤可见上古重视口传,并口传之实际功效。章氏云:

> 《公》《穀》之于《春秋》,后人以谓假设问答以阐其旨尔;不知古人先有口耳之授而后著之竹帛焉,非如后人作经义,苟欲名家,必以著述为功也。商瞿受《易》于夫子,其后五传而至田何,施孟梁丘,皆田何之弟子也;然自田何而上,未尝有书,则三家之《易》著于艺文,皆悉本于田何以上口耳之学也。是知古人不著书,其

---

① 张采田:《史微》,第一九至二一页。
② 章太炎:《訄书》。

言未尝不传也。①

史官自古为世守之业,周太史之司马氏,晋史之董氏,皆世守史职,虽著国史,亦并传口耳授受之心法,若非其人,必不能善其事。虽至汉代,其遗规仍可寻绎,《史记》成于司马父子,《汉书》成于班氏父子兄妹,皆世业相传之确证,其口耳相授之密,自然犹存。章学诚申明史官心传之要,举为例证,章氏云:

> 古人史学,口授心传,而无成书。其有成书,即其所著之史也。马迁父子再世,班固兄妹三修。当显、肃之际,人文蔚然盛矣,而班固既卒,《汉书》未成,岂举朝之士,不能赞襄汉业? 而必使其女弟曹昭就东观而成之,抑何故哉? 正以专门家学,书不尽言,言不尽意,必须口耳转授,非笔墨所能罄。马迁所谓藏名山而传之必于其人者也。②

口传制度功能　口传史万不可忽视,往之学者凭常识臆断,不免轻视。实欠深思,并不通世情之甚。要之世事繁颐,十有八九不能俱入笔载。文人徒知笔墨有用,自蔽其耳目,不知人间万事,各行各业,在文人以外者,自有广阔天地。若古来之工商,近数百年之艺剧,代代口传,极尽细致工妍之能事,何处何时会靠笔墨代传也。其用笔墨代传并为文人所略重者,反而丧其大部之情景、精华,流失无数高妙造诣,所存世者不过岑死呆板之文字记录而已。历代戏曲,徒传本事,完全丧其音韵与表演动作,乃存其糟粕,失其精华。章学诚尝论上古重语言声音之传授,且尚不知近世亦然。章氏云:

> 古无私门之著述,未尝无达衷之言语也;唯托于声音而不著

---

① 章学诚:《文史通义》,第一〇六页。
② 章学诚:《章氏遗书·补遗》,第四七页。

于文字，故秦人禁诗书，书阙有间，而诗篇无有散失也。后世竹帛之功胜于口耳，而古人声音之传胜于文字，则古今时异而理势亦殊也。①

中国之口传心授教育　细细思索，可以想到中国口传身授制度之洋洋大观，谓为口传教育亦未尝不可。此在中国文化史上占有重大分量，应该享受重大注视与其当有之地位。此类口传教育，包罗至广，如竹、木、金、石、陶、革、丝、麻、烹调、裁缝、各行手艺、商贸、音乐、戏剧、舞蹈、杂耍、拳技、弹唱等，多恃口授，而世代流传不辍，足见自古以来，文字教育远不及口传教育之深入社会。文人茫昧，史家无识，遂任此等文化遗产无端流失。且口授教育，最不易保持。近代世局变化飞速，此类遗产尤其随时而逝，永不复再与世见。当世学人文士无此自觉，少知关怀，正坐浮夸寡识之病，不知何日方能醒悟。

以史家专业而论，史官既为世职，亦必有口传心法。章学诚早有所见，就司马迁班固为例，已见其专门世业相传之迹。章氏云：

> 夫马班之书，今人见之悉矣，而当日传之必以其人，受读必有所自者，古人专门之学，必有法外传心，笔削之功所不及，则口授其徒而相与传习其业，以垂永久也。②

不唯史家一门为然，即上古诸子百家，亦多依口传教育，授教生徒。用此观点以读诸子，自亦可了然于上古典籍生成之性质。章学诚于诸子著作有此通体解释，章氏谓：

> 诸子俱有学徒传授，管晏二子书多记其身后事，庄子亦记其将死之言，韩非《存韩》篇之终以李斯驳议，皆非本人所撰，盖为其

---

① 章学诚：《文史通义》，第二〇页。
② 同前书，第一五〇页。

学者各据闻见而附益之耳。①

学人看重文字记载,亦为古今之大弊,其必丧失历来重要遗闻,可推研而知之。古今人事,多非文字可及载录,凡此人群活动,或亦关系文化社会之变迁,然不百年即消散无余,亲见者年寿有限,若不口传后人,即必随其人而俱亡。今世史家则爽然声言前无其事亦可,唯见世势嬗变之突兀,而无从索解。故此可知搜求遗闻亦史家应有之天职,口传之史,尤须特加注意。今后史学研究范围扩大,不能再蹈前人之粗阔愚疏。不唯器物图画、碎陶片瓦可备史料之用,即诞言村语,亦未尝不可采录,端看史家识力学力之运用如何而已。

今后应注重口传史之发掘与研究　今日所知因前人所忽略而渐见亡逸之史迹,固已偻指难计。推其大且著者,中国传统商贸规制,本有完密系统,经十九世纪西方工商之冲击,终于急遽消散。行商坐贾,百业行规,全恃口耳授受,今日能知者殆已万万不能有一。又如与商贸行旅有关之镖局,往昔江河陆道,重要通商城镇,莫不有之,其制普及南北各省,始终与商贸相依存,近百年商贸既生巨变,此一行业亦随之永绝于世,不复再见。今日学者于此,已全视为说部之虚构,而于百年前之工商社会,何以能研探明白。再过百年,则必当神话视之,而今孑遗,仅存镖局二字,二千年后好事之徒,如今世疑古史者,尽可大做辨伪文章,滥用默证,肆其呓说。有谁会再承认世上曾有其制?另一问题,即武林技艺,全凭口传,千载传承,绵延不绝,然亦于近百年中急遽消失。文人本来轻视,岂愿从事研讨。又如数百年来之昆曲,广为流布长江两岸流域,大城小镇莫不有之,不唯文人雅士可以经常顾曲,甚至引车卖浆者,亦能琅琅上口。而今不及百年,淘汰殆尽,十九零落

———————
① 章学诚:《文史通义》,第一七八页。

星散,其所能求得之昆曲者,亦将如元曲命运,徒存少数死文字之脚本而已。浅识狂謷之史家,又将可据以放言高论,谓为前时未有。若所谓史家者,无有知识,眼前史料任其放失而不存,事后复据一鳞半爪,大惊小怪,补苴考订,视为本世之丰功。然则世间何须养此巨蠹,欺愚大众,为害学术。

第五节　史　学

何谓史　历史者,人类留存之重要活动记录,足以参酌而资以了解过去与未来者也。这里作此概括形容,并非要取代他人之定义。古时学者,多作形容界说,少有定义之提出。近代学者受西方学术影响,凡百门类之学科问题,往往先作定义之澄清,使人接触之后,立即了解其性质范围。此其最见效之特色,凡关著述,自不可少。历史为一广泛之基础科学,尤不可不申明性质界域。近世学人治史,殆人人留有定义,足谓洋洋大观,自无须后人凡出一史书,即添一说词。故自不愿再袭定义之陈套,而于史之性质略作形容而已,足以说明何谓历史即可。

传统界说——六经皆史　近代治史学者,对于历史一门学科之认识,并其所提概括性之定义,大致可别为三种性质。兹分述之于次:其一,即明清以来六经皆史之说。古代所谓经学史学,分类本不清楚,据于经,则往往总括历史;据于史,亦必收纳所谓经。经中本有史如《尚书》《春秋》,盖史必不免并经而言,原不足怪异。后世史家遂不免扩大眼界,合经史而为一。近人多据王阳明《传习录》所言:"以事言谓之史,以道言谓之经;事即道,道即事。春秋亦经,五经亦史。"主张经史合一。钱大昕有谓:

　　虽然经与史,岂有二学哉?昔宣尼赞修六经,而《尚书》《春秋》实为史家之权舆。汉世刘向父子校理秘文为六略，而《世本》《楚汉春秋》《太史公书》《汉著记》，列于春秋家。《高祖传》《孝文传》，列于儒家。初无经史之别。厥后兰台东观，作者益繁，李充、荀勖等，创立四部，而经史始分，然不闻陋史而荣经也。①

最著名者即章学诚六经皆史之说，章氏云：

> 六经皆史也，古人不著书，古人未尝离事而言理，六经皆先王之政典也。②

章氏又云：

> 六经皆史也。形而上者谓之道，形而下者谓之器，孔子之作《春秋》也，盖曰："我欲托之空言，不如见诸行事之深切著明。"然则典章事实，作者之所不敢忽，盖将即器而明道耳。③

金毓黻解释六经皆史之说有云：

> 第一所宜论者则六经皆史之说也。往者王守仁尝谓五经皆史，是则此论，非章氏所独创，特阐其义而益精，则自章氏始耳。其说曰，六经皆史也，古人不著书，未尝离事而言理，六经皆先王之政典也。夫《尚书》《春秋》之为古史，人人得而知之矣。古人于典章仪注，通称为礼，是《礼》为典志之一，亦得称史。而《易》为卜筮之专书，《诗》为韵文之总集，《乐》则诗歌被于管弦之谱也，何为命以史称？推章氏之意，以为《诗》三百篇，悉出史官之所录，《易》掌于太卜，太卜亦史官之一，唯《乐》亦然，古人于史官以

---

① 赵翼：《廿二史札记·钱大昕序》。
② 章学诚：《文史通义》，第一页。
③ 同前书，第一三七页。

外无著作,故掌于史官者,悉得称史;且以《易》详吉凶,有前民用之效,如后世之颁历,韩宣子称《易》与《春秋》为周礼,此亦《易》得为史之证,其说可谓极辨析之能事矣。信如所言,古代之典籍,无不得名为史,史之范畴,抑何广乎。夫史籍有史料、史著之分,史官所掌,属于史料之科,即章氏所谓记注也。《诗》《易》所包,诚具有史料之一部,然亦不尽属于史料,即让一步言之,凡《易》《诗》《乐》之所包蕴,悉可以史料目之,亦不过曰六经皆古之记注也。且考古代官署治书之吏,皆名为史,其所典录者,不过如今日之档案,径称之为史,不几于撰述之史著无别乎。然章氏亦未尝不考见及此,其言曰:"三代以上,记注有成法,而撰述无定名,所谓有成法者,即掌于诸史之档案。"由此推之,则章氏所谓六经皆史者,不过档案之渐就整理者耳。且考章氏之所谓史,非仅以六经为限也,尝曰:"愚之所见,以为盈天地间,凡涉著作之林,皆是史学,六经特圣人取此六种之史以垂训者耳,子集诸家,其源皆出于史。"(《报孙渊如书》)后来之扬其波者,如张尔田、江瑔、金兆丰,皆谓诸子百家,莫不原本人事,共出于史官。夫史学不专家,而文集之中有传记(亦章氏语),是则集部含史之一体,亦属可信,废经子集之名,而悉集于史,可谓整齐划一矣,其奈名不副实何。是故谓《尚书》《春秋》为史可也,谓《易》《诗》《礼》《乐》为史不可也,谓《易》《诗》《礼》《乐》为史料可也,径谓为史著不可也,此吾夙日所持之论也。[1]

钱穆之解释谓:

　　　　史官犹如后世之书史,史官所掌,乃略类于后世衙门之档案,

---

[1]　金毓黻:《中国史学史》,第二三三页。

六经皆史，在章氏之意，谓六经即略有类于当时各衙门官方之档案耳。六经既为其时之衙门档案，故遂综之曰王官之学。唯孔子则研求此种档案而深思独见，有以发挥其所涵蕴之义理，宣扬其大道，自成一家之言。后世推尊孔子，乃推尊及其所研习，而崇其名曰经。故就实言之，则经学即史学也；明白言之，史学即官学也。则章氏之所谓六经皆史，乃指古代之官学言，其所指并不恰当于后世之所谓史。①

蒋祖怡总括前人之说，论经史之不可分，蒋氏有云：

> 古人有"六经皆史"之说，其说倡于明李卓吾之《焚书》而大著于清章学诚的《文史通义》。章氏谓："六经皆史也，古人不著书，古人未尝离事而言理，六经皆先王之政典也。"其他如龚定盦《古史钩沉》所说："六经者，周史之宗子也。"张采田《史微》中也说："自孔子以上，其学术政教，一言以蔽之，'史'而已矣。"马氏《绎史·序》中亦有此种说法："唐虞作史，而综为经，两汉袭经而别为史，盖经即史也。"②

余英时抒论，较先期诸说者尤深彻而鞭辟入里，足以窥见章氏意旨所在，余氏云：

> 近人或释"六经皆史"之"史"为"史料"之义，殊失之，故于"六经皆史"之旨不能畅晓。看胡适、姚名达《章实斋年谱》（页一三七—一三八），又金毓黻《中国史学史》（页二二—二三）批评章氏"六经皆史"之论亦出于误解。盖章氏此处所用之"史"字，既

① 钱穆：《经学与史学》，《民主评论》，第三卷二十期，第二至七页转三二页，香港，1952 年。
② 蒋祖怡：《史学纂要》，第三页。

不得解为史料,亦非我们所说的史学之义。读者如能自章氏所谓
"六经皆先王之政典"以及"三代学术知有史而不知有经,切人事
也"等处用心,则可以思过半矣!①

传统史之定义,至此当得以澄清。

近世新说——人类活动现象之记录　其二,近世学者立说,多数
就人群社会生活范围立言,彼此虽不尽同,大致以人类活动事象之积,
以为探讨对象。洋洋大观,蔚为一代新论。为简明起见,兹列表述之
于后:

倡说者姓名	所提历史意义之言论	资料出处
李泰棻	上下四方谓之宇。往古来今谓之宙。宇宙间事事物物,变化无已者,谓之现象。现象有二:一曰循环状,一曰进化状。其进化有定时,周而复始,如四时之变迁,天体之运行者,循环状之谓也。其进化有定序,往而不来,如人类之进步,生物之发达者,进化状之谓也。凡学之属于循环状者,谓之天然学。凡学之属于进化状者,谓之史学。故"史者研究进化之现象者也"。此其广义定义也。 "史者,乃研究人类进化之现象者也。"此其狭义定义也。	《史学研究法大纲》,第六页。
梁启超	史者何?记述人类社会赓续活动之体相,校其总成绩,求得其因果关系,以为现代一般人活动之资鉴者也。	《中国历史研究法》,第一页。
	史也者,综合彼参与活动之种种体,与其活动所表现之种种相,而成一有结构的叙述者也,是故非活动的事项——例如天象地形等属于自然界现象者,皆非史的范围;反之凡活动的事项——人类情感理智意志所产生者皆活动之相,即皆史的范围也。	《中国历史研究法》,第二页。

---

① 余英时:《历史与思想》,第二一二页。

续表

倡说者姓名	所提历史意义之言论	资料出处
何炳松	历史所研究者盖已往人群之活动也。人群活动之方面大体有五，即经济、政治、教育、美术、宗教是也。然历史所述者，非人群各种活动之静止状态也，乃其变化之情形也。史家所致意者，即此种空前绝后之变化也，非重复之事实也。故历史者，研究人群活动特异演化之学也，即人类特异生活之记载也。夫人类之特异生活，日新月异，变化无穷。故凡属前言往行，莫不此往彼来，新陈代谢。此历史上所以不能有所谓定律也。盖定律以通概为本，通概以重复为基。已往人事，既无复现之情，古今状况，又无一辙之理。通概难施，何来定律乎。	《历史研究法》，第二页。
	拿我们的历史来讲，历史就是研究人类社会的一种科学。人类既是生物的一种，当然逃不出演化的范围。所以我们要研究历史，对于演化问题当然要特别注意。不过此地我们要知道人类虽然为生物的一种，但是人类所组织的整个社会却和纯粹生物不同；所谓演化实在是一种比论。因此历史上所谓演化具有特殊的性质，我们要研究他，亦就有特殊的困难，非用一种特殊的方法不可。	《历史上之演化问题及其研究法》，《史学与地学》，第四期，第一页。
陆懋德	古人虽不知现代史学之意义，如只能遇事直书，留传于后世，已足可贵。盖古代民族之活动及文化，必借记载而后传也。譬如亚洲西部、欧洲南部、美洲中部，在远古时代，尚有许多民族、许多文化，只因缺乏记载，致使数千年故事，飘然如春梦一过，而无迹可寻。《史记·封禅书》称自无怀氏以下，"封泰山，禅梁父者，七十有二君，管仲观之不能尽识"。此言虽未知信否，而可推知上古史事亡佚者为数甚多。又如吾国商周以前，至少已有数千年之文化，亦因缺乏记载，而其遗迹皆不可详。在未有文字以前，其历史皆保存于故老之口传。今所见之野蛮民族皆是如此。《说文》所谓"十口为古"，亦是此意。《易·系辞》称"上古结绳而治，后世圣人易之以书契"。结绳者，郑《注》以为"大事用大结，小事用小结"。至今美洲土人尚有此俗。	《史学方法大纲》，第六页。

续表

倡说者姓名	所提历史意义之言论	资料出处
陈恭禄	历史为研究人类已往经验之学问,其包含者至为广大,民族之分合,政治制度之改革,社会经济情状之嬗变,宗教之演变,学说思想之进步,文艺之发达等,莫不属之。其遗传于后世者,成为构造今日政治社会情状之主要成分。	《中国史》第一册,《序》,第一页。
周谷城	所谓历史学,也不过是研究人类过去之活动,分解此活动之诸种因素,寻出诸种因素间必然不可移易之关系,从而明白此活动之自身而已。	《中国通史》上册,第七页。
冯友兰	历史有"历史"与"写的历史"之分;哲学史亦有"哲学史"与"写的哲学史"之分。写的历史,与历史既难符合,则写的哲学史,亦难与哲学史符合。且写的哲学史所凭借之史料,纯为书籍文字;则上述三种困难,尤为难免。所以西洋哲学史只有一个,而写的西洋哲学史,则何止百部,其中无有两个完全相同。中国哲学史亦只有一个,而写的中国哲学史则有日渐加多之势。然此人所写,彼以为非,彼之所写,复有人以为非,古之哲学家不可复生,究竟谁能定之? 若究竟无人能定,则所谓写的历史及写的哲学史,亦唯须永远重写而已。	《中国哲学史》上册,第二十一页。
沙耳非米尼（Caetano Salvemini）	由十九世纪的思想家,我们获得了一种信念,知道我们与生俱来,及人生不可或离的思想、语言、制度、宗教仪式、风俗、艺术、科学之纲,是由我们的祖先,经若干世纪的努力所织成的。我们的今天,对于我们,不是前天由虚无中临时制造出的一种系统势力,也不是在后天将忽然兴起的其他势力影响之下,就是消灭于无形的。我们的今天,是一种社会的、道德的和智慧的演进之产物,其起源已消失于时间之雾中,并且它将轮流地成为将来发展必要的条件。所以现在的知识与过去的知识不相联系,就永远不能满足我们的好奇心;这个事实,就是由那种信念而起的。历史已经变成了我们思想的一个首要科目,一个因果标准,据此可以组织我们的经验。	《史学家与科学家》,第十三至十四页。

续表

倡说者姓名	所提历史意义之言论	资料出处
巴恩斯 （Harry Elmer Barnes）	关于人类利益之范围扩大,新史学殊不轻视人类行为之任何方面,但力求注重某几类之利益与活动,于人类生存与发展有最大之影响者,例如流行之思想态度、工艺学、自然科学、经济关系、社会关系、政治法律、宗教制度。	《新史学与社会科学》,第十四页。
葛隆斯基 （Donald V. Gawronski） 卡尔 （Edward H.Carr）	历史是对人类过去的行为和社会作一解释性质的研究,其目的在决定当时与现在人类存在的意义和范围。	《历史意义与方法》,第九页。
	所以我对"什么是历史"的第一个答复是:历史是历史家和事实之间不断交互作用的过程,"现在"和"过去"之间无终止的对话!	《历史论集》,第二十三页。
	传统的代代相传就是历史的开始;而所谓"传统"即是"过去"的习惯和经验流传到"将来"。为了后一代的利益,乃有历史记载的开始。	《历史论集》,第五十五页。
甘特、施奈德 （Norman F. Cantor, Richard I. Schneider）	历史是自觉和了解不同民族发展情形的途径与法宝。	《史学导论》,第三页。
	一、历史是研究人类过去所做、所言、所思的学科。二、历史是一部大传记,一部创造想像力的工作。作者企图重建某一个时期某些特出者的言行。三、历史是研究人类过去与现在的社会情形。	《史学导论》,第十七页。
朗鲁瓦、瑟诺博司（Ch.V. Langlois, Ch. Seignobos.）	有一陈旧之迷误,以为历史之为物,乃于生活行为,供以实用之教训（拉丁语曰 historia magistra vitae,意为历史即人类之生活）,对于个人与民众,直接给以有利益之课程。不知人类行为之作成,在殊异之两时代中,鲜有能充分近似,而今此"历史课程"即可直接应用也。然吾人苟以极端反动之说,谓"历史之特别性质,即在无善可言"则殊为错误,盖彼尚有间接之用。	《史学原论》,第二八二至二八三页。

历史是推理之科学　其三,现代学者对于历史一门学科之性质,有一种更切于实情之了解,即认为历史是推理之科学。此足以形容历史工作之全部情况,实质上虽非一种概括定义,但于历史之为科学之意义,已完成肯定之界说。此一界说并必就真实体验而被学者广泛接受。李思纯所译法国之《史学原论》有云:

> 历史之为学,非观察之科学,而推理之科学也。①

何炳松亦主张斯说:

> 历史研究法自直接观察所得之史料入手,自此以一种复杂之推理进程以达于吾人所欲知之事实。是故此种方法与其他各种科学方法根本不同。其事实研究也在于根据史料而加以间接之推理,非直接之观察也。所有历史之知识均属间接之智识,故历史之为学实属推理之科学。其方法乃一种用推理进程之间接方法也。②

余英时亦主张斯说:

> 历史学乃是对于种种具体而又变动不居的对象全幅地加以推理的知识。③

余氏引用柯林伍德(R.G.Collingwood)的言论,指出历史虽为人类活动记录,然凡属于动物本能之饮食男女等欲望行为,皆非所要采辑记载,必不在历史学科之内。这对往时泛言人类生活记录为一澄清之注释,足以帮助吾人认清历史之性质。如余氏言:

> 柯氏(柯林伍德)并进而指出,即使是人类的活动,也并不都

---

① 李思纯译:《史学原论》,第二八一页。
② 何炳松:《通史新义》,第三页。
③ 余英时:《历史与思想》,第二三三页。

是历史学的主题。依他的看法,凡是人的动物本性、冲动与物质欲望等所决定的人类行为都是"非历史的",因为这些只是一种自然的过程。此所以历史家关心的并不是饮食男女这类简单的事实,而是人类思想所创造出来以安顿饮食男女等欲望的种种社会习惯的架构。①

"史学"词称之原始　以"史学"代表一门学问,并用"史学"二字概括其义,其起始创自石勒。《晋书·载记》言石勒于晋元帝大兴二年(319)自立为赵王,以任播、崔濬为史学祭酒。南朝刘宋元嘉年间,立儒、玄、史、文四学,以太子率更令何承天立史学。明帝泰始六年(470),置总明观,内分玄、儒、文、史四科,科置学士各十人。故"史学"词称之应用,当起于此一时代。②

史学实质之辩　考论史学词称并不甚难,不至引起争论,而言中国史学之实质,及其正确定义所在,至今仍存在很难澄清之疑难,基本上在于史学定义所代表之真实含义不能确定。故中国何时有史学之问题,不是名词问题,而是学者所了解之实质问题。史学名词存在千余年后,章学诚仍谓无史学,其名言有谓:

> 世士以博稽言史,则史考也;以文笔言史,则史选也;以故实言史,则史纂也;以议论言史,则史评也;以体裁言史,则史例也。唐宋至今,积学之士,不过史纂、史考、史例;能文之士,不过史选、史评,古人所为史学则未之闻矣。③

刘咸炘并亦言当世无史学:

---

① 余英时:《历史与思想》,第二九九页。
② 金毓黻:《中国史学史》,第二一八页。
③ 章学诚:《文史通义》,第三四五页。

　　浅陋之学究,专以论人为史学,徒骋己见,固不足贵。而博杂之考据家,专以考事为史学,亦只为拾骨之学。章先生(指学诚)所谓史考非史学者也。①

蒋祖怡亦以为言,不认为中国有史学之事:

　　记载历史之书,叫作"史书";研究"史"的学问,叫作"史学"。"史学"一词,始见于顾炎武的《日知录》,但以为乃是史才之训练,而非研究史的学问。同时,前人所称的"史学"乃指其中一小部分的"史论"而言。以往史学的工作,不外两大部分:专重考据,近乎汉学;专论事实之得失优劣,近乎宋学。前者之弊,流于穿凿;后者之弊,流于附会。其他一种,专重体例之研究,评骘群史,要非学力渊博,不能率尔著笔。至于空谈一流,但议论史事,其弊至于策论,则仅成为文人掉笔头的一种材料而已。②

然而又有绝然相反之论,以为中国早有史学。且事实实有确据,何炳松引刘知几、章学诚二书以为言:

　　吾国专论史学之名著,在唐有刘知几之《史通》(中宗景龙时作),离今已一千二百余年。在清有章学诚之《文史通义》(乾隆时作),离今亦已达一百七八十年。其议论之宏通及其见解之精审,绝不在西洋新史学家之下。唯吾国史学界中,自有特殊之情况。刘章诸人之眼界及主张,当然不能不受固有环境之限制。若或因其间有不合西洋新说而少之,是犹讥西洋古人之不识中国情形,或讥吾辈先人之不识飞机与电话也,又岂持平之论哉?③

---

① 刘咸炘:《治史绪论》,第五页。
② 蒋祖怡:《史学纂要》,第一八页。
③ 何炳松:《历史研究法·序》。

金毓黻更上推谓史学始自孔子及左丘明：

> 愚谓古代史学，只有史法，而史法当与史意并重。所谓系日
> 月以为次，列时岁以相续，即史法也；所谓微而显，志而晦，婉而成
> 章，尽而不污，惩恶而劝善，即史意也；史法即其文则史之文，史意
> 即则丘窃取之义，曰法与意，曰文与义，皆为孔子之史学。是故榷
> 论吾国之史学，必萌芽于孔子。至博采列国之史，萃为一编，以羽
> 翼孔子之作，以阐发孔子修《春秋》之旨趣，是为左丘明之史学，而
> 公羊、榖梁二氏，专明一家之学者，不得与焉。吾于古代之史家，
> 仅得二人，首推孔子，其次则左丘明也。①

金氏更详为申辩，以言中国史学之规，孔、左、马、班、荀、杜之作均足以
代表。唯刘知几《史通》当为史学专书：

> 或又谓吾国自有左丘明、司马迁、班固、荀悦、杜佑、司马光、
> 袁枢诸人，然后有史，自有刘知几、郑樵、章学诚，然后有史学。吾
> 谓能撰史者，必通史学，左、马、班、荀诸人皆长于撰文，其精于史
> 学必矣。且史学之名，始于后赵石勒，则刘知几之前，亦不得谓之
> 无史学，唯论史学之专书，具有家法，言成经纬，则自刘氏始，而章
> 氏继之，郑氏不得与焉。此吾所以于马、班二氏之后，极有取于
> 刘、章二家之作也。②

金氏申述其理，以为史学寓于史书，有其博大精深之著述，其发凡起
例，立意宗旨，当必本之于一定原则，施运出一定之方法。此固史学之
所在：

> 夫古人之作史者，如左、马、班、陈，诚卓卓可称矣。然于史学

---

① 金毓黻：《中国史学史》，第三四页。
② 同前书，第二四九页。

之科律,既未之阐明,即后学之治史者,亦苦无从着手,非古人之智虑不及此也,尔时去古未远,著述尚质,文成而后法立,学即寓于书中,作史者本不需法,又何史学之足云。魏晋以后,史籍渐繁,载言之士,不必尽预作史之选,预其选者,亦未必尽申其志,于是以其余暇,囊括诸史,榷其利病,而《史通》一书,缘之以作,而史学之成家,亦始于是时。①

史学之界说　考量众家所言,皆持之有故,言之成理,似难获得定评。然其争议固然甚著,若分别几等层次,一一探究,自易帮助了解。一般所称的史学与刘知几所称的史之三长(史才、史学、史识)其间显有意义的区别。金毓黻著《中国史学史》,功力深厚,识见通达,独于此史学一词混淆不清,虽一再解释,反而陷入一团纷扰之中。实则一般所谓"史学"是一种学科、一门学问,刘知几所谓三长之"史学"乃是一种学问的修养状况。二者虽同一称词,却是完全不同范畴。谓中国自古有史学,盖谓有此一门学问。石勒建史学祭酒,即此门学问之专官。此是一个宽泛层次。至就史学修养而言,往时伟大史家,莫不有之,但只是个人修养,可以合于刘氏三长,章氏四长(章学诚固未尝直言四长,而实际相合)之标准。唯既是个人修养范围,即实未有史学之创说,虽尽隐含于史著之中,实待后学之研究发掘而始见。因是刘知几、章学诚之著作,被学者公认为史学,其故即在此。史学之正确界说,应是包括理论原则义例方法而言,此外虽历史名著,亦不能尸此名。必如《史通》《文史通义》《国史要义》等书,始当被称为史学之作。此是较狭义的一个范畴。

近世学者,为史学作界说者不一而足,仍可集其言说,列表明之于后:

---

① 金毓黻:《中国史学史》,第二四二页。

倡说者姓名	所提示史学之定义	资料出处
郑鹤声	史学者何？于群史之中，抽其条规，以示法则。然作史之初，即具义例。义例者，史学之一端焉。史之始作，文从简约，略具条理，厥体未备。尔后叙事既多，陈义频繁，纪纲有别，灿然可观。因而辨其体统，别其旨归，弹明其因果，会通其精神，于是史学以兴。史学之于史籍，犹玉之蕴璞，金之在矿，必须经提炼琢磨之功耳。	《太史公司马迁之史学》，《史地学报》，第二卷五期，第五七至八四页；六期，第七九至一〇六页。
张致远	史学是以心理的与外界的因果关系，根据当时的共同价值观念，来研究与叙实人类团体活动在时空中的演进事实的学问。	《史学讲话》，第二二至二三页。
姚从吾	综合的研究一种"事实"（或者说"事变"），并解说一种"事实"（事变）如何发生的理论；如何写成文词优美的信史的方法，与如何获得一种"事变"公正的说明和合理的解释的学问，就是历史学。	《历史方法论》，第七页。
余鹤清	史学就是综合已往人类社会活动的记录，探求因果关系及其一般的原则，以建立历史理论的科学。	《史学方法》，第十三页。
贺昌群	历史学为通儒之学，为古今合一之学，故往往言远而意近。世无纯粹客观之考证，亦无纯粹主观之议论，客观与主观，如高下之相倾，音声之相和，前后之相随。此编不敢以考证之缜密自居，亦不能以议论之空疏自薄，盖将窃处乎材与不材之间，又将窃取乎通古今之变耳。	《魏晋清谈思想初论·序》，第一页。
沙耳非米尼（Gaetano Salvemini）	凡是以过去事实的遗迹，或过去事实在人类记忆中所遗留下的痕迹，去再造过去事实的一切努力，我均将名之为"史学"。	《史学家与科学家》，第一至二页。
伯伦汉（E.Bernheim）	史学之定义，吾人前已提出，盖在研究人类之演化，而将人类视为社会的动物，论其动作者。故史学之对象，为人类各种结合及现象之发生、形成及追述，其范围及于曾生存及现尚生存于地球上之种种社会群，就其个性上之性质的差别，按其动作之各方面论之。史学之任务，在将此项特殊之处，就其与人类之一般的演化条件及演化结果叙述而认识之。	《史学方法论》，第二〇至二一页。

前表诸说,各据理端,足备参考,唯作简化定义,可一言以蔽之:史学者,对于历史之意义、功能、价值、宗旨以及撰著原则与方法所提出有系统之理论是也。上自孔子已开始有史学意义之觉识,至刘知几已提出有系统之方法原则,至章学诚则更加强原则并建立理论,至柳诒徵则原则理论更趋于完密。然则史学之孕育,由来有自,非凭空而生,盖在于先有博大深厚之历史著作以为典范,即累积历代史家所树之风声,归纳其高远之识力,严格之制法,缜密之布局,条畅之笔载。综合思考,乃能精化为史学。故必深熟于史,方能创立史学,原非凭空冥想而可得出理论与方法者也。

史学涵盖之领域　最后甚愿作简化提示,使学者略见今日凡研治史学,所当关心经营的史学领域,当列表明之,可易于掌握。并亦欢迎有识之士指教增删。

今代中国史学涵盖领域表

哲学领域	历史哲学、史观、历史分期
史学领域	史学通论
	史学方法
	史学史
	史部目录学
	史料学
	掌故学
	谱系学
	图录学
	历史地图
	历史地理
	方志学
	编年史著作

续表

	纪传体著作
	纪事本末体著作
	典志体(政典、会要、会典)
	历史专论
	历史专书
	纪事诗
	史评、咏史诗
	历史笔记、杂抄
	历史辑佚
	历史考据
	历史辨伪
	历史注疏
	人物传记(长传、集传)
	人名辞典
	历史类书
	历史辞典
文学领域	演史小说 演史戏剧

第六节　史　家

近世所谓"史学家"一词,为形容研治史学者之通称,其义甚为宽泛,并无特别重大意义。推及前代,凡为史官及私家撰史之流,亦必并称之为"史学家"。虽然同一称词,其实质多有差池,与其一一区别,要不如一律平等看待之为愈。故今世"史学家"一词之通行,正在其足以概括全部治史人士。其所以成为近代新生之名词,亦由于往古之所谓"史"者,含义复杂,而又条件甚苛。当代用之,往往混淆。今世之所命为"史学家"或"史家"者,可谓毫无拘束,自由自在。然命义既有如此之宽博,所谓"史家"者流,实又不免滥竽充斥,良莠难分。

"史家"之条件　古代因史官职司传统,责任重大,历代相沿,所为治史之人,要求条件甚苛,被世人称为良史者尤难其选,主要关键在于史家使命重大,关系国家要政。如曾巩《南齐书·序》所云:

> 将以是非得失兴坏理乱之故而为法戒,则必得其所托,而后能传于久,此史之所以作也。然而所托不得其人,则或失其意,或乱其实,或析理之不通,或设辞之不善,故虽有殊功盛德非常之迹,将暗而不章,郁而不发。而梼杌魌魃奸回凶慝之形,可幸而掩也。尝试论之:古之所谓良史者,其明必足以周万事之理,其道必足以适天下之用,其智必足以通难知之意,其文必足以发难显之情,然后其任可得而称也。[①]

史家立场正大严肃,由上古史官职守传承而来,源远流长。中国治史学者,终以负有重大使命,为国家民族前途尽其天职,故历来所谓为"史"者,其条件要求极严。如吕谦举所论:

> 史官的地位崇高,是由于史职之重要。"史为宇宙之公器"(方望溪语),史官必须秉持天下之大公,而记载公是公非。如此始能"与天地相为始终,六经相为表里,疑言并传,阙文不饰,以纪事实,以昭世代,故六经道明,万世宗仰,非徒文艺之夸诞而已也"(重刻《旧唐书》明人闻人诠《序》)。史官又必须以博大高明的思想,始能将其史书的精神永昭万世。[②]

蒋祖怡亦综合前代严肃成规,述论良史应有条件,蒋氏云:

---

① 《南齐书·曾巩序》,商务印书馆,百衲本,影印宋蜀大字本。
② 吕谦举:《中国史学思想的概述》,《人生》半月刊,第三四二期,第二至一一页,香港,1965 年。

邱濬又说:百官所任者一时之事,史官所任者万世之事。故是职也,是非之权衡,公议之所系也。禹不能褒贬鲧,管蔡不能褒贬周公,赵盾不改董狐之书,崔杼不能夺南史之简。公是公非,纪善恶以志鉴戒,苟非得人如刘知几所谓才、学、识三者之长,曾巩所谓明足以周万事之理,道足以适天下之用,智足以通难知之意,文足以察难显之情,不如是不足称是任也。若推其本,尤必得如揭傒斯所谓:有学问文章,知史事而心术正者,然后用之则文质相称,本末兼赅,定为一代之良史矣。①

若不计论中国史官渊源成规,纯就史学家天然使命所必须具备之条件而言,实际上无论材料事实之限制,史家仍必须自觉其责任之严正重大,西方史学家甘特说到史家创说之本始,有云:

史家搜集事实并不像在海滩上搜集小圆石那么的容易,也未能站在很客观的立场来分析一件事实。史家多多少少(历史哲学对此问题从未做过肯定的说明)以其自我判断的心智创造事实,以致使原本僵化的事实成为可读性很高的活东西。②

现代中国治史学者,亦就史家天然使命说明史必具之条件,如余英时所言:

在外国人讲自然科学的来说,并不觉得科学家个人的道德、修养、品格的重要,或对学问有什么重大关系。历史上有许多这样的例子,一个科学家本身修养坏得很,可是他可以得诺贝尔奖。这事情并不稀奇。自然科学家也许可以如此,可是,在史学家来说,似乎并不一样。史学家的主观既存在于他的作品之中,则他个人对人类、对社会很有影响,如果本身修养坏,本身的缺点

① 蒋祖怡:《史学纂要》,第二二页。
② 甘特著、涂永清译:《史学导论》,第二五至二六页。

不加以克制，对自己不能加以纪律，那么他所产生的影响是很坏的。①

余氏亦言极具关系之严肃意义：

> 我们说历史里面有主观的因素，史学家与时代、与他们的学识修养有很大的关系，这就引起关于史学家本身的一个很重要的问题：史学家本身就是史学上的一个很重要的因素，而且史学家写史本身就是一个史实。②

余氏就治史之纯天然使命立论，亦要求史家应备最起码之修养条件：即自我确立之尊严感与任事之严肃感。余氏云：

> 学历史的人，至少应该有严肃感、尊严感，对生命有严肃感的人，才能真正懂得历史，有严肃感的人，对他的时代必须密切地注意，绝不能将自己关在书房里，只管自己书桌上的事情，好像其他世上一切皆与我不相干一样。这虽也是一种态度，不过这样的史学家毕竟是少数。一般来讲，大的史学家，他对于时代的感觉是紧密的。③

徐复观更进一层就史家天然使命，要求彼等所应具之严肃修养。徐氏有云：

> 我们评估一部历史著作的价值，不是仅凭作者治学的方法即能断定的。运用方法的是人，人一定受他的起心动念所左右。标榜纯客观而对自己的民族国家人民没有一点真正感情的人，即对

----

① 余英时：《史学史家与时代》，《幼狮月刊》，第三十九卷五期，第二至一一页，台北，1974 年。
② 同前书。
③ 同前书。

人类前途不会有一点真正的关切。这种人常是只图私利的反道德的人,谁能相信这种人会保持客观谨严的态度,写出可以信任的历史。所以一个史学者的人格,是他的著作可否信任的第一尺度。①

以上所谓史家之天然使命,即不必一言中国自古以来史官渊源传统,单就治史与撰史之工作言,此类人士所需具备条件,自与其他门类学科不同,实较一般学者更需加强人格修养,必先严格磨砺志识,先有自尊自信,先具开朗胸怀,先有丰富学养,然后始免于有误后世,以及误国害民。

史家三长　前哲所谓史有三长,即指史家应具备之三种特有能力,即所谓才、学、识三者是也,其说创自刘知几,见于《新唐书》刘氏本传:

> 子玄领国史且三十年,官虽徙,职常如旧。礼部尚书郑惟忠尝问:自古文士多史才少何耶? 对曰:史有三长,才、学、识。世罕兼之,故史才少。夫有学无才,犹愚贾操金,不能殖货;有才无学,犹巧匠无楩楠斧斤,弗能成室。善恶必书,使骄君贼臣知惧,此为无可加者,时以为笃论。②

三长之中,唯识为尤难,刘知几深论之云:

> 夫人识有通塞,神有晦明,毁誉以之不同,爱憎由其各异。盖三王之受谤也,值鲁连而获申;五霸之擅名也,逢孔宣而见诋。斯则物有恒准,而鉴无定识,欲求铨核得中,其唯千载一遇乎。况史

---

① 徐复观:《原史》,《幼狮月刊》,第四十五卷一期,第二至一三页,台北,1977年。
② 刘知几:《史通·附录》,《新唐书·刘知几传》。

传为文,渊浩广博,学者苟不能探赜索隐,致远钩深,乌足以辩其利害,明其善恶。①

章学诚尤详析识之重要,足为其史学议论精华,章氏云:

> 学问文章,聪明才辨,不足以持世;所以持世者,存乎识也。所贵乎识者,非特能持风尚之偏而已也,知其所偏之中亦有不得而废者焉;非特能用独擅之长而已也,知己所擅之长亦有不足以该者焉。不得而废者,严于去伪,而慎于治偏,则可以无弊矣;不足以该者,阙所不知而善推能者,无有其人,则自明所短而愚以待之,亦可以无欺于世矣。夫道公而我独私之,不仁也;风尚所趋,循环往复,不可力胜,乃我不能持道之平,亦入循环往复之中而思以力胜,不智也。不仁不智,不足以言学也,不足言学而嚣嚣言学者乃纷纷也。②

柳诒徵亦论观摩以养史识,默察往贤著作,蓄众识以养己识,柳氏云:

> 识生于心,而史为之钥。积若干年祀之记述,与若干方面之事迹,乃有圣哲启示观察研究及撰著之津涂。后贤承之,益穷其变,综合推求,而饷遗吾人以此知识之宝库。故在初学不第,不可遽谓前人不逮吾侪,且不得谓吾人于前人所撰著悉已了解。深造自得,正不易言,姑先储积前哲研究撰著之识,得其通涂,再求创辟异境,此虽不敢以律上智,然世之中材最多,循此或可无弊耳。③

何炳松并综合申论三长之重要:

① 刘知几:《史通》,第一七八页。
② 章学诚:《文史通义》,第一二五页。
③ 柳诒徵:《国史要义》,第一二六页。

　　且史所贵者义也,所具者事也,所凭者文也;义存乎识,事存乎学,文存乎才;非识无以断其义,非学无以练其事,非才无以善其文,三者各有所近,一人不尽能兼。学者果能咨访为功,方可绍古人绝学,若私心自据,唯恐名之不自我擅焉;则三者不相为功,而反相为病矣。①

史学四长　史学三长,论者无不服膺,治史者奉为圭臬,刘知几以后,章学诚尤为发明其义,于才、学、识三者之外,又提出史德一项以增益。后之论史学者,称之为四长。章氏于三长之外,先建言文德,意即史德,章氏云:

　　夫史有三长,才、学、识也,古文辞而不由史出,是饮食不本于稼穑也。夫识,生于心也;才,出于气也;学也者,凝心以养气,炼识而成其才者也。心虚难恃,气浮易弛,主敬者,随时检摄于心气之间,而谨防其一往不收之流弊也。夫缉熙敬止,圣人所以成始而成终也,其为义也广矣;今为临文检其心气,以是为文德之敬而已耳。②

后又特撰《史德》一篇,并郑重论述史德意旨,于三长之外,确定更增史德,嗣即后世所宗风。章氏有云:

　　才、学、识,三者得一不易,而兼三尤难,千古多文人而少良史,职是故也。昔者刘氏子玄,盖以是说谓足尽其理矣。虽然,史所贵者义也,而所具者事也,所凭者文也。孟子曰:"其事则齐桓晋文,其文则史,义则夫子自谓窃取之矣。"非识无以断其义,非才无以善其文,非学无以练其事,三者固各有所近也;其中固有似之

----

①　何炳松:《历史研究法》,第八〇页。
②　章学诚:《文史通义》,第六〇至六一页。

而非者也。记诵以为学也,辞采以为才也,击断以为识也,非良史之才学识也。虽刘氏之所谓才学识,犹未足以尽其理也。①

至史德之实质为何,章氏则谓为著述之心术:

> 能具史识者,必知史德;德者何?谓著书者之心术也。夫秽史者所以自秽,谤书者所以自谤,素行为人所羞,文辞何足取重!魏收之矫诬,沈约之阴恶,读其书者先不信其人,其患未至于甚也。所患夫心术者,谓其有君子之心而所养未底于粹也;夫有君子之心而所养未粹,大贤以下所不能免也,此而犹患于心术,自非夫子之《春秋》不足当也,以此责人,不亦难乎?是亦不然也。盖欲为良史者,当慎辨于天人之际,尽其天而不益以人也。尽其天而不益以人,虽未能至,苟允知之,亦足以称著书者之心术矣。而文史之儒,竟言才学识而不知辨心术,以议史德,呜乎可哉?②

论史学者,提示需具四长方为良史,前贤有此典型,后世史家,固当兢兢业业,严刻自励,以求勉为良史,而不至见讥于后世。史学界之有严肃标准,正为前哲之创制。而史学门类得以光辉百代,前代史家所立风范,所创制法,于此慎重职守,勉力向上之自约深切相关。中国史学非如他项学科,凡治史者,则于前代后辈均负有重大使命,十目所视,十手所指,期盼至殷,而苛责亦严。今当与我治史之同道,努力共勉。

史家任务 在此再一论述史家主要任务,此或不免招致更多争议,且必不能成为最后结论,均可断言。然托言史家,自不可不就现阶段所了解者,提供后人参考,用以补充改正。至今所知,史家任务有以

---

① 章学诚:《文史通义》,第一四四页。
② 同前书,第一四四至一四五页。

下各点:

其一,以正确研究解释建立人类过去活动之重要史迹,使后人如参考记忆中经验,足资采择以适应现在创造未来者。

其二,选择当代重要史事、思想意象、行为信仰、制度架构、社会组织、生活状况,以作成记录,备后世史家之研究批判。

其三,建立解释与理论,以提供后人透彻之了解,而接纳采择此种研究精华,以为人群生存活动之指导。

英国史家卡尔言及史家任务,概括说明,亦不出此范围,如卡尔所云:

> 历史家的任务既不是喜爱过去,也不是脱离过去,而是控制和了解过去,作为了解现在的关键。①

以上所示史家任务,平实无华,自易明了。然则更严肃正大之说词,亦足以见史家本来留有辉煌成就,足以博取后人敬仰。以此为准,则史家自须更加努力。刘知几论史家著述任务有云:

> 史之为务,厥途有三焉。何则?彰善贬恶,不避强御,若晋之董狐,齐之南史,此其上也;编次勒成,郁为不朽,若鲁之丘明,汉之子长,此其次也;高才博学,名重一时,若周之史佚,楚之倚相,此其下也。苟三者并阙,复何为者哉。②

刘氏又云:

> 盖语曰,众星之明,不如一月之光。历观自古作者,著述多矣。虽复门千户万,波委云集;而言皆琐碎,事必蒙残,固难以接光尘于五传,并辉烈于三古,古人以比玉屑满箧,良有旨哉。然则

---

① 王任光译:《历史论集》,第一九页。
② 刘知几:《史通》,第二三七页。

刍荛之言,明王必择;菲之体,诗人不弃。故学者有博闻旧事,多识其物,若不窥别录,不讨异书,专治周孔之章句,直守迁固之纪传,亦何能自致于此乎。且夫子有云,多闻择其善者而从之,知之次也。苟如是,则书有非圣,言多不经,学者博闻,盖在择之而已。①

西方学者同样分判史家任务之重轻高下。如沙耳非米尼所论:

只以确定过去支离破碎的事实为限之工作,我们名之曰博学或考据(erudition);依照因果原则,将这些过去的事实组织起来,成为一个系统的学者,我们才称之为史学家。梯耶蒙(Le Nain de Tillemont,1637—1698,法国考据家)的著作,是一种博学考据的作品,他在十七世纪勤劳地搜集当时关于罗马帝国皇帝的一切史料,从中选择最可靠的材料,再做一切必需的考据工作,然后编成罗马帝国的年表。季朋(Edward Gibbon,1737—1794,英国史家)利用梯耶蒙的博学考据,叙述罗马帝国衰落的原因及其现象,就是史学家了。博学考据为史学家准备砖石,史学家就是建筑师。②

史家典范　史佚　上古之世,孔子以前,早有著名史家名佚,或称为"逸",为西周初期良史,并实有一定之著作问世,号称为"史佚之志"。虽然此著尚不知为史佚累积远古嘉言懿行,抑或出于史佚自抒己见,要以在西周以至西汉之一千余年间,史佚之言为当世所重,屡被引称。《汉书·艺文志》所载,尚有《尹佚》二篇,亦当为秦火劫余之物,至后又失散不存。古代史乘若《左传》《国语》均常引称史佚之言,

---

① 刘知几:《史通》,第二三二页。
② 周谦冲译:《史学家与科学家》,第二至三页。

当知西周以至春秋,史佚之书,必被广泛阅读,为当世共同参考之书,亦若后世之于《尚书》《春秋》《左传》等书之普遍。至于西汉,史佚仍尚为熟知之人,其言并屡被引称。西汉以后,世人已不知有其人,而《尹佚》一书亦亡。孔子以前,其声名赫赫之史家首推史佚。史佚之前,虽流存若干史家姓名,如仓颉、沮诵、终古、向挚等人,而详情若何,则全已不晓,有无著作,更未能知。若论先代典范,上古伟大史家,自须首叙史佚。①

孔子　孔子集古学大成,博大高明,于后世影响深远。然既作《春秋》,亦为史家。所谓:“我欲载之空言,不如见之于行事之深切著明也。”即为孔子所以作《春秋》之动机。孟子亦述孔子著作动机有谓:“世衰道微,邪说暴行有作,臣弑其君者有之,子弑其父者有之,孔子惧,作《春秋》。《春秋》,天子之事也。是故孔子曰:知我者其唯《春秋》乎,罪我者其唯《春秋》乎。”②又谓:“孔子成《春秋》而乱臣贼子惧。”足见孔子用心所在。孔子对于《春秋》所取重点,文字史事尚在其次,主要重视记载文字以外之意义。是以孟子有谓:“其事则齐桓晋文,其文则史,孔子曰:其义则丘窃取之矣。”孔子虽未言史学,而用意宗旨已包罗之。故论往古史家不能不言及孔子。

司马迁　汉代司马迁撰《太史公书》,声言继孔子之《春秋》,自序有谓:“先人有言,自周公卒,五百岁而有孔子。孔子卒后,至于今五百岁。有能绍明世,正易传,继春秋,本诗书礼乐之际。意在斯乎。意在斯乎。小子何敢让焉。”③当知自信使命之深。至于著作宗旨,迁亦自言:“亦欲究天人之际,通古今之变,成一家之言。”载于《报任安书》。

---

① 　徐复观:《原史》,《幼狮月刊》,第四十四卷六期,第二至一六页,台北,1976年。

② 　《孟子·滕文公下》。

③ 　《史记会注考证》,卷一三〇,第一九至二〇页。

基此正大抱负,而成永世不朽之作,宜其为历代史家尸祝。班固撰《汉书》,于《迁传》有言:"自刘向、扬雄博极群书,皆称迁有良史之材,服其善序事理,辨而不华,质而不俚;其文直,其事核,不虚美,不隐恶,故谓之实录。"此盖汉代定评,后世称美者不一而足。宋代郑樵有云:

> 迨汉建元、元封之后,司马氏父子出焉。司马氏世司典籍,工于制作,故能上稽仲尼之意,会《诗》《书》《左传》《国语》《世本》《战国策》《楚汉春秋》之言,通黄帝尧舜至于秦汉之世,勒成一书。分为五体:本纪纪年,世家传代,表以正历,书以类事,传以著人。使百代而下史官不能易其法,学者不能舍其书。六经之后,唯有此作。故谓周公五百岁而有孔子,孔子五百岁而在斯乎。是其所以自待者已不浅。①

迁之际遇与忍死以完成巨著,尤能博得后世敬仰。近人缪凤林谓:"可为智者道,难为俗人言也。"②阮芝生专就司马迁之撰著心境详加分析,通过其生平经历与相关人物,以见其完成《太史公书》之创发背景与艰难历程。以谓《太史公书》,实已融会司马迁之生命精神与信仰理念③。

刘知几 唐代刘知几撰著《史通》,为中国史学巨创。推始缘起,申言欲继孔子《春秋》,综括旧闻,于司马迁班固以下,著成新史,自度虽有此才能,终于未敢从事。所抱使命感,不下司马,唯缺乏自信,遂至无成。刘氏自叙云:

> 昔仲尼以睿圣明哲,天纵多能。睹史籍之繁文,惧览者之不

---

① 郑樵:《通志·总序》。
② 缪凤林:《读史微言》,《史学与地学》,第一期,第三篇,第一四页。
③ 阮芝生:《司马迁的心》,《台湾大学文史哲学报》,第二十三期,第一九七至二二○页,台北,1974年。

一,删诗为三百篇,约史记以修《春秋》,赞易道以黜八索,述职方以除九丘,讨论坟典,断自唐虞,以迄于周,其文不刊,为后王法。自兹厥后,史籍逾多。苟非命世大才,孰能刊正其失。嗟予小子,敢当此任。其于史传之,尝欲自班马已降,讫于姚、李、令狐、颜、孔诸书,莫不因其旧义,普加厘革。但以无夫子之名,而辄行夫子之事,将恐致惊末俗,取咎时人,徒有其劳,而莫之见赏,所以每握管叹息,迟回者久之,非欲之而不能,实能之而不敢也。①

刘氏完成《史通》,述其经纬,仍以孔子自命,《春秋》自况。犹深抱负史家之使命感,刘氏有谓:

> 若《史通》之为书也,盖伤当时载笔之士,其义不纯,思欲辨其指归,殚其体统。夫其书虽以史为主,而余波所及,上穷王道,下掞人伦,总括万殊,包吞千有,自《法言》已降,迄于《文心》而往,固以纳诸胸中,曾不懜芥者矣。夫其为义也,有与夺焉,有褒贬焉,有鉴诫焉,有讽刺焉,其为贯穿者深矣,其为网罗者密矣,其所商略者远矣,其所发明者多矣。盖谈经者恶闻服杜之嗤,论史者憎言班马之失,而此书多讥往哲,喜述前非,获罪于时,固其宜矣。犹冀知音君子,时有观焉,尼夫有云,罪我者《春秋》,知我者《春秋》,抑斯之谓也。②

刘氏期盼后世识者,殷殷道其苦心,至情不亚于司马迁,刘氏有云:

> 夫才唯下劣,而迹类先贤,是用铭之于心,持以自慰,抑犹有遗恨,惧不似扬雄者有一焉。何者,雄之《玄经》始成,虽为当时所贱,而桓谭以为数百年外,其书必传。其后张衡、陆绩果以为绝伦

---

① 刘知几:《史通》,第二四四页。
② 同前书,第二四五至二四六页。

参圣。夫以《史通》方诸太玄,今之君山(桓谭),即徐(坚)朱(敬则)等数君是也。后来张陆,则未之知耳。嗟乎,倘使平子(张衡)不出,公纪(陆绩)不生,将恐此书与粪土同捐,烟烬俱灭,后之识者,无得而观,此予所以抚卷涟洏,泪尽而继之以血也。①

刘氏责望于史家者,所持标准亦高。故其有谓:

子曰:汝为君子儒,无为小人儒。儒诚有之,史亦宜然。盖左丘明、司马迁,君子之史也;吴均、魏收,小人之史也。其薰莸不类,何相去之远哉。②

郑樵 宋代郑樵著《通志》,尤于二十略极具自信,以谓为百代之创制。自叙有云:

臣今总天下之大学术而条其纲目,名之曰略。凡二十略,百代之宪章,学者之能事,尽于此矣。其五略,汉唐诸儒所得而闻,其十五略,汉唐之儒所不得而闻也。"又曰:"夫学术造诣,本乎心识,如人入海,一入一深。臣之二十略,皆臣自有所得,不用旧史之文。③

后代学者章学诚最为推崇郑氏,除多处称美之外,并撰《申郑》篇,专文揄扬。章氏有谓:

郑樵生千载而后,慨然有见于古人著述之源,而知作者之旨,

———————

① 刘知几:《史通》,第二四六至二四七页。
② 同前书,第四八五页。
　　又,同前书,第三一六页,刘氏叙其著史云:"长安中,余与正谏大夫朱敬则、司封郎中徐坚、左拾遗吴兢,奉诏更撰《唐书》,勒成八十卷。神龙元年,又与坚、兢等,重修《则天实录》,编为三十卷。夫旧史之壤,其乱如绳,错综艰难,期月方毕,虽言无可择,事多遗恨,庶将来削藁,犹有凭焉。"
③ 郑樵:《通志·总序》。

不徒以词采为文，考据为学也，于是遂欲匡正史迁，益以博雅；贬损班固，讥其因袭；而独取三千年来遗文故册，运以别识心裁，盖承通史家风，而自为经纬，成一家言者也。学者少见多怪，不究其发凡起例，绝识旷论，所以斟酌群言，为史学要删；而徒摘其援据之疏略，裁剪之未定者，纷纷攻击，势若不共戴天；古人复起，奚足当吹剑之一哕乎！若夫二十略中六书七音与昆虫草木三略，所谓以史翼经，本非断代为书，可以递续不穷者比，诚所谓专门绝业，汉唐诸儒不可得闻者也。创条发例，巨制鸿编，即以义类明其家学，其势不能不因一时成书，粗就隐括，原未尝与小学专家特为一书者絜长较短，亦未尝欲后之人守其成说，不稍变通。夫郑氏所振在鸿纲，而末学吹求则在小节，是何异讥韩彭名将不能邹鲁趋跄，绳伏孔巨儒不善作雕虫篆刻耶！①

章学诚　清代章学诚著《文史通义》，于其史学创说，深具自信，其《致汪龙庄书》有谓：

> 拙撰《文史通义》，中门议论开辟，实有不得已而发挥，为千古史学辟其蓁芜，然恐惊世骇俗，为不知己者诟厉，姑择其近情而可听者稍刊一二，以为就正同志之质，亦尚不欲遍示于人也。②

与《朱少白书》有云：

> 鄙著《通义》之书，诸知己者许其可与论文，不知中多有为之言，不尽为文史计者，关于身世有所怅触，发愤而笔于书，尝谓百年而后，有能许《通义》文辞与老杜歌诗同其沉郁，是仆身后之桓

---

① 　章学诚：《文史通义》，第一三四页。
② 　同前书，第三〇〇页。

谭也。①

果如章氏所料,在百年以后,章氏史学遂大昌明于现代,不唯中国史界学人无不遵仰,即其著作亦有译为西文者,而中外研究章氏学说者尤众。章氏《致家书》,申其史学重点并所具自信,有云:

> 吾于史学,盖有天授,自信发凡起例,多为后世开山,而人乃拟吾于刘知几。不知刘言史法,吾言史意;刘议馆局纂修,吾议一家著述;截然两途,不相入也。②

然在章氏同世,其说颇不得售,讥嘲攻诋者颇有其人。撰《湖北通志》,为后任上官所排斥,未能完成其职志。其孤芳自赏之情景,俱如司马迁、刘知几两史家之同在孤立郁愤之中。章氏乃仍引彼等为同道,以获慰于古人,其《致邵二云书》有云:

> 仆之所学,自一二知己外,一时通人,未有齿仆于人数者,仆未尝不低徊自喜,深信物贵之知稀也。而于诸通人之所得,何尝不推许称说,几于老估评值,未尝有浮抑矣,又何修怨之有哉!尝谓司马、班、刘,果不生于今之世乎,则其于仆,将如慈石召铁,琥珀拾芥,仆不彼求,彼将于仆致性命焉。③

后世梁启超于章氏备极推崇,以刘知几、郑樵、章学诚为中国三大史学家,其称许章氏有谓:

> 章氏生刘郑之后,较其短长以自出机杼,自更易为功。而彼于学术大原,实自有一种融会贯通之特别见地。故所论与近代西方之史家言多有冥契。惜其所躬自撰述者,仅限于方志数种,未

---

① 章学诚:《文史通义》,第三六六页。
② 同前书,第三三三页。
③ 同前书,第三七〇页。

能为史界辟一新天地耳。①

中国史家有良好传统,有理想,有是非判断,有严格法义,皆由古史官代代累积流传而来,在诸学之中亦最有优越表现,并为民族立表率。历史上人物,决以永久成就最高品德为标准,绝不现实主义。若孔子生平不得志,诸葛亮未能完成大业,若孙文事业不得志,而俱成永久大名。而武功鼎盛之秦皇,事业辉煌之曹操,终不能见喜悦人心。皆史家判断之功也。近人周谦冲对于往古史家之崇高品诣、博大心性,有总括之论,有云:

> "为社会开辟许多新机会,以促进正义、幸福与快乐",是沙翁著《史学家与科学家》的中心思想;适如"究天人之际,通古今之变,成一家之言",是子长著《史记》的伟大理想;"上穷王道,下掞人伦",是子玄著《史通》的指导原则;"变风气,正人心",是实斋著《文史通义》的高尚动机:古今中外的史家,都曾不约而同地怀抱一种崇高理想,愚为鹄的,而努力以赴之。史家有崇高的理想和坚定的信心,才能富贵不淫,贫贱不移,威武不屈,而贯彻始终,尽忠职守。所以司马迁"就极刑而无愠色",绝宾客之知,忘室家之业,日夜思竭其材,力务一心营职,"隐忍苟活,函粪土之中而不辞";发愤著书,虽万被戮而无悔!②

史家为一般通称,日常习用,自无须有所争议。然严肃思考,凡为史家者,一切才学、职责、修养、品诣莫不有极高标准,并前代贤哲留下高尚风范,令人敬仰。后世之所谓史家者,固不必自嗟凡庸,然必当努力以求合于起码之标准。客观之才、学、识、德四长,每每足以提示史

---

① 梁启超:《中国历史研究法》,第四四页。
② 周谦冲译:《史学家与科学家》,"译者叙言"。

家用心之目标,在人文科学各学科中,唯有史家特严于个人修养,自为特色,亦为史学一门之所以严正而卓越之处。且史学乃因史家识见之凝聚而产生,若不求于才学识德之修养造诣,则史学创制将不知从何而生。没有高明史家,哪有精深史学。史家前规,既有明确之最高标准,复有历代之伟大典型,后世学者,追从自易,必当能踵事增华,而产生更博大精密之创说。否则跻身史林,徒为守库之粗役,以饱养肥硕之腹而已。

第三章 通 论

第一节 史 料

史学即是史料学之说 关于史料，近代之史家十分重视，并颇强调其价值意义。大约近七十年来一般风气，颇流行一个概括命义，即所谓"史学便是史料学"。其说创自傅斯年。傅氏有谓：

> 史学便是史料学，这话是我们讲这一课的中央题目。史料学便是比较方法之应用，这话是我们讨论这一篇的主旨。①

其他学者如蔡元培亦有所谓"史学本是史料学"之说。一时为史学界所宗风，若干史家奉行不辍。此一信条与徽帜，标示某一史学流派，声势浩大，一直持续至二十世纪七十年代而余势未减。一九六四年吴相湘绍述所抱持之渊源宗旨，仍然叙称：

> 时傅孟真(傅斯年)先生倡言"史学只是史料学"，新会陈先

---

① 傅斯年:《史学方法导论》,第三页。

生主讲"史源学实习"、姚从吾先生讲授"史学方法",均强调第一手原始史料之重要性。①

足见此一风派流行盛况。

史学界有了"史学便是史料学"之一命义,形成一种信条与努力方向之标示,顺此方向而走者构成一代主流派。就此时代著作趋势观之,此言十分切于事实。然同时期亦有提出怀疑与反驳意见,不可不一并陈列,以作比观。蒋祖怡有谓:

> 蔡元培在《明清史料》一书序文中,曾有"史学本是史料学"的话;这种说法我不敢承认,但我却不能否认史料与史学关系之密切。因为史料实是研究史学者所必须取资的材料。②

周谷城有谓:

> 史料是历史之片段。从片段的史料中可以发见完整的历史;但完整的历史之自身,绝非即等于片段的史料。举例来说,如新近发见的北京人头骨,如河南、甘肃、辽宁、山西各地先被发现的石器与陶片,如殷墟甲骨,如新郑铜器,如寿县铜器,如汉晋简牍,如敦煌写经,如西夏文字,如大库档案,如太平天国史料等,都是史料。史学家从史料中去寻找历史,从而编著史学书籍;但并不把史料当作历史,而只把史料当寻找历史的指路碑及历史的代表。若研究只止于史料的本身,考究其来源,分解其成分,加以分类,加以排比,这属于史料学或史学概论的范围。不过史料学亦尝被认为就是史学。蔡元培先生云:"史学本是史料学。"(《明清史料·序言》)这话于史学界有益,但不正确。治史的人往往轻视

① 吴相湘:《近代史事论丛》,第一册,"自序"。
② 蒋祖怡:《史学纂要》,第一四九页。

史料,其实离开史料,历史简直无从研究起。历史自身虽不是史料,但只能从史料中寻找而发见出来。谓"史学本是史料学",至少有纠正空疏之弊的作用,故曰于史学界有益。但有益的话往往也有不正确的。谓"史学本是史料学",同时自不能不承认史料就等于历史。其实史料只可视为寻找历史之指路碑,只可视为历史之代表或片段的痕迹,却并不是历史之自身。①

笔名栋舟者有谓:

《学校评论》,一卷三期,栋舟撰《种种色色的中国历史家》:"中国历史学数千年一塌糊涂的原因是将史料看成史学,不知史料是一切关于历史的材料,是过去社会之各种人类活动的记载。而史学却是由这些材料的研究中,去考察一切人类活动的规律,而指出可以为现在人类社会之指导与参考的地方。不仅是史料不是史学,就是整理史料也还不是史学。譬如何炳松在他的《历史研究法》中指出了许多方法,其中如博采、辨伪、知人、考证、明义、断事等,即使他所说的都是百分之一百的正确,但只是史料的整理,而与研究还相隔天渊。我们可以承认整理史料是研究历史之先决的一个重要工作,但是它本身还不是研究历史。顾颉刚所做的工作只能称为整理史料,在这一点意义上,他已经得了相当的收获,但真正的以科学方法研究历史的工作,他还没有开始,甚至于还不知道这一种工作的存在。"②

杨鸿烈有谓:

又从最近世"史料"的范围大为膨胀以来,有的学者"走入极

---

① 周谷城:《中国通史》上册,第二页。
② 杨鸿烈:《历史研究法》,第六一页。

端",竟以为"近代的历史学只是史料学,利用自然科学供给我们的一切工具,整理一切可逢着的史料,所以近代史学所达到的范域,自地质学以至目下新闻纸,而史学外的达尔文论正是历史方法之大成"。这话不免稍微"言过其实","生物进化的方法"是否即能成为"历史的方法"大有讨论的余地,著者所作的《史学通论》已略抒鄙见,足资参考。①

在讲求客观理性公平民主之时代,讨论和疑难之产生原为自然之事,诸家批评之意见,原本值得参考。唯在某种命义构成信仰之教条,并发展成为一种风派潮流时,一些外在的批判疑难却不易入耳,亦不愿加以冷静考虑。漠视不闻之外,等而下之,则或竟疑忌为不同学派之攻击,以为出于挑衅非难。或则抱持本有学派之中心宗旨,不愿因外来批判而予以放弃或修正。因此,实际上史学界已有之流风如故,并不因为讨论批判而稍见转向。近七十年来学界实况大致如此,有多数实际产品可供考察。

若沉下心情单纯思考"史学便是史料学"这一命义,显然它是反映时代思潮的一个信仰。这个命义的广大背景,是民国初年以来的思潮主流泛科学主义。这一思潮影响到史学界,则成就为科学派史学。这些全是近代重大思想问题,在此可以略而不论。史学界之科学派史学,同样构成此一时代史学主流。其一切人物论著弥漫同一领域,无论理论实际,标帜十分鲜明,若干口号信条亦十分响亮,"史学便是史料学"即为重要信条中之一项。其他信条在此不论,只此一个信条,其影响亦极为深远。就实际可见者在此简略说明:其一,是指导方向,史家致力重点,大部重在史料之发掘与整理;其二,是一般原则认识,认为从事史料考订与辨伪工作,即等于史学工作;其三,应用到史学施教

---

① 杨鸿烈:《历史研究法》,第六〇页。

之上,自傅斯年之史学方法导论所立宗旨起,直迄现代大学之史学方法教本,成为一致之史学教育系统;其四,设立机构,从事实际工作,实现其理想与信仰;其五,望风承流者之依附,造成史学界之学派主流;其六,范铸一时代之著史风格,自民国初年以来之史学专论,无论研究对象、问题选择、撰著程式、讨论方式、引括形式、注脚格式,大致全有一致风格。这六项影响皆为普遍事实,恐非任何人所能抹杀。

若详慎思考,"史学便是史料学"一语,不过是一个强调之口号。这句话本来不合逻辑,偏偏竟被一时代讲究科学学者们奉作信条,正足见出科学主义者完全志在信仰,若真讲求科学,此语绝难疏通。这种名学上道理,早在墨子已分判得清楚。照达、类、私等名之区别,"史学"是达名,也就是总名,就史学这一门范畴来说,这一名词要包罗全部。除了别称之外,譬如史、历史、历史学等异称,不容第二个名词和它等量并列。史料学则是类名,是史学下之一类(类名可以再分若干等级,仍被称为类名),史学属下尚有其他类。明清史料则是私名,用现代语言即是所谓专有名词。三者有从属关系,可以说史料学就是史学,明清史料就是史料学,但不可以反转说,史学就是史料学,史料学就是明清史料。再比照一下,自然科学是达名,物理学、化学、数学是类名,欧几里德几何学是私名。可以说欧几里德几何学是数学,数学是自然科学,但不可以反转来说,自然科学是数学,数学是欧几里德几何学。其理一样。可知流行半世纪之一个口号,其所以存在不是理性之解悟,而是出于信仰之崇奉。这是科学主义实例。

史料之意义　至于何谓史料?即所有研究史学撰著史籍所必须根据之种种资料。虽然如此立说并无问题,但在史料认识与采用方面,则全恃史家识力之判断。史料是客观存在之资料,而确定史料意义价值者,则是通过史家估量与选择。虽然我辈当知史料重要,尤须知史家之识断关系更大。有人为史料下定义,如杨鸿烈所谓:

　　凡宇宙间可以考察出其"时间性"的事物或现象都是历史的资料,简言之,即为"史料"。①

但杨氏所谓考察云云,即必出之于史家识力,方能有所见。

　　史料性质　如果进一步思考史料性质,可以帮助我辈了解史料意义,免却不少争论和疑难。归纳史料之一般通性,约有五项特色,兹先概叙各要点,再分别申论其性质。其一,非有意而存在,故丧失多而留存少。其二,非一定质,一定量,一定形式。其三,残破而永无完整,存者一鳞半爪,史料遗留,万不存一,从来无有完备。其四,散乱糅杂,需要整理。其五,不确定,其年代、地域及史料所有者均不能确定,甚至用途亦难确定。

　　史料非有意而存在,正为世界上各类人物活动,并无人存心将其活动供作史料。换言之,人之生平事迹万殊,全非有意为历史做准备,且从来不能确知在扮演何种历史。后人所见而称谓为史料者,实出于先人无意遗留,后人加以命义而已,故自创始以后随即不免丧失。李思纯译法国史家朗鲁瓦语云:

　　　　历史由史料构成,史料乃往时人类思想与行为所留遗之陈迹。在此等人类思想与行为之中,所留遗可见之陈迹,实至微少。且此等陈迹,极易遇意外而磨灭。凡一切思想行为,有未尝留遗直接或间接之陈迹,或其陈迹之可见者皆已亡失,则历史中亦无从记载,正如未尝有兹事之存在者然。以缺乏史料之故,人类社会过去无量时期之历史,每成为不可知晓,盖以彼毫无史料之供给故,无史料斯无历史矣。②

―――――――――

①　杨鸿烈:《历史研究法》,第四八页。
②　李思纯译:《史学原论》,第一页。

自古迄今,文物代有丧失,实难避免,史家每慨叹为浩劫。如潘祖荫《攀古楼彝器款识·自序》有云:

> 古器自周、秦至今,凡有六厄。《史记》曰:"始皇铸天下兵器,铸为金人。"兵者戈戟之属,器者鼎彝之属,秦政意在尽天下之铜,必尽括诸玉可知。此一厄也。《后汉书》:"董卓更铸小钱,悉取洛阳及长安钟虡、飞廉、铜马之属以充铸焉。"此二厄也。《隋书》:"开皇九年四月毁平陈所得秦汉三大钟,越三大鼓;十一年正月以平陈所得古物,多为祸变;悉令毁之。"此三厄也。《五代会要》:"周显德二年九月敕两京诸道州府铜象器物诸色,限五十日内并须毁废送官。"此四厄也。《大金国志》:"海陵正隆三年诏毁平辽宋所得古器。"此五厄也。《宋史》:"绍兴六年敛民间铜器,二十八年出御府铜器千五百事付泉司。"此六厄也。①

至论非一定质、量、形式,盖史料无往而不存在,端在史家凭卓识发现。如石器时代先民遗物,其中多为当时垃圾堆,先民弃之若粪壤,历代视之若土苴,今世考古家则待之如同珍宝,同样一堆弃物,身价何其不同? 足知史家悟识关系之重大。往世史家薄视古代神话及僧侣巫术,今世始知古代宝贵知识即遗存其中。如英国史家韦尔斯所述谓:

> 近代著者,每蔑视僧侣,以为若辈利用人民心思之简单而欺弄之。实则当时能书能读能学能思者,唯僧侣而已,其人一生兼各种职务。若无僧侣,将无知识之生活,将无法可以接近文字与知识矣。古代庙宇,不独为观象台、图书馆、病院,亦且为博物院藏珍库也。汉诺之游船悬于迦太基一庙中,其收获人猿之皮,则

---

① 蒋祖怡:《史学纂要》,第一四六至一四七页。

又藏别一庙中。盖社会上有永久价值之物,皆储藏于此。古希腊史家希罗多德(公元前485—前425)其史料大率取诸旅次所遇之僧侣口中,且彼显然受若辈之优遇而得丰富之材料。庙宇以外之普通人民,仍不识字,生活安于故常,未尝思索。且常人并不疑僧侣之相欺,其信仰及倚赖之心理未尝稍减。即如后世之霸主,亦多左袒僧侣,足见其势力之大也。①

至言残破永无完整,盖凭一鳞半爪探讨古史,此必有之事,必循之途,除此别无他法。古代遗存,其精华固然珍视,其糟粕亦不敢轻忽。章学诚申明其义,至为透辟:

> 所谓好古者,非谓古之必胜乎今也,正以今不殊古,而于因革异同求其折中也。古之糟粕,可以为今之精华,非贵糟粕而直以为精华也,因糟粕之存而可以想见精华之所出也(如类书本无深意,古类书尤不如后世类书之详备,然援引古书,为后世所不可得者借是以存,亦可贵宝矣);古之疵病,可以为后世之典型,非取疵病而直以之为典型也,因疵病之存而可以想见典型之所在也(如《论衡》最为偏驳,然所称说,有后世失其传者,未尝不借以存)。是则学之贵于考征者,将以明其义理耳。②

至言散乱糅杂,乃史料必有之特色,自口传文字,以至器物遗迹,每类亦皆零乱不齐,非史家整理,无人出而代庖。若必其整齐,则须有文献制作以蓄纳之。章学诚提具一法,分谓三家之学,章氏有云:

> 凡欲经纪一方之文献,必立三家之学,而始可以通古人之遗意也。仿纪传正史之体而作志,仿律令典例之体而作掌故,仿文

---

① 梁思成等译:《世界史纲》,第一五一页。
② 章学诚:《文史通义》,第一二〇页。

选文苑之体而作文征,三书相辅而行,缺一不可,合而为一,尤不可也。①

至言不确定者,史料之年代、地域、人物等尚可待考证而出,唯其用途之不确定,则实难假想而知。其处置之法,则在持正勿偏,慎为保留。李思纯译朗鲁瓦之言有谓:

> 有许多之史文,早经多时被人轻忽,及目光转变,或新有发现,则又急需取为自助之具。故凡轻弃一切材料,乃急躁之举也。史学搜讨之事,最有利者莫如先从事于探讨一切荒瘠不毛之域,使人能有备足用。凡本身无价值之史料,当彼足应需要时,则价值自生。②

又如柳诒徵述论清代经今文家庄存与之慎重保留《古文尚书》之态度有云:

> 当清中叶,考据之风甚盛,若庄存与,若龚自珍,皆深于汉学且专治今文家之言者也。而庄氏于已成定谳之《伪古文尚书》,犹保持使勿废,龚氏且盛称之,谓其自韬污受不学之名,为有所权缓急轻重,以求其实之阴济于天下,是岂宅心不厚而标榜今文矜夸考证者所能喻乎?③

以上所论五点,为史料之一般通性。实际史料形制不一,其个别特性,尤为五花八门。各时代之史料大不相同,固不具论,即研究任何一种小问题,其每一个别资料亦必各具特性,各有独特体制、独特风格。史家应用史料,亦必当先能熟悉。

---

① 章学诚:《章氏遗书》,第十四卷,第一〇页。
② 李思纯译:《史学原论》,第九三页。
③ 柳诒徵:《国史要义》,第一〇四页。

史料分类　近世学者探讨史学方法,每不厌其史料分类,若陆懋德之《史学方法大纲》、蔡尚思之《中国历史研究法》、陈韬译伯伦汉之《史学方法论》等,纲目条贯,颇具系统。然所见既多,立觉种种分类,全为排列组合之游戏,史家学者均不需过分详细之纲目也。为不能免俗起见,亦略分类别于后。按资料实质之性质,约分三类于后:

其一,遗物,即包括器皿、遗迹、遗骸、服饰、绘画、雕塑、照片等。

其二,记录,即包括手稿、文书、信札、日记、书册、碑铭、录音、录影等。

其三,传说,即包括对话、口述往事、口传故事、说唱故事、戏剧、歌曲、谚语等。

史料鉴别　往时史学方法之类著作,常利用巨量篇幅讨论史料,甚至有超过全书分量三分之二者,学者今日皆可覆按,此足见对史料之重视。而讨论史料部分,往往必论及史料分类与史料鉴别,且一般了解,史料鉴别又必是精华所在。一般所谓方法云者,唯于史料鉴别方能见之。向之言史料鉴别者,尤其不厌琐屑,罗举条目,足以表现细致完密。唯在学者应用此类方法,未必能够全然合适。盖向无如此愚笨史家必一一依法考问史料,故所需参考之方法,能知其大类性质即可。

史料普遍所存在之重大疑难,略可举出四种,兹一一分述于后(谈此类方法者往往举例说明,殊费篇幅,在此一概从略):

其一,异同问题。同一史事,出现异本异闻,史家有责任考察澄清,尤其彼此矛盾或不能相容部分,必须考辨其意义价值,决定取舍。至少亦必注明异说,以待后人之抉择。

其二,真伪问题。古今史料,往往有伪托而出者,盖为别具用心,以求达成某种目的。一般用于宣传之目的者最为显著,史家自有责任辨证明白。近世辨伪成风,动辄撰误。往往学养浅薄,知识不足,辨伪一念在心,不免凡遇史料,即必疑神疑鬼,大惊小怪,殚精竭虑,著论申解。而今此类著作充斥学界,既未能解决真伪之实际,徒增更多之混乱,真乃造废纸之书虫而已。

其三,讹误问题。史籍自古由口传而竹帛,由竹帛而纸本;由篆书而隶书,由隶书而楷书。既不免断简脱漏,又不免传抄误认。鲁鱼亥豕,自古已知之深熟。后世而有校雠学,实为读书之人必具之学问基础。史家既必常用史料,自当有能力以订正之。

其四,错乱问题。古书发生脱简错简,则错乱即所难免,有篇章之错列、他书之混并、注文之错夺、传抄之错乱、后人之增删,均为史料产生错乱之源。治史学者使用资料,即当详慎审察,予以厘正。

考证方法 向之学者讨论史料鉴别方法,条目苛细,步骤繁赜。大类言之,不出外考证与内考证两途。外考证者,即处置著作之外形,无论为甲骨、为金石、为竹帛、为纸本,皆为著作外形。就一定步骤而言,外考证自须优先着手,盖外考证决定正确,则内考证不须怀疑也。内考证者,即处理著作之内容。外考证当审察史料形制真伪,内考证则就内容细节,考辨异同、真伪、讹误与错乱等疑难现象。就一般所共知考察基准,测定史料价值。而凡一般已知基准,略可列举者有:一、年代,二、人物,三、地域,四、制度,五、风俗,六、语言。凡此类所谓测定基准者,原非有人制定一定之程式,而仍必须凭恃史家自身之学养,对于以上各项知识有精熟之了解,其考证始不至有误,始不至流为武断,而破坏重要史料。近世风气,以考证为宗尚,史家人人言之,人人为之,其成就有定,皆可一一覆按。若干人耗竭心志于一二语词、一二器用,哆口张目,以为莫大发现,趾高气扬,以为旷世成就。今世史家充斥,不外此类骄满自大傲岸自是之书虫而已。

史料鉴定方法云云,多恃累积学识磨炼经验而始能胜任愉快,有此先决条件,史家自应以广为增殖学问为首务。既为考证,得其益亦

承其弊。何炳松颇有平情之分析,何氏有云:

> 总之从事考证之业者,必审慎而专精,机警而宁静。不求速
> 效,不自夸炫。盖考证结果,最难预期。乃纯系守先待后之功,故
> 必抱损己利人之意,而且必具有射覆之会心与搜罗之兴趣。世有
> 不长于此者,不自审其资禀如何,贸然从事,遂至穷经白首,一艺
> 无成,不亦大可哀乎!
>
> 习于考证之业,每害学者心灵。或穿穴于故纸之堆,或疲神
> 于断烂之简,不复知有提要钩玄之鸿业,徒斤斤于荃蹄囈矢之功
> 程。破碎支离,遑言家学。论其流弊,大抵有三:即好尚、过疑及
> 著述能力之丧失,是也。①

李思纯译法国史家朗鲁瓦所论学者考证应有条件有云:

> 在校雠考证之领域中,人之选择此事,以为专业,如所谓"校
> 雠考证专家"云者,必须具有明决之智慧,强伟之注意力及志愿,
> 思辨之精神,且完全屏绝自私心而深有兴味于活动。盖彼所从事
> 者皆为效果遥远而未决之工作,且几于常为他人而工作也。关于
> 原文校勘鉴定与史原鉴定,必须有猜谜专家之本能。质言之,须
> 其心思敏捷而灵巧,多实材而能假设,能弋获及揣拟其所遇之情
> 形,极为迅速,乃为有用。关于整理及编辑一切总目类目撮录汇
> 编之事务,必须有搜藏家之本能,对于工作之特异嗜好及秩序活
> 动坚忍之诸品质,皆为绝对不可缺。②

朗鲁瓦又论考证家所易养成过疑之习性有云:

> 世间有某种人,以为无论任何事物,皆怀疑谜而欲试破之,即

---

① 何炳松:《历史研究法》,第三六至三七页。
② 李思纯译:《史学原论》,第八八页。

对于并无疑谜之事物亦然。彼辈由其所质疑之点,而于一种明了之史文上发生迷惑,由想像上,认为其已经变异而欲修正之。彼辈每对于证据确凿之史料,尚欲辨析其伪造之痕迹,此盖为一种好奇心理,盖欲力矫其轻信的本能,而于一切事物,皆怀疑之故也。凡人对于积极证实之史文与史原,若愈加鉴定,则愈足陷于增多吹毛求疵之危险,此甚可注意而易见也。①

积极推理与消极推理　史料考证,除依赖学识累积之外,实仍必须依恃通用之逻辑推理方法。盖言史学方法,基本上无殊于其他学科之方法。论此基本方法,实即所有学问必不可少之逻辑推理方法。虽然如此,其仍足以为史学方法亦绝无疑问。推理方法有二:其一为积极推理,即据已有推断实有,并判断实无;其二为消极推理,即据无有推断实无,并判断实有。此即史学家向来惯用之默证法。近世疑古派史家,多数缺乏最浅之理则学知识,往往滥用默证,研判古史,致误甚夥,贻害后世。顾颉刚即其中渠魁,是滥用默证最出色之史家,曾受到张荫麟严厉批评及徐旭生之责难。张荫麟评顾氏有云:

> 凡欲证明某时代无某某历史观念,贵能指出其时代中有与此历史观念相反之证据。若因某书或今存某时代之书无某史事之称述,遂断定某时代无此观念,此种方法谓之"默证"(argument from silence)。默证之应用及其适用之限度,西方史家早有定论。吾观顾氏之论证法几尽用默证,而十九皆违反其适用之限度。②

张氏就顾颉刚所举证之批评云:

> 谓予不信,请观顾氏之证据。

---

① 李思纯译:《史学原论》,第九一页。
② 张荫麟:《评近人顾颉刚对于中国古史之讨论》,《张荫麟文集》,第二九八页。

《诗经》中有若干禹,但尧舜不曾一见。《尚书》中(除了《尧典》《皋陶谟》)有若干禹,但尧舜也不曾一见。故尧舜禹的传说,禹先起,尧舜后起,是无疑义的。

此种推论,完全违反默证适用之限度。试问《诗》《书》(除《尧典》《皋陶谟》)是否当时历史观念之总记录?是否当时记载唐虞事迹之有系统的历史?又试问其中有无涉及尧舜事迹之需要?此稍有常识之人不难决也。呜呼,假设不幸而唐以前之载籍荡然无存,吾侪依顾氏之方法,从《唐诗三百首》《大唐创业起居注》《唐文汇选》等书中推求唐以前之史实,则文景光武之事迹其非后人"层累地造成"者几希矣![1]

张氏在另一文中评顾颉刚之外,更及于一般浅薄轻妄之疑古派学者,张氏有谓:

如是普通之证据,曾不覆按,而信口疑古,天下事有易于此者耶?吾人非谓古不可疑,就研究之历程而言,一切学问皆当以疑始,更何有于古;然若不广求证据而擅下断案,立一臆说,凡不与吾说合者则皆伪之,此与旧日策论家之好作翻案文章,其何以异?而今日之言疑古者大率类此。世俗不究本原,不求真是,徒震于其新奇,遂以打倒偶像目之,不知彼等实换一新偶像而已。[2]

史料为史学研究素材,即为治史之始基,其重要性自不待言辩,我辈并必须深知其意义价值及处置方法。然史学实非史料学所能代替,且史料亦并不能等于历史,此乃必有之普通知识,道理亦至浅显。但在泛科学主义潮流之下,史家承其激荡,不能自持。于是种种强调之

---

① 张荫麟:《评近人顾颉刚对于中国古史之讨论》,《张荫麟文集》,第二九九页。
② 张荫麟:《评顾颉刚〈秦汉统一的由来和战国人对于世界的想像〉》,《张荫麟文集》,第三一三页。

口号信条,纷至沓来,史家一倡百和,风靡全国,后遗影响,迄今未息。其间有冷静思考予以批评讨论,足以见其可贵处。如周谷城否认史料等于历史,周氏有云:

> 史料、史观都非历史,然则独立存在,不因吾人之知识而始存在之客观的历史,究竟是什么呢? 这很易回答,即人类过去之活动是也。①

许冠三认为史料诚然重要,但研究为主,资料为宾,必须弄清楚轻重取舍,才不至于迷失方向。如许氏云:

> 诚然,没有充分的资料则不能有任何科学的研究,但资料是为研究而存在,非研究为资料而存在。真正的科学家必须知道如何根据既有资料去设计他的研究,并且根据坐标架构和学说去寻求资料,而不是一味被资料牵着鼻子走。②

李思纯译朗鲁瓦所论,颇为诋讥史料考据家之丧失中心主宰,有云:

> 若辈投身一切注释、提要、副录及一切故纸堆下,其结果唯自困于凌乱拥积之中苦无头绪,彼辈终其身从事移运此建筑供用之磐石而不知置于何地。所为之役,唯足播扬尘埃,使人盲目耳。③

尤讥弹史料考据家所致力无谓之文字游戏,朗鲁瓦云:

> J.V.Pflugk-Harttung 氏,于所著《历史研究》(*Geschichtsbetrachtungen*)中有云,历史之为科学,其较高之一部,皆被轻忽。人所致力以求得之事物,不过一种微生物学之观察,于不关重要之细目琐节上,完全改置妥善而已。史文与史原之鉴定,已成为一种

---

① 周谷城:《中国通史》上册,第四页。
② 许冠三:《史学与史学方法·引言》。
③ 李思纯译:《史学原论》,第六五页。

娱戏,正如在游戏场中,游戏人之所努力以博得者,不过评论者之嘉赏。今彼辈随处所获结果之价值,适成为鉴赏家之好尚而已。彼辈中大部分之校雠考证家,相互间皆顽野固执。又校雠考证家每具滑稽之幻想,彼积田鼠邱垤而号之曰高山。①

虽然史料学学者,不尽如以上种种形容之滑稽可怜,但在史学范围,学者须顾及全面,尤不可夸大强调如近世之史界领袖,其所作为尚不足谓为滑稽可笑,而贻害当世后世之中国史学,则其罪实不可逭。

第二节　史　实

史料主义检讨　世间没有所谓自然存在之史料,凡一切资料俱必通过史家之觉识与命义始具史料意义与功能。此一命义与五十年来流行之史料主义恰恰相反。前此之中国史界主流,大概宗奉之信仰即史料是客观存在,史料自身可以代表历史,史料可以替自己表达历史意义,史家不可解释,如此方才是合乎科学。此一大批史界学说,任查近世诸家论著皆可发现,自然难逃后世史家之研究检讨。若冷静考察,这一代庄严典重之原则,全然是自欺欺人。翻查所谓科学派史家论著,没有一篇研究文章完全不用解释,凡辱骂解释之人,首先该打自己嘴巴,然后得承认自己是扯谎大师。再一层说,资料并未表示自己是史料,制造史料之人如希特勒、斯大林、日本军阀等,从来也不曾有意为史界做这种事。即以殷代甲骨而论,当作史料看待尚不到百年,而当作药材使用可有千数百年,此等上好史料消失于历代人腹者累千万计,若非史家觉识其史料价值,药商仍有权收购发售,研磨药饵。所以可说打北京人起到现在之一切史料,全是那些史家们由种种认识和感觉而加以命义。资料若有生命可以自我表达意见,一定反对这批蠢

① 李思纯译:《史学原论》,第九〇页。

人胡来。因为它可以任史家摆布,也可以任古董家、艺术家、有铜臭之富商摆布,史界学者没有特权宣告这是天生史料。即令说它是天生史料,同样也是史家一种主观判断与命义。这正是科学派史家所要打倒之玄学鬼,照照镜子该挨打者却是他们自己。

近世新考据学派之理论,严重跌进了机械式的数量想像与迷信之中。由于强烈强调史料,遂不免泥于史料而成为一种信仰,是所谓史料主义。他们笃信科学治史是不错的,但却迷信史料的神圣意义,因此他们循着两条假定之最高目标努力。一是要求资料齐全,这是量的最大极度。资料必须充足,是史家所应该做的努力,他们相信资料不全是无法写正确的史书。但若要求齐全,则将始终是一个理想目标,永远不能达到。这样要求,使他们永远做着抱残守缺工作,他们笃信这是科学精神的实践,却丧失了对历史统一性与全盘性的了解。二是他们主张一点一滴的累积,这是量的最小极度。做历史研究,固然需要精细,而这种信念却使他们永远辛勤地钻牛角尖,使他们抛弃大问题而只从一点一滴的细小问题解决。蒋廷黻曾指称这种研究态度,可以使他熟读《汉书》中的每一字句,却不懂得汉代历史(蒋氏此语是在南港中研院所讲)。英国史家卡尔批评史界崇拜文献之风有云:

> 十九世纪也崇拜文献。文献好像是"事实庙堂"里的"方匮"(Ark of the Covenant)。在接近这方匮时,忠实的历史家不免卑躬屈膝,肃然起敬。只要文献所载,就是对的。可是,追究到底,这些文献——诏令、条约、租摺、蓝皮书、公文、书信、日记等——给我们说些什么呢?任何一项文献给我们说的不外乎文献作者所想的——他认为什么事曾经发生,应该发生,或将会发生,或者是他希望读者以为他怎样想,或者他自己以为他是在想什么。这一

切都没有什么价值，除非历史家给它加工解释。在历史家能够利用事实之前，不论其存在于文献与否，必须先加以整理，历史家赋予事实的用途，我们可称之为"加工的程序"。①

事实上我国史家章学诚早已对不加别择之重视资料有所讥议，章氏有云：

> 苟不求其当而惟古之存，则今犹古也，上自官府簿书，下至人户版籍，市井钱贷注记，更千百年而后，未始不可备考察也。如欲赅存，则一岁所出，不知凡千百亿，岁岁增之，岱岳不足聚书，沧海不供墨瀋矣；天地不足供藏书，贱儒即死，安所更得尺寸之隙以藏魂魄哉！②

章氏又云：

> 夫学有天性焉，读书服古之中，有入识最初而终身不可变易者是也。学又有至情焉，读书服古之中，有欣慨会心而忽焉不知歌泣何从者是也。功力有余而性情不足，未可谓学问也；性情自有而不以功力深之，所谓有美质而未学也。夫子曰："发愤忘食，乐以忘忧，不知老之将至。"不知孰为功力，孰为性情。斯固学之究竟，夫子何以致是？则曰："好古敏以求之者也。"今之俗儒，且憾不见夫子未修之《春秋》，又憾戴公得《商颂》，而不存七篇之阙目，以谓高情胜致，互相赞叹。充其僻见，且似夫子删修，不如王伯厚之善搜遗逸焉。盖逐于时趋，而误以襞绩补苴谓足尽天地之能事也。幸而生后世也，如生秦火未毁以前，典籍具存，无事补

---

① 王任光译：《历史论集》，第一〇页。
② 章学诚：《文史通义》，第一九二页。

辑,彼将无所用其学矣。①

　　史料主义者有一最理直气壮之信条,也是早已吓倒众生,就是向来所宣称:"拿证据来。"做史学研究,必要证据,证据多多益善。这话毫无问题。但拿证据来,主要在真实应用。就此应用而言,可以分作几个层次。其一,拿来证据,史家有主观选择。有些史家可以把反面证据摒弃,只选择足以支持自己假设理论之证据。此事最难发现,必须深入作完全相同问题之研究方可发现。近人考辨王韬姓名,就有学者把到手之反面证据略而不论,盖因不能符合其大胆假设之故。其二,拿来证据,不在真伪问题,而在史家对史料之解释问题。史料是冤大头,全凭史家代它表白,近世史家号称科学,实际最善施用魔术,其高妙之处,即在强奸史料,使它们作伪证。郭沫若批评儒家原始,可以把司马迁《报任安书》拿来作证。幸亏此一史料早为大众熟读,其意义与郭氏假设宗旨真是风马牛不相及。其三,因为拿证据来要多多益善,近代学者往往摆出大量证据,先声夺人,至于证据真实意义如何,有多少成分可以有效,读者若不研究同类问题,自不愿花费时间仔细考量,当然不易发现破绽。其四,因为要拿证据,而拿来的全是些默证,左一个没有,右一个不曾,加上许多子虚空亡,证明一个根本虚无,做得是有声有色。近世学者甚至最审慎自爱之史家也不免蹈此陋习,这如同画家之烘云托月,不必画月,只消画云,就会把月衬托出来。此类史家亦然,从四方八面堆砌证据,中间空地就是重大发现,真令人徒叹史家神通广大。

　　以上所论史料主义,必定会使人怀疑,为何不在前一节史料中讨论,而竟留在史实这一节中讲。实则这是史实之基本问题,这个信仰

———————————

① 章学诚:《文史通义》,第四九至五〇页。

是对史实而言,其宗旨即在信仰史料足以代表史实,或史料等于史实,或是史料自身可以表达史实。此点若不先澄清,就无法展开史实这一节之讨论,并必定发生混淆。

史实界说 天地间事实之发生如恒河沙数,其中必须对人群有较大之影响者,始为史家所注意,历史事实之不同一般事实,其重点即在于历史家所见之意义。事理虽然客观存在,但为史家赋予命义方为史实。例如著名事实,罗马大将恺撒在公元前四十九年渡越鲁比康河(River Rubicon)去进入罗马之行动,是有重大历史意义,被史家看作史实研究。其余两千年来千万人过河之行动亦为事实,但不足以构成历史事实,只有恺撒过河才是历史事实。又如汉代刘邦在英雄逐鹿之际,欲用郦食其之谋,立六国之后自为宗主。张良承汉王问计,向汉王建策,力陈不可。正值用膳,借汉王箸而为筹计策八点,以测天下大势,取政略方针,关系有汉一代之创业。此次借箸之为历史事实,还是因其意义重大。其外数千年来,人人用箸,日日用箸,皆为事实,但皆不具备历史意义。然凡普通事实,就其质量,足以反映重大趋势或重要信仰,仍足以反映历史意义,亦为史家重视,可以变为历史事实。如中古时代,天下佛寺无处不有,天下僧尼可达数百万,以此反映南北朝时期佛教之盛行,最为清楚正确,虽为普通事实、普通人物,亦足以为历史事实,为史家取资参考。如多数碑碣之广泛叙述忠孝仁慈,千篇一律,但基于数量观察,足知在政治社会中之规范及其信仰重点所在。虽然陈腔滥调,普通平凡,久为史家所斥为毫无价值,但可见出社会心理趋向,亦可具有历史意义。其总合数量可观,就此总体动向,即足以了解社会史实之种种性质。陆懋德亦曾申言,史实之产生,须经过思考裁断而有,陆氏云:

　　盖吾人在考证之后,所得之结果,只能求出史料之真实而已。

然世上真实之事迹甚多,不必皆有意义及价值。至于决定史事的意义及价值,尚须有裁断的工作。①

史实与史家之关系　史实之产生,既出于史家之选择裁断,史家所居地位所承使命至关重要。史家之修养条件自当严格要求提高,而史家之工作态度,更需保持审慎冷静。此所以大炮型学者不宜作史学研究之故,他应该改行做国会议员,不必在史学工作上天天大惊小怪。先说史实与史家之关系,英国史家卡尔所论甚为明晰:

> 对事实而言,历史家既非下贱的奴才,亦非专制的暴君。历史家和事实间的关系是一种公平相处的关系,是一种有来有去的关系。任何一个从事研究的历史家都会知道,如果他回省一下,我究竟在想什么和写什么,那么他会发现他是在从事一种不断的工作程序,一边塑造事实以适应解释,一边又塑造解释以适应事实。要说哪一件重和哪一件轻是很不可能的。②

卡尔对于此种主张,在近代史学思想之转变经过上也交代得很明白。他之所论,颇似对中国史学界之写照,只是西方先在二十世纪初十年代已开始转变,而我国史学界则在二十世纪二三十年代却刚开始承袭西方十九世纪之末流,而后并形成五十年来史学界之主流,向来被笼统称之为科学派史学。卡尔先后叙述对史实一概念之看法有云:

> 先搜集材料,然后加以解释。一般人都深信科学方法亦不过如此。伯利(J.B.Bury)在一九〇三年元月就任学术讲座作首次演讲时,最后几句话说历史是"不折不扣的科学",指的正是这种想法。可是在这以后的五十年里,对这种历史观却起了强烈的异

---

① 陆懋德:《史学方法大纲》,第六九页。
② 王任光译:《历史论集》,第二三页。

议。柯林伍德在二十世纪三十年代多次发表文章,给"自然世界"(科学研究的对象)和"历史世界"间画下了一条鸿沟;同时,伯利的那句话,除了嘲笑外,已很少有人提及了。可是,当时历史家没有注意到的是,科学本身亦有了很大的变化,因此伯利所说的那句话或许比我们所想的更近乎事实,虽然他所根据的理由是不太正确的。莱依尔在地质学上,达尔文在生物学上所完成的,现在也应用到天文学,使它成为一种研究宇宙的科学。近代物理学家亦告诉我们,他们所研究的不是个别事实,而是"事件"(events)。今天的历史家较之百年前的历史家,在科学的领域里,更有自信的理由。①

事实主义检讨　二十世纪初,由于后代的反省深思,对前代史家日渐不满,并逐渐汇成向前代史家权威理论挑战的言论,十九世纪以来最具神圣意义的信仰也被怀疑。这就是史家所笃信的庄严典重的事实主义。这类学者,相信历史不过是搜集许多不可反驳的客观事实,用之集合而成历史。确定的信念,就是相信事实胜于雄辩。相信历史的基础在于不断地搜集事实,多多益善。只有事实本身才可以代表历史,一切解释都不应该,也都是多余。手头当然没有自然存在的事实,一般说来,就必定把史料记载当作事实。于是崇重史料与事实就成为不可分。史料主义前已检讨,关于事实主义,自二十世纪初已在西方史家不断检讨批评之中。兹就卡尔所述其间转变要点,以会观其情:

对"什么是历史"一问题,在近五十年来产生了许多认真的作

---

①　王任光译:《历史论集》,第五○页。
　　关于此种史学观点之论争,余英时亦有详细介绍,见其所著《历史与思想》,第二一八至二二○页,注九七所述。

品。在十九世纪八十年代到九十年代，从德国对历史事实"至上"和"独立性"来了最早的挑战，而德国正是对推翻十九世纪自由主义的统治最有贡献的地域。在今天，那班挑战的哲学家不过是一些名字而已，其中迪耳代（Dilthey）是唯一在英国近年来受到推重的。二十世纪将要开始之前，英国还是太繁荣、太自信，因而无暇顾及那些攻击崇拜事实的"叛徒"。到了二十世纪初，挑战的火炬传到了意大利，克鲁西（Croce）显然是受到了德国诸大师的影响，开始提出了一种历史哲学。他说，一切历史都是"当代史"（contemporary history），意思是：历史原是用现在的眼光，依照现在的问题，来观察过去；历史家的主要任务不在记录，而在评价；否则，他就无从知道该记录些什么了。一九一〇年，美国哲学家卡尔·培格（Carl Becker）曾故意用刺激的语调争辩说："对一个历史家来说，历史事实并不存在，除非由他来创造它们。"类似如此的挑战，在当时并不受人注意。一九二〇年后，克鲁西的观点在法国和英国才开始逐渐流行。这倒并非因为克鲁西是一位敏锐的思想家，而是因为一次世界大战后较诸大战前"事实"已显得更冷酷，因此人们更趋向哲学来减低"事实"的身价。克鲁西对牛津大学哲学家兼历史家柯林伍德有很大的影响，后者是本世纪英国对历史哲学有重大贡献的唯一思想家。他虽然没有完成他久已计划写的一本书，但他对这问题的许多已发表和未发表的论文在他死后已收集成书，名《历史观念》（*The Idea of History*），出版于一九四五年。①

关于事实主义之必然没落，卡尔亦颇述论其真实现象及其难于走通之道路：

---

① 王任光译：《历史论集》，第一四至一五页。

　　正如莱东·史托拉西(Lytton Strachey)开玩笑地说:"无知是历史家的先决条件,因为它使问题简单化而又明朗化,可以保存的保存,可以放弃的放弃。"有些同业以极端的内行写上古史或中古史,我有时不免有点羡慕,但又立刻自慰说,他们之所以如此内行,是因为他们对自己的范围一无所知。研究现代史的学者却不能享受这种"内存"无知的方便,他应该自己来培养这种必需的无知——越接近他自己的时代,这种无知也就越需要。他有两重任务,一方面发掘少数有意义的事实而将它们变为历史事实,另一方面抛弃其他非历史的事实。这和十九世纪的"谬论"——历史不过是搜集许多不可反驳客观的事实——正好相反。屈服于这种谬论的人,或者是放弃研究历史,认它为一种"坏职业",因而改行为集邮家或古董商,或者是将终身于疯人院。也就是这种谬论,过去百年中,给研究现代史的学者留下了不可弥补的恶果。在德国、英国和美国产生了一大堆干燥乏味的叙事历史和极端专门的论文,同时也造成了一大班准历史家,他们知道得愈精细,而范围反缩得愈狭窄,深陷于事实的大海里而不能自拔。同时我也猜想,使历史家阿克顿失望的也就是这种谬论,而非自由派和天主教徒间政治观点的冲突问题。在一篇早期论文里他论到自己老师杜林杰(Dollinger)说:"他不愿用不完善的资料来写书,可是他又认为资料永远是不会完善的。"无疑的,阿克顿是对自己预判了罪名,道出了一个历史家的奇怪现象。因为谁都知道他是剑桥大学"皇家现代史讲座"最有声望的人,但他始终没有留下一本历史著作!在《剑桥近代史》第一册——出版时他已逝世——的导言里,阿克顿无异为他自己写了"墓志铭",他伤痛地说,加在历史家肩上的条件"迫得他放弃文史而改行为百科辞典的编纂者"!显然的,上述这些历史家是走错了路。其所以走错了路,是由于相信历史的基础在于不断地搜集事实,相信事实胜于雄辩,愈多愈好。①

就以上观察,当然可知西方史家自二十世纪初已开辟新路,逐渐成就一些新的信念。总其大略而言,近五十年西方史家已建立之观点计有:其一,历史家赋予事实的用途与意义,除非历史家给予加工的解释,一切资料都不可能有价值。历史重建之过程,控制着事实之选择与解释,如此方有历史事实出现。其二,历史家之任务,一方面发掘少数有意义之事实,使之变为历史事实;另一方面,又必须抛弃非历史的事实。对于历史家而言,历史事实并不存在,除非由史家来创造他们。其三,已建立之新的历史思想是:"一切历史都是当代史。"其意义是:历史是用现在的眼光,依照现在的问题来观察过去。历史家的主要任务不在记录,而在评价,否则他就无从知道该记录些什么。其四,新建立之史学信念是:"一切历史都是思想史。"历史即在史家心灵中重演他所研究之过去。卡尔介绍十分明晰,足备参考:

> 柯林伍德的观点可概述如下:历史哲学所关心的既非"过去本身",亦非"历史家对过去本身的观念",而是"两者之间相互的关系"(柯氏的这个结论反映出当时"历史"一语的两重意义:历史家的探究和历史家探究的过去事件)。"历史家研究的过去并不是一个已死的过去,而是在某种意义下还生活于现在的过去"。一个过去的动作是死的,换言之,它对历史家毫无意义可言,除非它背后潜在的思想能重被历史家所了解。因此,"一切历史都是思想的历史",而"历史即是在历史家心灵中他所研究的过去思想的重演"。要在历史家心灵中重建过去,自然有赖于实际的证据。

---

① 王任光译:《历史论集》,第八至九页。

可是,这过去的重建本身并不是一种实际的过程,因此不能以述事为已足。相反的,重建的过程控制着事实的选择和解释,如此才有历史事实的出现。①

卡尔亦引他种不同解释,而看法则为一致。如其所述云:

中古史家巴拉克劳教授(Barraclough)说:"我们所读的历史,虽是根据事实,但严格地说,并不是事实的,而是一连串大家接受的议决。"②

这句话显示事实并不能直接代表历史,但却实在是构成历史各部分之分子。

史实之提炼与发现   至今要说事实不能直接代替历史,当必引起疑问与争论。事实主义者可以提出所谓"事实胜于雄辩",理直气壮来质问。史家既不强调资料,又不强调事实,恐不免又蹈于玄想空疏之史观理论上去,无疑是闭门造车。在此必须一一澄清:史家重视史料,但不可过分强调,史料有史料之意义价值,史家必当照其功能安排适当位置。照过去所提倡之占领全部史学固然不可,直接代替历史也不可。至于事实,即使铁一般事实,没有历史意义者,也必在所割舍。事实固然胜于雄辩,必须经过史家采取使用才能发生力量。事实不能直接代替历史,最易引起词意之误解,盖历史研究固然建筑在事实之上,然凡使用,亦若一砖一石,且必经过史家剪裁适中而使用,即可以称之为史实。融合若干事实成一整体一贯之事件,实已通过史家深致功力之编排组合。再贯串若干事件,加以分析解释,安排部位,即可成就为一段历史著作。譬如蚕吐丝、蜂酿蜜,史料、史实乃桑叶、花精之地位;

---

①   王任光译:《历史论集》,第一五至一六页。
②   同前书,第八页。

完成之历史著作,乃丝与蜜之地位。砖石可为巨厦,不得指为巨厦;秫黍可为旨酒,不得直认为旨酒。工师之力,蜂蚕之工,即当于史家学识造诣,若不能辨此,则必永世以成争论而不休。

史实之选择与提炼,往者史家熟用而不觉,且往往动色相戒,以为如此挑选有用,摒弃无用,必至操于史家主观判断,如何许可如此做。李思纯译朗鲁瓦之言,即表示相当困惑为难:

> 凡一切历史事实,其在历史中之位置,皆有平等之权利。若保留其颇为重要之若干,而摒弃其比较不重要之若干,是乃一种主观的选择作用,随个人之幻想而各相殊异者。凡历史之事,绝不能牺牲任何一单独之事实。

> 对于此等合理见解,吾人除却搜弋材料之困难外,更无其他理由可示反抗。然即此一端,已觉充分,盖此乃一切科学之实际动机。质言之,吾人之意,即谓彼完全知识之获得及其通晓,乃为不可能也。凡一种历史,其中决不牺牲一事实者,是乃包合一切时间一切人物之一切动作一切思想一切劳役。是将范成一总额全量,将无一人足以融贯而透通之。①

史实必须通过史家精心之选择与提炼,其历程实艰困重重,待运用一切学问智慧以达成之,否则难免其贻误读者。李思纯译朗鲁瓦之提示有云:

> 盖史料乃赴的之起点,过去之事实,乃归宿之标的。于此起点与归宿二方向之间,必须以合理之繁复节络,彼此连锁印合之。于此等处,错误之机会实无数。每有至微之错误,无论于工作之始业、中段或结束时,偶然陷之,即足以毁坏其一切之结论。所谓

---

① 李思纯译:《史学原论》,第二二五至二二六页。

历史方法或间接方法,固显然不如直接观察方法之完美,然历史家本无选择余地。盖探取过去事实,此乃唯一之道。[①]

史家选择与提炼史实,其剪裁去取必不可免。然其所恃以作为者,首在于史识与史德,而史学史才亦不可轻忽。盖史实之提炼,正可见出史家全部学养品诣,若柳诒徵所谓凭恃史识者,自有所不足。若柳氏言:

> 史事之去取有识,史事之位置亦有识,盖去取者为史之初步,而位置者为史之精心。必就全书而统筹,非执一篇以示法。[②]

史实之选择,以最有意义为优先。选择之衡量,取决于历史家全部修养条件,包括学问、才智、识见与品格。而选择之真正成败,则关系一史家之学术荣誉与学术生命,并关系到史学领域之开拓,史学方法之建树。提炼史实,自必先赋予命义,史家忠实确立某一史实之命义,绝非易事,亦非偶然,而是由累积知识经验所迫不得已去研讨解决。既赋予命义,即必须在研究过程中加以确证,以及完成此项研究,使之进而安排于历史著作之中,以发挥史实之功能。

史家绅绎史实举例　本节已大量引叙西方史家之熟论史实之构组,纯为说理。无论如何头头是道,自难免有凭空说理之嫌。史家重视实证,绝戒徒托空言。我人于此自应提供实例,以备参酌比较,但所举是以我之著作实体,举为判例,可使学者明见研治史实之真功夫。但凡史实构建,必须具时、地、人、事四项要素,不可稍缺。

例如,宿松之会。在拙著《淮军志》十五至十六页所载"宿松之会",向来正史野史以至同代各名家之作,均未尝见及,乃出于个人研

---

① 李思纯译:《史学原论》,第三四页。
② 柳诒徵:《国史要义》,第一二三页。

治绌绎而成。时在咸丰十年(1860)闰三月至四月初,在湘军统帅曾国藩之宿松驻地。由于太平军反攻江南大营,三路用兵,于闰三月初六日至十五日连九昼夜,一举而击溃江南大营,主将张国梁退守丹阳战死,主帅和春退至浒墅关呕血死,代表江南大营全面崩溃。此时左宗棠、李元度、曾国荃先后到宿松湘军大营,于四月初得到江南大营兵溃消息。其时正巧在杭州殉难的浙江巡抚罗遵殿骸骨运返故乡宿松安葬,故有湖北巡抚胡林翼亦到宿松送葬,前敌将领李续宜亦到宿松,再加李瀚章、李鸿章俱在幕府,是以在四月初相聚一堂,正得聚议江南兵溃后之大局。湘军将领自知责任到身,亦是事权到手。接着曾国藩奉到总督两江钦差大臣之命,遂即于此时在宿松共议规吴大计与用兵进向,扩大募兵,进战各地,若左宗棠、李元度俱于宿松赋归返湘,担起独自成军重任。李鸿章亦被征召建淮阳水师。可知宿松之会这一史实之重要。凡此史实,俱自零碎史料中得来。此一关节,亦正是湘军扩张之最初契机。

我本想多举例,但见所占篇幅太大,不宜再续,可请参阅拙著《清季军事史论集》,尚可查到其他建构史实之例证。我们共知太平天国之史是完全成于二十世纪。上代三位开山大师简又文、郭廷以、罗尔纲,其著作多见一代史实之建构,简又文于典制、史实俱多建构实例;郭廷以于大小战役,每每出其详审建构;罗尔纲则以纪传体建构太平天国史,今世学者均望尘莫及。

第三节　记　注

记注之意义　"记注"一词,采取往时旧说,非现代流通之词称,然其性质足以包罗叙述与记载之全义而不至产生误解。故于此借用,以表本篇题旨。提出"记注"一词而赋予史学上一定之命义者为章学诚,章氏宗旨,在分判史学上两种不同功用之体裁。其一命之为撰述,其一命之为记注。章氏分判二者之不同有谓：

> 三代以上之为史，与三代以下之为史，其同异之故可知也。三代以上，记注有成法而撰述无定名；三代以下，撰述有定名而记注无成法。夫记注无成法，则取材也难；撰述有定名，则成书也易。成书易，则文胜质矣；取材难，则伪乱真矣：伪乱真而文胜质，史学不亡而亡矣。良史之才，间世一出，补偏救弊，惫且不支，非后人学识不如前人，《周官》之法亡而《尚书》之教绝，其势不得不然也。①

章氏更详切述明古代记注之形成及其规制，自秦汉以后，即已丧失不存。章氏有云：

> 然法具于官而官守其书，观于六卿联事之义，而知古人之于典籍，不惮繁复周悉，以为记注之备也。即如六典之文，繁委如是，太宰掌之，小宰副之，司会、司书、太史又为各掌其贰，则六典之文，盖五倍其副贰，而存之于掌故焉。其他篇籍，亦当称是。是则一官失其守，一典出于水火之不虞，他司皆得藉征于副策，斯非记注之成法详于后世欤！②

后人金毓黻著专文探讨记注体制，谓自章氏之先刘知几、郑樵并有相同旨意，只是未用"记注"一词而已，如金氏言：

> 先于章氏有刘知几、郑樵两家，亦曾论及记注与撰述之分。知几之言曰："书事记言，出自当时之简。勒成删定，归于后来之笔。然则当时草创者，资乎博闻实录；后来经史者，贵乎隽识通才。必论其事业，先后不同，然相须而成，其归一揆。"樵之言曰：

---

① 章学诚:《文史通义》,第七页。
② 同前书,第八页。

"有史有书,学者不辨史书,史者官籍也,书者书生之所作也,自司马以来,凡作史者,皆是书,不是史。"刘氏所谓当时之简,与郑氏所谓史,皆指属于记注之史料。刘氏所谓后来之笔,与郑氏所谓书,皆属于撰述之史书。盖与章氏所论,前后若合符节。史料史书之分,刘氏发其端,郑氏振其绪,迨章氏出,乃为之发挥尽致,而记注与撰述之分野定矣。①

比次　记注撰述之外,章学诚更提出"比次"一词,比次似指史家撰述之总称,内中有致力用心性质之差别,实不及记注之含义单纯,观章氏所言可知其梗概:

> 比次之道,大约有三:有及时撰集以待后人之论定者,若刘歆、扬雄之《史记》,班固、陈宗之《汉纪》是也;有有志著述,先猎群书以聚薪樵者,若王氏《玉海》,司马《长编》之类是也;有陶冶专家,勒成鸿业者,若迁录仓公技术,固裁刘向《五行》之类是也。夫及时撰集以待论定,则详略去取,精于条理而已;先猎群书以为薪樵,则辨同考异,慎于覈核而已;陶冶专家,勒成鸿业,则钩玄提要,达于大体而已。②

记注源自史官世职,至秦汉以后,史官世职即亡,记注成法亦绝。但记注为史籍根本,承其事而传世者有二途:一为原始档案之保存,一为私家传抄之记录。记注无成法,史料保存不易,由于私人著述发达,于是中古以下多恃业余史家著作传世。情势自有重大改变,梁启超说明此转变现象有云:

> 曷为古代必史官乃能作史而汉以后则否耶? 世官之制,至汉

---

① 杜维运、黄进兴编:《中国史学史论文选集》,第一一一页。
② 章学诚:《文史通义》,第一四〇页。

已革,前此史官专有之智识,今已渐为社会所公有,此其一也。文
化工具日新,著写传抄收藏之法皆加便,史料容易搜集,此其二
也。迁书既美善,引起学者研究兴味,社会靡然向风,此其三也。
自兹以还,蔚为大国。两晋六朝,百学芜秽,而治史者独盛,在晋
尤著。读《隋书·经籍志》及清丁国钧之《补晋书·艺文志》可见
也。故吾常谓晋代玄学之外,唯有史学;而我国史学界,亦以晋为
全盛时代。①

史家文字运用　记注之基础,第一步即在于文字表达。然史家著
作,无论记注或撰述,文字修养与运用为最起码之条件。以文字表达
历史事象或观念,须以简化而系统完整之手法完成之。此种文字本身
成就为一种艺术之结晶。乃通过史家高度识力之选择、缜密之布局、
简明深致之叙说,使读者能轻易阅读而印象清澈。是以历史著作亦为
高度之艺术创造,系综合逻辑运用与文学之精炼而成。中国历代史
家,凡有史学之自觉意识起,即必提出记叙文字之修养。谨严正确,即
为文字表达之重要原则,如刘知几言:

> 盖明镜之照物也,妍媸必露,不以毛嫱之面,或有疵瑕而寝其
> 鉴也。虚空之传响也,清浊必闻,不以绵驹之歌,时有误曲而辍其
> 应也,夫史官执简,宜类于斯,苟爱而知其丑,憎而知其善,善恶必
> 书,斯为实录。②

近世陆懋德亦力言史文之严肃要求,而陶冶历练,实赖平时学养。陆
氏有云:

> 前所谓文者,非指后世虚词浮藻之谓,乃指用字正确、造句正

---

① 梁启超:《中国历史研究法》,第二九页。
② 刘知几:《史通》,第三六八页。

确,及写意正确、叙事正确之谓。此皆有需于文法学及论理学之智识。古之善作史者,固不知后人所谓文法与论理,然其善者必自然与之暗合。实则用字正确、造句正确,即是尽文法学之能事。写意正确、叙事正确,即是尽论理学之能事。如于文法论理无误,实即至上之文字。《春秋》之谨严,固非后人所能及。即如《左传》《国策》之文,绝不用古典词藻,而其曲尽事情,叙述生动,亦绝非后人所能到。①

张致远(贵永)亦讨论文字修养在史著中之重要性,张氏有云:

> 历史著作必须根据学术研究,研究历史的目的在写真实的历史,不在文学的创造。我们定义中求知的意义是史学的主要目的。所以不是文字的美丽,而是要能求得新的智识,这样才能不负研究学问的使命,如果能把研究结果以艺术天才的创造能力去叙述,那就更佳;并且我们应该注意审美的兴趣,绝不能有所忽视。②

张氏又申述需要健全文字之重要意义,张氏云:

> 但历史的首要价值是教育的,它对于历史学者以及一般智识分子的精神影响,因此把史家最好的研究工作与最进步的思想,传授给大众,确是第一要义。这个任务就只能由写史的艺术来达成,文字的技巧便成为许多史家所必须具备的条件。历史学者需具有各种不同的天才,并能执行各种不同的工作。③

更高要求,史家著作既需运用科学知识,叙述合于逻辑,又需长于艺术

---

① 陆懋德:《史学方法大纲》,第一〇七页。
② 张致远:《史学讲话》,第二三页。
③ 同前书,第九〇页。

表达,使文字生动有力。如此方为第一流史家,如张致远所谓:

> 历史事实的发现应该运用科学的方法,历史的叙述却具有艺术的性质,历史的写作需有文学天才。几十年来,关于这个问题的争论颇为热烈。历史这门学问本身是具有双重性质的,但研究和写作的天才往往不能兼而有之。要真能达到章学诚所谓史学、史识和史才的人,已经是史学史上不朽的第一流大史家了。①

陈恭禄亦作相同主张,以谓为伟大史家不世出之原因,陈氏有云:

> 是故伟大之历史学者,一能运用科学方法,一有文学天才,此数百年或无一人之主因,固吾人今日之正鹄。②

史家之文不同于文学家　史学家与文学家同为最讲究文字运用,其修养充实与陶冶磨炼,可谓并无歧异,然在施用功能上却大不相同。史学家文字特重质直切实,文学家则不受此限,特以优美俊逸是尚。两者取材依据,剪裁布局,均各自有其独特领域,并各持不同信念。在此讨论,只能就史学家观点比较两者用心之相异,刘知几抒论分辨有云:

> 夫史之叙事也,当辨而不华,质而不俚,其文直,其事核,若斯而已可也。必令同文举(孔融)之含异,等公干(刘桢)之有逸,如子云(扬雄)之含章,类长卿(司马相如)之飞藻,此乃绮扬绣合,雕章缛彩,欲称实录,其可得乎? 以此诋诃,知其妄施弹射矣。③

章学诚亦就史家立场,辨二者之区别,章氏云:

> 文人之文,与著述之文不可同日语也。著述必有立于文辞之

① 张致远:《史学讲话》,第八三页。
② 陈恭禄:《中国史》第一册,"序"。
③ 刘知几:《史通》,第一七九页。

先者,假文辞以达之而已。譬如庙堂行礼,必用锦绅玉佩,彼行礼者不问绅佩之所成,著述之文是也;锦工玉工未尝习礼,唯藉制锦攻玉以称功,而冒他工所成为已制,则人皆以为窃矣,文人之文是也。故以文人之见解而议著述之文辞,如以锦工玉工议庙堂之礼典也。①

史文重质简　史文最大特色、最高表现,即在于言简意赅,词约而旨丰。此等工夫,历代史家无不极力讲求,是以崇尚质简,为史家运用文字之要诀。刘知几举上古史籍以为立言:

> 夫国史之美者,以叙事为工,而叙事之工者,以简要为主,简之时义大矣哉。历观自古,作者权舆,《尚书》发踪,所载务于寡事;《春秋》变体,其言贵于省文。斯盖浇淳殊致,前后异迹,然则文约而事丰,此述作之尤美者也。②

记注之文字必尚质简者,渊源自远古史官遗风,陆懋德申述其形成缘起,陆氏云:

> 古者太史氏所保存之档案虽详,而写在国史内者,不过只有一句,短简之短,如标题而止。《左传》称晋太史书"赵盾弑其君",及齐太史书"崔杼弑其君",皆是书于竹简上,并以此示于朝。如此,自不便详述其事。凡欲知其详者,必须赴太史氏处,以参观其所存之档案。《左传·昭二年》称韩献子"观书于太史氏",此可为证。盖上古至周秦之习惯,皆是如此。国史既只用标题,于是在此标题中之用字轻重,乃大有关系,此即《左传·宣二年》所谓"书法"。然后知孔子作《春秋》,实非先有意欲用一字以

---

① 章学诚:《文史通义》,第一八一页。
② 刘知几:《史通》,第一四七页。

行褒贬,不过为表现某事之真相,自必于所用之字,加以审慎,史事既需用字以表现之,则用字之正确与否,当然于此事之真相所关甚大,古人作史必须研究"书法"者,其故在此。然欲用字谨严,实非容易。《史记·孔子世家》称孔子作《春秋》"笔则笔,削则削,游夏之徒,不能赞一词",此见孔子"书法"之慎重。①

史学文字运用,质简为基本宗旨,而其实际表达则凭恃学识功力之造诣。杜预论其运用之善有谓:

> 身为国史,躬览载籍,必广记而备言之。其文缓,其旨远,将令学者原始要终,寻其枝叶,究其所穷。优而柔之,使自求之。餍而饫之,使自趋之。若江海之浸,膏泽之润。涣然冰释,怡然理顺,然后为得也。②

用晦 史文运用更高明之法义,则为刘知几所创言"用晦"之法。后世史家多宗奉之。清人蒲起龙为之申释有云:

> 用晦之道,尤难言之,简者词约事丰,晦者神余象表,词约者犹有词在,神余者唯以神行,几几无言可说矣。叙事至此,岂复望之五经三史后哉。③

近人吕思勉亦言其精义所在,吕氏云:

> 古者简牍用少,事皆十口相传,口传最易失真,故古史所记之事,多不审谛。然于文字之美,却大有裨。盖事经辗转传述,自能将其无味之处淘汰,有精采、有趣味之处增加,又能造出极精要之

---

① 陆懋德:《史学方法大纲》,第一〇六页。
② 《春秋左传注疏》(十三经注疏本),杜预序。
③ 刘知几:《史通》,第一五二页,蒲起龙按语。

语,如隐晦一节所举"晋国之盗,逃奔于秦"等是也。①

脉络一贯 然则讲究质简亦文学家必有之修养,唯史家特为注重而已。史家所重于文字表达者,因尚不止质简一端,叙事脉络一贯,首尾互相呼应,会通之长,亦不可不有,何炳松特为指出云:

> 夫史著应有充实完美之文章,固不待言。史文与常文同,最重全文结构。洋洋洒洒,总期能融会贯通,所谓一气呵成,一线到底之道也;唯不得因此遂视历史为文学也。②

史文运用至善,固为理想目标,然文字本为工具,至良之工具,仍在载乘完备之史实。如前节所言,史实之选择融会,决于史家超卓之识力,以文字表出,即为记注,故史家文字修养备其基础,以文字表达其内容,即反映史家学养眼光与品格。此正是史文健全运用之目标。刘知几述其至善之标准,必达一最高境界,刘氏有谓:

> 夫史之称美者,以叙事为先,至若书功过,记善恶,文而不丽,质而非野,使人味其滋旨,怀其德音,三复忘疲,百遍无斁,自非作者曰圣,其孰能与于此乎。③

记注规制 史文为载事之工具,准备充分,历练精到,可以从事记注撰述。然载笔记事一途,乃远古以来史家之遗规,早有一定沿革,一定成法。人类之需有史事记录,史家之得以历世传承,均以此职能为根本。梁启超申说记录传世之根本有云:

> 先代所指导所暗示,常能以说诵或记录的形式,传诸后代,历数百年数千年而不失坠。其所以能递增递蜕者皆恃此。此即史

---

① 刘知几:《史通》,第一五八页,吕思勉评。
② 何炳松:《历史研究法》,第六七至六八页。
③ 刘知几:《史通》,第一四四页。

之所由起与史之所以为有用也。①

何炳松以为叙述史事于取舍轻重之间须详慎考量，于文字表达须生动有力。如何氏所云：

> 其一，轻重之间，宜得其当。史事自身，初无轻重。所谓轻重，盖指其成就之大小而言。史家之叙述之也，亦不当根据私人评论，以词藻表其轻重，只详述其如何成就而已足。重者详之，轻者略之，读者自能得之言外。若仅因某事之趣而且奇，遂不惜津津乐道，则不特繁简失当，亦且徒显其学识浅陋而已。其二，编比之际，应引用详情，增加生气，务使所述事迹，栩栩若生。诵读之余，悠然神往。至于宜多宜少，初无一成标准，专视史家之才识如何。如能不夺重要事迹之篇幅，无妨因果关系之叙述，则多寡之间，较可自由决定。至于此种史材之选择，亦唯以史家之识鉴为衡。凡气候、服装、居室、容貌等详情，可以唯意所欲。或并衬以图画，亦无不可。②

张致远（贵永）亦言史之载笔如何恰切表达其实在内容，张氏云：

> 历史叙述要有目的、有系统地按步就绪进行，史料的运用与观念的联系均须熟经思考，文字组织尤宜时常练习。遇到繁复的现象时，得选其较显著的例子，普遍的可由特殊的来表达，好像定义务求正确，个别的事实亦须真能代表全体，每一种特性均能与全体相符合，这样能使代表的事实成为有价值的艺术工具，且能使人易于明了，描写亦较亲切有味。③

① 梁启超：《中国历史研究法》，第一四页。
② 何炳松：《历史研究法》，第六五至六六页。
③ 张致远：《史学讲话》，第八十二页。

整齐故事　记注之成规,在文字表达方面,略如上述之种种要点,至于史事之采辑融会,安排比次,实为进一层之重要问题。前述一切,全然不外文字范围之考究,其对史实熔铸,必先有极繁复之采集工作,此尚非纯粹所谓搜集史料问题,而实为对于分散之片段事实加以缀合拼凑贯串连接之问题。此点尤靠史家专业之学养基础,需要有丰富之史实阅历,熟悉史料所在,并能迅速运用,有能力掌握全面史实重点,而对于发掘、判断、选择事实片段,尤须运用适当。前代史家所谓整齐故事,即为综合散乱事实编组完整史实之写照。刘知几举上古史籍申明其实况有云:

> 盖珍裘以众腋成温,广厦以群材合构,自古探穴藏山之士,怀铅握椠之客,何尝不征求异说,采撷群言,然后能成一家,传诸不朽。观夫丘明受经立传,广包诸国,盖当时有周志、晋乘、郑书、楚杌等篇,遂乃聚而编之,混成一录。向使专凭鲁策,独询孔氏,何以能殚见洽闻若斯之博也。马迁《史记》,采《世本》《国语》《战国策》《楚汉春秋》。至班固《汉书》,则全同《太史》,自太初已后,又杂引刘氏《新序》《说苑》《七略》之辞,此并当代雅言,事无邪僻,故能取信一时,擅名千载。①

郑樵亦举古史为例,申言综合众录之要,郑氏有云:

> 然大著述者,必深于博雅,而尽见天下之书,然后无遗恨。当迁之时,挟书之律初除,得书之路未广,亘三千年之史籍,而蹜蹜于七八种书,所可为迁恨者,博不足也。凡著书者虽采前人之书,必自成一家言。左氏楚人也,所见多矣,而其书尽楚人之辞;公羊齐人也,所闻多矣,而其书皆齐人之语。今迁书全用旧文,间以俚

---

① 刘知几:《史通》,第一〇一页。

语,良由采摭未备,笔削不遑,故曰:予不敢堕先人之言,乃述故事整齐其传,非所谓作也。刘知几亦讥其多聚旧记,时插杂言,所可为迁恨者,雅不足也。大抵开基之人不免草创,全属继志之士为之弥缝。晋之乘、楚之梼杌、鲁之春秋,其实一也。乘、梼杌无善后之人,故其书不行,春秋得仲尼挽之于前,左氏推之于后,故其书与日月并传。①

章学诚亦举前代史家采集众书整齐故事之实情,如章氏云:

> 若夫君臣事迹,官司典章,王者易姓受命,综核前代,纂辑比类,以存一代之旧物,是则所谓整齐故事之业也。开局设监,集众修书,正当用其义例,守其绳墨,以待后人之论定则可矣。岂所语于专门著作之伦乎?《易》曰:"苟非其人,道不虚行。"史才不世出,而时世变易不可常,及时纂辑所闻见,而不用标别家学、决断去取为急务,岂特晋、隋二史为然哉!班氏以前,则有刘向、刘歆、扬雄、贾逵之《史记》;范氏以前,则有刘珍、李尤、蔡邕、卢植、杨彪之《汉纪》。其书何尝不遵表志之成规,不用纪传之定体?然而守先待后之故事,与笔削独断之专家,其功用足以相资,而流别不能相混,则断如也。溯而上之,百国宝书之于《春秋》,《世本》《国策》之于《史记》,其义犹是耳。唐后史学绝,而著作无专家。后人不知《春秋》之家学,而猥以集众官修之故事,乃与马、班、陈、范诸书并列正史焉;于是史文等于科举之程式,胥吏之文移,而不可稍有变通矣。②

点窜旧文以为己说 史家广采群说,整齐故事,以为完整之叙述。

---

① 郑樵:《通志·总序》。
② 章学诚:《文史通义》,第一三六至一三七页。

其文字运用如何自当探讨。盖自远古以来，流传后世之史籍，未必文皆己出，往往述而不作，史家不以为怪。上古史书尤多其例，近世论者亦甚同情。章学诚论之甚详，并具卓识，章氏云：

> 仆论史事详矣，大约古今学术源流，诸家体裁义例，多所发明，至于文辞，不甚措议。盖论史而至于文辞，末也。然就文论文，则一切文士见解，不可与论史文。譬之品泉鉴石，非不精妙，然不可与测海岳也。即如文士撰文，唯恐不自己出，史家之文唯恐出之于己，其大本先不同矣。史体述而不造，史文而出于己，是为言之无征，无征且不信于后也。识如郑樵，而讥班史于孝武前多袭迁书，然则迁书集《尚书》《世本》《春秋》《国策》《楚汉牒记》又何如哉？充其所说，孔子删述六经，乃蹈袭之尤矣，岂通论乎？夫工师之为巨室，度材比于燮理阴阳，名医之制方剂，炮炙通乎鬼神造化。史家诠次群言，亦若是焉已耳。①

近人吕思勉亦论古代史文体例如此，著史采录旧文，不以为剽窃。吕氏云：

> 又古人著述，采自他人者，多直录原文，不加删削，当时文字体例如是；《地理志》论风俗之文，盖出刘向、朱赣，而作志者从而录之，亦遵当时文例而行，并未可议其失也。②

何炳松自抒所见，以为采录原文之为宜，何氏云：

> 是故优美之史文，仅能出诸精通史料长于考证及胸有全题者之乎。一言一语，均当与所凭之史料表里相符。史文与文学不同，即在于此。而且史家为征实起见，不能不常引成文。而文学

---

① 章学诚：《章氏遗书·方志略例》，第二○页。
② 刘知几：《史通》，第八七页，吕思勉评。

之士，则每喜窜易更张，反失本意。学者如能多用成文，借明真确。纪述贵于宛肖，言词不必经生。则于著作之道，思过半矣。①

记注仍务博采　史家广览群籍，点窜旧文，整齐故事，以备实录。若为撰著之作，自须大加剪裁，融会贯通，提出健全体系之专论。如只为记录流传，备后世史家参酌应用，则为守先待后之作，凡此记注，最宜广开博采，不可删削太甚，清初史家万斯同创草《明史稿》，即抱此等宗旨。后人述其经纬云：

　　尝语方苞以别择史料之法，谓："史之难为久矣，非事信而言文，其传不显。李翱、曾巩所讥魏晋以后贤奸事迹并暗昧而不明，由无迁、固之文，是也。而在今，则事之信尤难。盖俗之偷久矣，好恶因心，而毁誉随之。一室之事，言者三人，而其传各异矣，况数百年之久乎？故言语可曲附而成，事迹可凿空而构。其传而播之者，未必皆直道之行也；其闻而书之者，未必有裁别之识也。非论其世知其人，而具见其表里，则吾以为信，而人受其枉者多矣。吾少馆于某氏，某家有列朝实录，吾默识暗诵，敢未有一言一事之遗也。长游四方，就故家长老求遗书，考问往事，旁及郡志邑乘杂家志传之文，靡不网罗参伍，而要以实录为指归。盖实录者直载其事与言而无可增饰者也。因其世以考其事，核其言而平心以察之，则其人之本末可八九得矣。然言之发或有所由，事之端或有所起，而其流或有所激，则非他书不能具也。凡实录之难详者，吾以他书证之；他书之诬且滥者，吾以所得于实录者裁之，虽不敢俱谓可信，而是非之枉于人也盖鲜矣。昔人于《宋史》已病其繁芜，而吾所述将倍焉，非不知简之为贵也，吾恐后之人务博而不知所

---

① 何炳松：《历史研究法》，第七四页。

裁,故先为之极,使知吾所取者有可损,而所不取者必非其事与言之真而不可益也。"(《方望溪先生文集·万季野墓表》)观其所言,则斯同之史学可以推见矣。①

五志三科 盈天地间凡涉著作之林,皆为史学。况天地间史料至众,史事至繁。史家凡为记注,当以何者为对象? 何者为范围? 何者须可急? 何者可缓? 刘知几综合荀悦旧说之五志,更益补充意见之三科,共提示大致宗旨范围。刘氏述五志有谓:

> 昔荀悦有云,立典有五志焉:一曰达道义,二曰彰法式,三曰通古今,四曰著功勋,五曰表贤能。干宝之释五志也,体国经野之言则书之,用兵征伐之权则书之,忠臣烈士孝子贞妇之节则书之,文诰专对之词则书之,才力技艺殊异则书之,于是采二家之所议,征五志之所取,盖说言之所网罗,书事之所总括,粗得于兹矣。②

刘氏增广以三科有谓:

> 今更广以三科,用增前目:一曰叙沿革,二曰明罪恶,三曰旌怪异。何者,礼仪用舍,节文升降则书之,君臣邪僻,国家丧乱则书之,幽明感应,祸福萌兆则书之。于是以此三科,参诸五志,则史氏所载,庶几无阙,求诸笔削,何莫由斯。③

史家从事记注,立此五志三科,宗旨有定,而对象清明,足为后世史家遵循之道。然今日或当就新史学范畴加以修订,使能明现代政治、经济、社会、宗教、科学、文学、艺术等之嬗变,则必于后世史家有更大效益。今日活用记注之范围,自非扩大眼界,慎思熟虑不为功。

---

① 魏应麒:《中国史学史》,第二六二至二六三页。
② 刘知几:《史通》,第一九七页。
③ 同前书,第一九七页。

方法原则——五要六戒 记注既已有一定宗旨范围;取材亦旨在杂采众说,整齐故事;载于文字,亦不厌点窜原文,可谓大体已备,无多讲求。但尚有记注方法问题必须澄清。在此可略一提示记注之积极原则与消极原则。简化数要点,分别开列于后。记注之积极原则可暂列五点:其一,以曲尽实情为最高宗旨;其二,以内容详备为最高宗旨;其三,以层次分明为最高宗旨;其四,以字句简练为最高宗旨。其五,以行文流畅为最高宗旨。记注之消极原则,在于避免降低水准,以戒慎致误与败坏之遗留,可暂列六点:其一,戒强调夸诞;其二,戒冗长累赘;其三,戒装饰形容;其四,戒重复絮叨;其五,戒枝蔓穿插;其六,戒题外生义。以上乃以条目作最简略之提示,俱浅显易晓,或可稍备记注之参考。

第四节 解 释

凡史事之发生、经过、变化、影响,虽可以用叙述表达,实则多本之解释而来。凡史料以至史实,不经史家之解释,即无史学之意义。此广义之解释。即任一客观资料,其能产生历史价值者,皆经解释而得,亦因解释而明。至于更精义之解释,则在于以解释而建立历史全貌。对于每一事象、人物、制度、时代、集团、区域之活动,借解释而恢复其整体性正确之了解。人们所求于历史知识者,在于知识,不在于资料。史家所能以提供历史知识者,则必须经过解释,方可成为知识。此史家之天然使命,非如此即不足以称为史家,直抄胥而已。

解释词旨界说 史家研究历史,涉及史学态度与研究方法,往往不得不利用解释。但为免于引起误解,又不得不对所谓"解释"一词之义界作一番说明,以确定应用之性质。陆懋德主张其意义相同于英文之 interpretation,如其所谓:

且死的史料,必经过如此的解释,而后于现时人有用,于现时人有关,而复能变为活的历史。此类工作,在西语谓之 historical interpretation,即谓"历史的解释"。①

余英时主张解释一词相当于英文之 explanation,对于采用此义,余氏并曾与 interpretation 作一比较说明,自然更为妥当。如余氏申论云:

在两派哲学中"解释"虽同样存在,但却具有极大的差异,不可不辨。玄想派的"解释"一词我以为在英文中是 interpretation,而批评派则当是 explanation。explanation(亦可译作"解说"或"说明")的作用是将许多孤立的史实的真正关系寻找出来,使历史事件成为可以理解的。这种解释乃是历史事实的一部分,绝不容分割。离开了这种解释,则历史学便根本不能成立,而史籍也只能流为一种流水账了。interpretation 则是人所加予历史事实的一种主观看法,如黑格尔在历史上看出了"世界精神""理性""自由"等是也。这种解释很难说有什么客观性,因之也是因人而异的。有些人往往不清楚"解释"有这两种区别,以至以为史事之考订及整理与"解释"可以分为两事。说这种话的人,其本意极可能是指 interpretation 而言,但显然会引起严重的误解。②

余氏后面的申诉,确是很中时弊,足以针砭现时史学界一些狂瞽之论。余氏采用 explanation 作"解释"一词旨之界说,足以概括全部史学研究之重要手段。因为凡为任一细小之史料考证,以至重大史实之分析,没有一处可以离开解释。如谓史料考证可以不用解释,真可说是自欺欺人。余氏在史学观念上廓清之功,在此方面足以称为是发聋振聩,

① 陆懋德:《史学方法大纲》,第六九页。
② 余英时:《历史与思想》,第一七〇至一七一页。

拨开前人所散布之云翳。

史料需要解释 处理史料以了解史实,须通过解释始能达成。历史若果没有解释就不成为历史,而只是史料。无论器物、文字的史料,其本身是静止的、平面的,不能自己表达任何历史意义。了解史料、批判史料、运用史料,是历史的,却需要解释。严格说来即使是极微细的考证也是要通过解释。德国史家伯伦汉早有所言,见陈韬所译云:

> 史料及证件对于事实间全部关系之意义,须由解释乃能知之。①

张致远亦就史料之处理,申言需有解释,方能了解史料所含意义。如张氏云:

> 解释意指史料内容的诠释,有狭义的(训诂)与广义的(推理)应用方法,最近已发展成为极有系统的学问,并且各种史料都能应用,不仅像过去那样,只是有关文学作品而已。遗迹也需要这种解释,因为遗迹大部分是哑的,所以要从产生的环境与本身的实际情形来推断。②

余鹤清亦言史料是死的静止事物,须以解释而始使之有生命。如余氏云:

> 真实固然是历史的重要条件,要知道只是求实还不是史学的最终目的,如史料和史迹都是真实的,这也不过是第一步工作,下面还需要第二步工作,那就是要解释史事的原因、变化与结果和过去、现在跟未来的关系。而且死的史料,必须经过这样的解释,

---

① 陈韬译:《史学方法论》,第三七三页。
② 张致远:《史学讲话》,第七三页。

对现代人才有用,跟现代人有关,然后才能变为活的历史。①

史实需要解释 史家收集事实,使孤立散乱之各个片面事实连缀而成完整史实,其所以形成某一件史实,虽有事实作根据,实则必定经过解释以完成连缀编排工作。西方史家巴恩斯很清楚分明其间之步骤,如其所云:

> 收集事实,固属史家之任务,然史家之工作,不能以搜集事实,即视为该任务之最后完成。正如科学家不能以表列其观察,即认为工作之终了。历史材料之仔细解释,实际上成为历史中科学方法之最后完成,对于以前史家收集之繁众事实,亦赋予以相当之意义。②

卡尔认为事实绝无法与解释分开,有事实即不可轻忽解释,卡尔氏云:

> 历史所注意的是"单独"和"一般"之间的关系。站在历史家的立场,这两件事,就如"事实"和"解释",是不能分开的,也不能有轻重之别。③

卡尔更申说这特别是处理变化不居之历史现象所不可少者。卡尔氏云:

> 历史家应于"事实"和"解释""事实"和"价值"之间,保持平衡,绝不能将它们分开。在一个静止的世界里,你或许可以宣布事实和价值分家,但在一个静止的世界里,历史也就没有意义了。历史本质上就是变动,或者用一句套语:就是"进步"。④

---

① 余鹤清:《史学方法》,第一二四页。
② 董之学译:《新史学与社会科学》,第二页。
③ 王任光译:《历史论集》,第五八页。
④ 同前书,第一二二页。

反对解释之言论 五十年来中国史学潮流,由于承受泛科学主义影响,史界风气大致是反对解释,大力提倡者声势至壮,虽有主张解释者已完全不被重视。当然有追随风气之大量信徒,对于历史解释更不免讥嘲咒诅。近世史家论著甚多,皆可覆按。最有影响力最具代表性之主张,并以主义信条形式正式宣告宗旨者为傅斯年,如其民国十七年(1928)所言:

> 我们反对疏通,我们只是要把材料整理好,则事实自然显明了。一分材料出一分货,十分材料出十分货,没有材料便不出货。两件事实之间,隔着一大段,把它们联络起来的一切设想,自然有些也是多多少少可以容许的,但推论是危险的事,以假设可能为当然是不诚信的事。所以我们存而不补,这是我们对于材料的态度;我们证而不疏,这是我们处置材料的手段。材料之内使他发见无遗,材料之外我们一点也不越过去说。果然我们同人中也有些在别处发挥历史哲学或语言泛想,这些都仅可以当作私人的事,不是研究所的工作。①

傅氏宣揭此项宗旨,言语坚定,信念丝毫不苟,即明确指出方向,并严格标示戒规。望风承流者,更是不敢越雷池一步,一言及解释,即必动色相戒。等而下之,尤不免泛滥其旨,信口雌黄。如一九五七年劳榦所撰一篇《历史的考订与历史的解释》,其中一面批斥解释,一面又不断自犯规条,乱加解释;一面动色相戒,反对知来,一面又屡屡预言未来。兹略举数处。如其开宗明义第一段话所谓:

> 历史的考订和历史的解释,虽然同属于历史的范围,但在不远的将来,总会分而为二,其间的差异,也许类似天文学 astronomy

---

① 杜维运、黄进兴编:《中国史学史论文选集》,第九七六页。

与占星学 astrology 终于同源而异流的情况。①

劳氏主要批斥解释,文中尤严斥鉴往知来,而在此文中一开笔立论就预言将来如何结果如何,抑且此项知来结果,完全凭空宣告,而非根据科学推理。连他自己也不明白该用何项科学公式,可以达成如此结论。又如他又言将来云:

> 尤其重要的,是历史学的将来,几乎最大部分要建造在两种重要的基础上,一种是考古学,另一种是文化人类学。②

此语又宣告将来如何,且不论列,而谓史学最大部分建筑在考古学人类学之上,真是大胆造谣。现今中外史籍累千万计,曾有几种合于其说?将来怎样,则只有鬼知。不知劳氏根据何项科学程式得此结论。

---

① 劳榦:《历史的考订与历史的解释》,《学人》,第一三至一八页,台北,1957 年。

又,同文中劳氏所标严格宗旨有谓:"凡是一种学问,依照逻辑形式的推演,归根结底当然要达到一种纯正科学的归宿。纯正科学应当有纯正科学的尊严,绝不容许任何应用的问题来纠缠,以降低纯正科学的风格。"

又,同文又言:"多数的历史学家可能尚想打着'鉴往知来'的大纛,无奈所做的工作,在严格的范围中,至多只能说是知识的一部分,至于是否能够'鉴往',更是否能够'知来',那简直如无边的大海,茫然不知道。假如单纯地想用历史的线索来'鉴往知来'那就将更成为不可能。换言之,历史学家的任务,只是正确地供给人类经验上的材料,至于将来的世界向哪里走去,那就牵涉太广泛了,严格的历史学家应当只有敬谢不敏,无能为役。"劳氏忘记自己就是一开笔就讲将来如何的人,真是自我讽刺。同文又言:"当然,学术是分工的。严格的历史学或者狭义的历史学是应当划定范围,不许越雷池一步。但是对于历史的解释工作自然也可以让有兴趣的学者去做。鉴往知来虽然不是科学,却在政论的园地中,有其立足之点。并且从解释走到预测,也是一个很顺当的趋向,一般预测虽然不能亿则屡中,但有时对于社会及政治的进展中,也不是全无用处。他们可以给人一个希望、一些启示,或者给社会工作的人一些远景,使得人类社会的理想更加丰富。对于这般的工作者虽然不必承认他们为'历史学家',但工作的重要性自然也不应忽略。只是历史家对于他们应当有严格批评的精神。"

② 劳榦:《历史的考订与历史的解释》。

至于各学科独有特性与问题,十分劳费言辩,尚须等候学界普遍思考。在此略为表明浅显一点,史学知识基础尚有比考古人类学更重要者很多,固不止考古、人类二学可作基础,如还相信需要经济、法律、教育、军事、政治、社会、统计、文学、宗教、艺术等学问。当然可知史学最大部分绝不可能只建筑在考古人类学之上。再说史学所需处置之问题,绝非考古、人类二学所能承担。史学自有独立遭遇之繁难问题,其他各类学科均无法越俎代庖。劳氏又预言将来云:

> 显然的,考古学已被逼地走上了自然科学的路,而历史学也将被逼地步上考古学的后尘。成为自然科学既非一种荣誉,也不是一种降格,而是环境的影响,学术的趋向,迟早得向这一方面去进展。①

劳氏此说,又是宣告未来,语气斩钉截铁,他如此信实坚决,勇迈果断。究竟凭恃何项理论或公式推断出将来有那样结果?所谓考古学已经如何云云,与本题无关,可以搁置一旁。至劳氏说到考古学已经走自然科学的路,历史学又被逼步上考古学的后尘,再加上他所谓"成为自然科学既非一种荣誉,也不是一种降格"云云,如果不发生文字语气解释问题,像这样一段话,劳氏基本宗旨在说明什么?是要推论历史学将来也要走自然科学的路。所谓将来逼上考古学之路那一天,是指五天、十天、百天或五年、十年、百年?劳氏未列时间表。然而不论以前有否被逼,就依照劳氏所宣称被逼那天算起,到今天也已逼了二十余年。且不必考量科学观点,逼之动力由何方向而来,逼之动量是何等数值,逼之频度如何?即单单审问历史学是否被逼上自然科学之路,史学界哪位先知可以在今天作一证明?劳氏一面讥弹鉴往知

① 劳榦:《历史的考订与历史的解释》。

来,一面又断然预言未来结果,可说是自定戒律又自犯规条。一篇文章,矛盾累累尚且不说。像这种充满信忮,宣告历史学未来走上自然科学之路,偏使劳氏失望,迄今并未实现。这该怪谁? 如果劳氏公开承认自己造言胡说,接受欺世之罪,尚不至于暴露破绽。如果劳氏坚持其推断正确,预言正确,历史学屡屡被逼而竟然抵死不肯走上自然科学之路,那该埋怨当代史学家们老不长进,只会口出大言,欺骗学界,欺骗世人,不能躬行实践,所以只会说而做不到。这该让整个史学界人士反省反省。

关于史学是否是科学或自然科学问题,当是今日学界所必须思考估量之重大问题。此项探讨,将占据巨量篇幅,不便在此喧宾夺主,故须完全略而不论。并非不知其重要,亦非不敢或不愿牵涉此一问题,尤非毫无注意。当代史学界敏觉之士如余英时已有著作从事研讨。大陆史学界,则仍暮色沉沉,捧其旧日戒律,不敢冒犯。至于现代史学而冒滥科学之名,不唯旗帜鲜明,门系森严,而且信徒至众,传道授业者实繁有徒。

当世五十年来流行科学主义,学者胸无主宰,崇新骛奇不论,并一切学术无不以附庸科学为荣。虽然,科学一统,学术仍不昌明,学人扰扰攘攘,无非在搬弄新名词,以为炫奇之魔术而已,何得一言科学二字。使天下学术独出一门,流于思想统制,本为势理所不容,即令实现,亦反科学宗旨,斫伤学术至大。诸类学术,各有长短,科学亦非万能,并未能全然包罗。一切附庸自然科学,首先反映学者丧失自信,其本有立场,已堪怀疑,如何能有独立思考与创造成果。反而言之,各类学术与科学有关,即使艺术之雕刻绘画,以及音乐之演奏歌咏,基本上必亦深悉科学原理。然各独立之学术,亦必不以附庸科学为立场,其理至明。

当然在科学派史家极力反对历史解释之际,亦有若干学者抒论批

评其不当,以矫正此风之漫淹。如萧一山即力辟其说之谬误,萧氏云:

> 顾海通以还,吾国史学,不能与时俱进,又为浅闻浮慕之士所曲解误引,走入支离破碎剿说缀辑之途,以致史学人才不能负荷时代所赋予之使命,此深可痛惜者已。史学要务,贵乎达变,尤贵乎知今,盖知今之所以变,即知后之所当因,古人所谓因革损益,百世可知,其理不外乎此。是以史学有详近略远之例,有鉴往知来之机,而皆以近代为枢纽。且史学本为一综合科学,必广览洽闻,得博约之旨,而后始能无偏执固陋之弊;是史学又以贯通为务,殊非仄深之士所能喻也。①

西方史家巴恩斯亦认为史学中之解释为终极工作,实无法否认其必要。如其所云:

> 解释与概论,本成为历史学之最后目标,凡史家之富有思想者,吾不知其将用何说以否认之也。②

巴恩斯更有效之见解,在于申说历史解释,实足代表史学史上科学方法之完成。

> 简言之,历史解释之在今日,在补充兰克对于过去事变之无的搜求。最低限度,亦当以"约略说明现时事物之成立"补充之。事实上,此即成为史学中科学方法之完成,犹如自然科学中伟大定律之形成,可称为完成实验室中以观察与实验收集材料之工作。③

---

① 萧一山:《近代史书史料及其批评》,收入《中国史学史论文选集》,第九九一页。

② 董之学译:《新史学与社会科学》,第三三七页。

③ 同前书,第二六页。

类似此种言说,原是当代一些主流派史家所严切禁戒反对者,讥嘲怒骂之不遑。一闻此论,必将掩耳而逃。

解释之必要　历史之为一门学问,研究程序之中,自然需要解释,绝有其客观原因存在。研究历史,宗旨在考求人们生活行为之种种动机、种种原因,以至种种影响之后果,凡此均须经过考察、说明与分析,并且非用解释不能达成。史家负担提供知识之责任,岂可以枝枝节节之事实、片片断断之史料搪塞世人。卡尔亦提到解答原因是史家重要任务,如卡尔云:

> 和一般人一样,历史家相信人的行为是有原因的,而且这些原因在原则上是可以找得出来的。一如我们的日常生活,如果没有这些假定的话,历史就成为不可能的了。历史家的重要任务就在追究这些原因。①

虽然追求原因,其一切审慎复繁之分析研判工作过程,实具充分之科学精神。而与他种科学最不相同之处,即为历史之特异发展,亦须有合理解释。历史学既要求同亦要求异,既研究普遍,亦研究特变。求同固须解释道理,求异亦必须有充分之解释道理,此史学之所以无法不用解释为手段之客观需要。何炳松亦就探究原因为治史之任务立言,何氏云:

> 历史与自然科学同,不能有无因之果。然自然科学中之因果,本有定律。因果范围,必两相等。至于历史,则仅有因果之关系而已。前后相生,因果初不相等。或其因甚微,而其果甚大。或其因甚大,而影响杳然。历史原为求异之学,故因果每不相符。

---

① 王任光译:《历史论集》,第八七页。

与自然科学之求同而因果永远相等者,盖迥乎殊途也。①

历史解释之前例　中国前代史书,往往含有解释,多于行文之际随时表达,亦并有特别标明解释之处。上古史书早有其制,陆懋德举《左传》等书申述之云:

> 吾国史书之中,如《左传》内之"君子曰",《史记》内之"太史公曰",《通鉴》内之"臣光曰",虽只是就事论事,而不能不算是历史解释的性质。宋人孙甫《唐史论断》,明末人王夫之《读通鉴论》《宋论》,亦是历史解释的性质,而其缺点,亦在只知就事论事,而未能指出历史上之定律。在此点上,西国之旧史家著作,与吾国无异。故美人巴恩斯所著《新史学与社会科学》第二十八页讥以前之历史家"未能费力以解释许多史料之意义,亦未能由此做成普通应用之定律"。凡此皆是历史家学识不足之故,正需由后人补其缺陷。宋人曾巩《南齐书序》曰:"古之所谓良史者,其明必足以周万事之理,其智必足以适天下之用,其道必足以通难知之意,其文必足以发难显之情。"此言虽夸,而并非无理。②

对象问题　历史解释乃是史家面对人们活动行为所作之考察判断,这关系到一个解释之对象问题。就此研究之对象解释之对象而言,历史学与所有社会科学各门类学科相一致。在社会科学里,主体和对象属于同一范畴,彼此相互影响。人不独是万物中最复杂和最有变化的东西,而且研究人者也是人,不是来自另一种族之另一个独立观察者。我们已不能仅仅站在动物的立场,来研究人自然方面之结构和反应。社会学家、经济学家或历史家必须深入到人意志所主动之行

①　何炳松:《历史研究法》,第六四页。
②　陆懋德:《史学方法大纲》,第七〇页。

为查出一个水落石出，为什么人是如此动作。这就建立了一种观察者和被观察者间之关系，是历史和其他社会科学所专有之现象。①

观察者与被观察者，社会科学家与其资料，历史家与其事实，其彼此间关系，是延续不断，也是不断在变化。这种现象似乎是历史和社会科学所独有。② 至于这种主体与对象在同一范畴之中，与自然科学比较，显然有重大区别。唯就研究之目的与推断之方法言，则是大致相同。卡尔曾清楚加以说明：

> 当然，我不会建议，社会科学家或历史学家的推断能和自然科学家的推断有一样的准确，但这种程度上的偏差绝不是由于社会科学的落伍。人是最复杂的理性动物，因此研究人行为的困难也就和自然科学的困难不同。不过我愿意说的是，无论自然科学家或社会科学家，他们研究的目的和方法基本上是大致相同的。③

卡尔更不厌其详地举出社会科学及自然科学各门类，就其目的、条件与运用方法，说明研究旨趣与程序均为一致。卡尔云：

> 科学家、社会学家和历史家所研究的原因是同一学问里不同的部门，就是人和环境间关系的研究，或人对环境，或环境对人所生结果的研究。研究的目的是相同的，即增加人对环境的认识和对环境的控制。物理学家、地质学家、心理学家、历史学家等所需的条件和所用的方法，细节上当然有很大的差别。为了更科学化，历史家是否更应该采取自然科学的方法，对此我不愿表示意见。可是，在他们研究的基本目的上，以及一问一答的基本程序

---

① 王任光译：《历史论集》，第六二至六三页。
② 同前书，第六三至六四页。
③ 同前书，第六二页。

上,历史家和自然科学家应该是一致的。历史家也和其他科学家一样,不断地在问:"为什么?"①

在此必须再略有申述,各科学问各有其独特之重点,此学术之所以必须分门别类,卡尔所言之与自然科学一致或相同,绝非是说史学与自然科学相等。各类学术有相通处,亦有相异处,若果不懂学术统一性与分殊性之意义,混指史学就是自然科学,如其不是夸诈,就必然是表现无知。

标准问题　历史解释,研判人事现象,对于复杂之人群活动,其渊源发展以至后果影响,须随时提出解释意见。然凡一人手即必关涉推断之标准问题。漫无标准,本不可能,亦无从产生解释。若依据一定标准,又不免随时代、地域、信仰潮流、个人爱恶而受主观成见影响。此一标准问题,确是历史解释上产生争辩之关键,并往往成为遭受攻击之弱点。卡尔提出解决办法,虽然颇为言之成理,却亦未必能产生实效。卡尔先说出需要之原则云:

> 慎重的历史家必须在历史条件下来辨别一切价值性质,而不能在历史以外替自己的价值追求一个客观的标准。②

卡尔更进而申明其义云:

> 历史上的客观性并不是,而且也不能是,根据某些现存的固定而不可变的批判标准;相反的,是根据于未来的、跟着历史过程而发展的一种批判标准,在过去和将来之间产生一个相连的关系后,历史才会是有意义和有客观性的。③

---

① 王任光译:《历史论集》,第七七页。
② 同前书,第七五页。
③ 同前书,第一二〇页。

卡尔所言较合情理，足以使学者可以确定了解解释标准之范围，及如何去确定与使用。但在实效上言，地域限制与时代风气之影响力要大过历史研究全程，于是就永远难免判断标准之浮动流迁。所以有一点必须明告所有史家，就是谦虚明慎的修养是极为需要，而夸大强调习气极须戒除。

解释之方法 历史解释除了需要广泛知识，并充分利用一切知识能力为根本手段，实不易确切指出某些必须遵循之客观方法。主要是因为问题复杂而变化多端，过去标榜方法，亦并徒然是虚悬口号。一般治史经验，每位史家虽有丰富经历，但仍不过是个人阅历。近世史家如陈寅恪之渊博、张荫麟之明敏，其一生宝贵经验无法过渡到另一人身上，抑且二人并未留下经验之记录，亦并无系统之方法论传世。如今不揣固陋，冒然申说解释之方法，不免有大胆鲁莽之嫌。但为方法之递进起见，亦不能不略作试探，吸收他人成说，充当自己门面。在此凡言解释方法，必须提抽至一般最高原则，绝不可举出特殊之解释例案。

假设 其一，假设。历史解释可以自假设入手，逐渐探求正确之真实答案，其应用宗旨，亦如自然科学者同。施亨利（Henri Sée）即作此主张，认为只是程度上不同，施亨利云：

> 历史家，甚至历史哲学家，虽然是应该有极大的审慎，但是他们并不是不能应用假设领域中的珍宝。假设在物理自然科学中也是正当而必要的，只是比在人文科学中较为"切实"而已，精确还是谈不到的。①

卡尔亦并主张，由逐步假设向正确答案推进。如卡尔云：

---

① 黎东方译：《历史之科学与哲学》，第一五三页。

梭莱尔原是一位工程师,四十岁后才开始研究社会问题。他强调我们有时必须孤立某些特殊因素,虽然因此或许会被人批评过分简化。他说:"我们应该摸索而进;应该测验所有可能的和局部的假设;对假设之能暂时接近事实我们应该感到满意;但我们应开方便之门,期能有逐进的修正。"这种论调和十九世纪的看法可谓格格不入,因为那时的科学家以及如阿克顿之类的历史家,都憧憬着有一天,由于确实证明事实的累积,会建立一个完善的知识体系,足能解决所有的问题。但今天的科学家和历史家绝不敢有这种梦想,他们所希望的是从一个假设到另一个假设的逐渐进步,用解释来分辨事实,而又用事实来测验解释,因此自然科学家和历史家所走的路线,在我看来本质上并没有什么不同。①

推断　其二,推断。根据已知之事象道理,解释历史。实质上古今中外史家广泛通悉此中道理,并无时不应用于研究。但若提抽而出,标明为一定之方法,似又不免有大胆逾分之嫌。前人讨论而及者,如何炳松所指出云:

> 至于历史上或社会上之所谓分析仅属一种暗比上之分析。吾人并无真正之实物可资吾人之分析或综合,故吾人并无真正实际工作之可以进行。吾人工作所凭借者,不过一种文字而已,吾人所有之实物不过一种纸张而已。文字之为物本属一种象征,吾人只能以心理作用应付之;所谓心理作用即由此种文字所引起之想像是也。在历史中,吾人工作进行,纯赖想像之力。吾人研究宋元时代之海外贸易,至今已绝无具体之实物可凭,既无当日海商之留存,又无当时船舶之可睹,吾人所能利用者仅此种事物在

---

① 王任光译:《历史论集》,第五四页。

吾人心理中所表出之想像而已,而此种想像中之事物又复纯赖吾人对于现代海商或船舶之比论。吾人工作所依据者仅当日海商与现代海商共有之特点而已,此盖抽象之想像也。调查亦复如此,其本意即在分析一个社会,然其工作进行仅在调查某一地方究有某种性别、某种年龄,及某种职业中之个人若干,其为法也盖用问题而不用观察者也。即使吾人可施以直接之观察,吾人亦仅向对象以求答案而已,初未尝加以分析也。①

何氏虽如此言,但对于应用推断,主张史家必须谨慎从事,何氏云:

> 故研究历史,以史料为权舆,以事实为终点。自本至末,纯恃推想工夫。推想之际,易滋错误。失之毫厘,谬以千里。学者于此,宜慎之又慎焉。②

想像　其三,想像。史学研究,学者自接触史料起,即无时不以想像为其取材、选题、分析、判断与解释之工具。即使处理单纯史料,亦必多少取借想像之力。甚至考证辨伪,亦不能完全摆脱想像。盖凡为研究学问,如被发现其成为问题而须加以解决者,其启念之始,即是依据想像而产生。就实质言之,所有学问,无不如斯。余英时介绍西方史家见解有云:

> 历史想像实为历史家不可或缺的要素。盖历史材料无论其为器物或文字都是有限的,其本身不能单独地显现出历史的全貌,而史家之所以能在有限的遗迹之中讲出古史之大体情形者,端在其具有此种想像力。故西洋史学家可以根据克里特岛上所发现的克诺索斯宫以及其他器物之类说明希腊文化之起源及其

---

① 何炳松:《通史新义》,第八四至八五页。
② 何炳松:《历史研究法》,第十六页。

与古代近东文化之关系。大抵史料仅为骨骼,而史家之想像则其血肉也。①

何炳松更言凡认识史料而知其意义者,即凭恃想像之力。何氏云:

> 就实际而论,在社会科学中吾人所研究者非实物也,乃吾人对于此种实物所抱之表象也。吾人未尝目睹吾人所调查之人类、动物或居室也,吾人亦未尝目睹吾人所叙述之制度也。吾人对于人类、实物、行为、动机等,不能不用想像功夫以研究之。此种想像即社会科学实际之材料,亦即吾人欲加分析之材料。一部分材料或系吾人躬亲观察实物所得之记忆,然所谓记忆并不较想像之真实性为强。而且大部分材料并不纯由记忆而来,而以吾人所记得之想像仿佛其梗概;换言之,即用记忆中所有之想像以比拟之者也。②

西方史家沙尔非米尼亦言历史事实之了解,实赖想像弥补其缺漏,如其所云:

> 过去所留于后代的史料,常是支离破碎,残缺不全,一个国家或一个时代的历史,常为很宽的鸿沟所切断了。史家有一个曲折的迷津,在他的前面,有许多断片,已经消失殆尽了。这些缺陷,仅能借他的想像去补填。那么,一种想像的工作,就不是一种科学的工作,而是一种艺术的工作。③

比较 其四,比较。历史研究工作,无论处置史料与史实问题,所有史家必难免不用比较方法。此亦一般学者通用之研究手段,固不尽为史家

---

① 余英时:《历史与思想》,第二四四页。
② 何炳松:《通史新义》,第八六页。
③ 周谦冲译:《史学家与科学家》,第二九至三〇页。

专用。虽言比较,而对象仍实宽泛无限。不论文与武,男与女,古与今,中与外,具体与抽象,粗俗与典雅,任凭史家灵活应用,以助成其历史解释。

黎东方亦介绍西方史家施亨利所论云:

> 大家已经知道,历史是个解释的科学。可是能给历史以解释的便是比较方法——所解释的当然不是特殊的事实,特殊事实太倚靠偶然事与巧合了,其中除了前起后应的密切关系外,其他的我们就无法断定——而是解释长久的共通的现象,并且能借以解释各种变动与变化。①

量化 其五,量化。量化为史学家用于研究解释之手段,新近广受重视,抑且广为社会科学家普遍采用。史学家由于治学态度谨慎之故,并不完全依循此种单一途径,但往往随时以量化分析问题,也已成为普遍风气。即纯以量化方法研讨历史现象之著作亦时有出现。历史研究之量化,尤重在量化之设计,所谓量化尚不止于史料上数字之统计,其巧妙运用,可以扩大史料史实之数量意义,工夫仍在史家知识能力之修养条件,而并不完全依赖史料中已有之呆板数字,且此种史料中之数字,或竟完全孤立而无意义。历史之研究,是集合古今事迹而观察分析以建立总体之命义与原则者,甚至以发现通则与理论者,其本身自在数量之累积,亦在达成量之效果,若谓史学不能量化,则是不甚切实。史学亦可完成个别事类之量化,却并非以量化为主要手段。②

---

① 黎东方译:《历史之科学与哲学》,第一○七页。
② 历史量化方法之专书有 William Aydelotte 著之《历史的量化》(*Quantification in History*),1971 年,全一八一页。
　　徐芳玲有评介,刊于《食货月刊》,第四卷五期,第五七至六一页,台北,1974 年。近人纯以量化方法分析史实者已日有所闻,唯其中以中研院魏秀梅用心最专、致力最勤。此外台湾大学研究生林满红研究十九世纪台湾茶叶、樟脑、糖之产销问题,大部用量化解释,亦足称述。

解释之观点问题 或有人谓,历史解释出自史家之手,无论如何谨慎小心,终不免会渗入个人评判观点,或至即为其主观所左右。似此带有主观之解释,如何可以使人相信。此需分两层来解答:其一,史家于才学要求之外,史识即为更高一层之造诣,史家识力尤与学养经验相关,即亦本其阅历之客观标准而运用识力。历史解释既需依据史料与史实,又需凭恃史家丰富之阅历,史识运用之善,即可减低主观判断成分。其二,史家处理问题,无论史料或史实,绝无法完全排除个人观点。盖史家开始选题,即本之一种评估需要之观点而来。史家可以避免成见,但无法避免时代风气;可以降低时代风气影响,但无法完全不用个人之评骘。抑且史家卓识之过人表现,正在此点。世人有自称纯客观者,或为无识之抄胥,或即不免自欺欺人。西方史家葛隆斯基曾作实在说明云:

> 不论史学家有多诚实,他的著作必是自己环境、教育和价值结构的产物。而他对历史的解释就是个人信仰和人生观的结晶。若说这些因素未曾深深地影响其著作是不可能的。①

而且历史著作愈是能代表一代之名著者,愈是能表现史家个人学养与其敏锐眼光及伟大胸襟。卡尔即坦率表示此种看法,卡尔云:

> 伟大历史作品之产生,是由于作者能够用现在问题的了解来照耀过去问题的研究。②

至于现代历史学者向来痛诋其非,并动色相戒之所谓"褒贬",余英时亦谓无论中外史家,皆不可轻忽其功用。如余氏云:

> 正由于思想可以创造历史,并且实际上也一直是历史进程中

---

① 容继业译:《历史意义与方法》,第二○页。
② 王任光译:《历史论集》,第三○页。

的一股重要的原动力,所以人对于历史是必须负责的;而且越是在历史发展中据着枢纽地位的个人,其责任也就越重大。决定论的分析只能开脱个人所不应负责的部分,但绝不能解除其一切应负的责任。在这个意义上,中西传统史学中的褒贬(praise and blame)之论仍然有它的现代功用。①

解释法戒　或有人谓,讨论史学方法而明言容许史家作主观解释,后人蹈袭,不免泛滥而无所制约,势必降低史学之严肃意义。此点考虑甚为重要,在教育史学新进学者,尤必须提示史德一层,使史家陶冶端正心术。章学诚创言史德,十分注重著作之心术。凡用于历史解释,尤须牢记不忘。章氏曾言文德,即史德初意。章氏有云:

> 凡为古文辞者,必敬必恕。临文必敬,非修德之谓也;论古必恕,非宽容之谓也。敬非修德之谓者,气摄而不纵,纵必不能中节也;恕非宽容之谓者,能为古人设身而处地也。嗟乎!知德者鲜,知临文之不可无敬恕,则知文德矣。②

今世治史,无论中西学者,均当以史德为重,以避免偏见成见之蔽。实际西方史家世界中心观念,尤夸大而偏执,甚于中国史家之中国中心观念,西方史家韦尔斯亦早批斥之,韦氏云:

> 西方著作家每以爱国偏见,过誉罗马奥古斯都恺撒即位以后帝国之组织、文化事业及安宁。盖以英德法意及西班牙政治上之沿习,皆溯源于此,故欧洲著作家目中,唯觉此数国者,庞大无伦。然以世界史言,则罗马帝国并不若是之重要也。国运不过四百载,即完全分裂。拜占庭帝国并非继罗马之正统,乃亚历山大希

---

① 余英时:《历史与思想·自序》。
② 章学诚:《文史通义》,第六〇页。

腊帝国之续耳,习用希腊语,其皇帝虽冠罗马名称,然犹近今布加利亚王之亦称撒耳(Tsar‑Cæsar)。罗马当其四百年间,治乱皆备,升平之时,总计之不过二百余年。举以比诸中国之稳健扩张国势及文化事业,或西元前四千年与一千年间之埃及,或苏马连被塞姆族克服之先,则罗马史者不过转瞬间事而已。①

故知史德之修炼,诚为今后史家所必须时刻注意之问题。

第五节　理　论

理论不可能是金科玉律,而是形成于合理的解释与推断之最后综合,是统一解释推断的简化。历史学的理论尤其不同于社会科学者(教育学、经济学、政治学、社会学、人类学),是对特例、特殊现象、个别情况、非常则、不规则等事项之肯定说明,并建立理论。历史的理论,也可以如同社会科学家提供适应普遍法则,这当然也是史学家所努力追求之目的,而同时亦不忽略特殊现象,这是社会科学家所不肯亦不能做之工作,故尤需史家作努力追求。

史学与科学问题　　二十世纪以来,史学界产生了一股共趋风气,就是人人大谈科学方法、科学精神。但又有矛盾现象产生,就是人人避谈理论,戒慎恐惧,不敢谈理论。既要大张旗鼓高唱讲求科学,而又人人动色相戒,不敢一谈理论。对于科学二字真正也是盲人瞎马胡乱提倡。在此我们必须冷静思考一个七十年来一直引起争议之问题,到今日尚未获得澄清,而今探讨史学问题,实在逃不掉躲不过,无法避免,不得不略为谈及。那就是半世纪来史家常常提到史学是否是科学之问题。

史学是否是科学,虽然容易回答,却也容易导致误解,并会立即产

---

① 梁思成译:《世界史纲》,第三八六至三八七页。

生争论。这里暂不必先作若何界说,必须从头略叙现代史学界主要潮流之形成。自民国初年起(绝不会晚过民国九年),中国史学开始产生一个重要发展趋向,并且迅速带动全面转变之风气,就是把史学与科学连带考虑与讨论,或者要以科学成分加强于史学,或者要使史学成为科学之史学,或者要使史学属于科学。直到今日,这个潮流仍然当令,有相当雄厚势力。乍看来这是显著而单纯之一种学术风气,实则与其同时代思想有相当深厚关系,虽然扩大范围,也可以简单叙说,就是由于近代西方知识技术之冲击,使中国产生了西方优越观念,跟着来了慕趋西方,力求西化观念。西方知识,以科学发展最见突出,也使中国产生同时代中一个笼罩全局的科学主义。史学界这种治学风气,基本上是科学主义所影响之一面,它之必然产生于民国初年,是整个时代潮流使然。它所代表之心理取向也并不单纯。七十余年来所表现科学之史学,也反映复杂之心理状态。或者是一个想望,希望史学成为科学;或者是一种提倡,希望史学走上科学之路;或者是一种学派宗旨,奉为一门师法,发展而成为科学派之史学家;或者是一种价值观念之印象。近年来仍还有学者常常比较各种学科,何者门类科学成分高,何者门类科学成分低,一般比较起,社会科学家常常自夸地理学、经济学、心理学最高,而史学最低,好像比文学又高一些,似此絜长较短,全反映出一种价值观念,而以科学为其衡量之等秤。史学被派在十一二等之外,颇使一些学者感到一种高高在上之满足。这种比较,其实全然是村妇作风,因为营养太丰,居家太闲,可以日日与人论长道短,真是俗不可耐,不值在此一评。

科学之价值判断 把话再说回来,一种科学价值心理,早在民国初年就输入,好歹高下之论早已定型。何炳松译鲁滨孙之《新史学》,高低观念早已引进:

历史家从一种狭义的科学眼光看起来，比文学家稍稍高了一些，比天文学家或生物学家低得多了。但是历史家不必同文学脱离关系的，因为文学的关系是异常可以尊重的。不过历史家从此以后不但应该研究事实的"然"，而且应该研究他们的"所以然"。历史家始终是社会科学的批评者同指导者，他应该将社会科学的结果综合起来，用过去人类的实在生活去试验他们一下。历史家的事业，如此的有趣，如此的广大。所以历史家将来一定慢慢地能够专心致志地去研究历史，将来总要脱离文学的关系。因为历史家将来的目的，比诗家或戏曲家还要高尚，还要有希望，这种目的对于历史家思想的要求同表示能力的要求，比对于文学家还要急切。①

李思纯译朗鲁瓦之《史学原论》，亦有贬史学不及他项科学之言：

历史学之为物，其原始本为一种章句词藻之文学，故迄今较之他种纯粹科学，于方法上终有逊色也。②

------

① 何炳松译：《新史学》，第六六至六七页。

又，同前书，朱希祖"序"云："民国九年的夏天，我担任北京大学史学系的主任，那时我看了德国兰普雷希特的近代历史学。他的最要紧的一句话，就是：'近代的历史学，是社会心理学的学问。现在历史学新旧的论争，就是研究历史本于社会心的要素，还是本于个人心的要素？稍严密一点说起来，就是历史进程的原动力在全体社会呢，还是在少数英雄？'兰普雷希特的意思，以为历史进程的原动力，自然在全体社会；研究历史，应当本于社会心的要素。所以研究历史，应当以社会科学为基本科学。我那时就把北京大学史学系的课程大加更改。本科第一二年级，先把社会科学学习作一种基础——如政治学、经济学、法律学、社会学等——再辅之以生物学、人类学及人种学、古物学等。特别注重的，就推社会心理学。然后把全世界的史综合研究，希望我们中国也有史学的发展。那时史学系中又有'历史研究法'一课，就请金先何炳松先生担任。何先生用美国鲁滨孙所著的《新史学》原本做课本。"

② 李思纯译：《史学原论》，第一七三页。

科学之史学风气 价值评判论之外,其尤普遍深入人心,尤为当今之史学主流,即为把史学附庸于科学,步趋于科学或相同于科学之种种言说。巴恩斯介绍所论云:

> 近年以来,有许多史家怀抱一种野心:欲以其工作变成科学,更有主张视史学为科学或发展成为科学者。史家成为科学家,亦即成为社会学家。①

甘特介绍伯利之论见有谓:

> 一般史家常误解历史具有"科学性"。十九世纪末二十世纪初的学者都有这种倾向,他们强调历史是精确的科学,故他们凭着个人的判断及价值观念来解释历史。如英国剑桥大学的名史家伯利就曾说过:"历史是科学,不多也不少。"(History is a science, no less and no more.)②

我国史界学者,承受科学潮流之冲击,自不免高唱科学之史学。徐旭生叙述民初风气云:

> 回忆我自一九二一年(民国十年)后在北京大学任教,当日我国的史学界受欧西科学的影响,对古史材料重新估价的口号高唱入云,我个人也未能自外于时代思想的潮流。③

傅斯年宣揭其领导治史宗旨云:

> 近代的历史学只是史料学,利用自然科学供给我们的一切工具,整理一切可逢着的史料,所以近代史学所达到的范域,自地质

① 董之学译:《新史学与社会科学》,第二三一页。
② 涂永清译:《史学导论》,第二九至三〇页。
③ 徐旭生:《中国古史的传说时代·叙言》。

学以至目下新闻纸,而史学外的达尔文论正是历史方法之大成。①

傅氏出以强调宗旨之口吻云:

> 我们高呼:一,把些传统的或自造的"仁义礼智"和其他主观,同历史学和语言学混在一气的人,绝对不是我们的同志! 二,要把历史学语言学建设得和生物学、地质学等同样,乃是我们的同志! 三,我们要科学的东方学之正统在中国!②

此种大声强调之宣扬宗旨,正足以显示学派主张与师承规范。傅氏更特别清楚声明,其治史方术,完全遵循清代乾嘉风范与当代德国之语言考证学派之路线。此一治史方向之确定,更在 1944 年重新加强宣示。傅氏云:

> 本所同人之治史学,不以空论为学问,亦不以"史观"为急图,乃纯就史料以探史实也。史料有之,则可因钩稽有此知识,史料所无,则不敢臆测,亦不敢比附成式。此在中国,固为司马光以至钱大昕之治史方法,在西洋,亦为兰克(Leopold von Ranke)、莫母森之著史立点。史学可为绝对客观者乎? 此问题今姑不置答,然史料中可得之客观知识多矣。有所不足,不敢不勉,此命名之意也。③

这些文献,是当代科学派史学之中心主张,十分具有代表性。学者宗奉,风气形成,它的前后影响,迄今已达八十年之久。

科学派史学之中心信仰 科学派史学之宗风,有两个信仰上之重

---

① 杜维运、黄进兴编:《中国史学史论文选集》,第九六九页。
② 同前书,第九七九页。
③ 傅斯年:《〈史料与史学〉发刊词》,《史料与史学》,第一本,重庆,1944 年。

点:其一,是受德国语言考证学派影响,而形成一代之史料考证与辨伪风气,其信仰之表达即成为史料主义;其二,是受当代科学主义潮流影响,而构成史学上之科学主义,其信仰之中心偶像即是科学。

现代或当代史学风气,近年已引起好学深思之士所注意,多数史学家十分爱护同道学者同辈及长辈,多不愿发抒议论,尤不欲见诸文字。但是一代学术风气,牵涉关系方面甚广,知识问题、思想问题、士人之趋好问题,是关系全面现代史实发展,无法为人略而不顾。学术思潮与史学本身一门之讨论,更是因其影响至巨,丝毫无法省略不论。即令今世无人讨论,十年百年以后,亦必有其人研讨评论。如人尚懂学术史道理,必易明了。抑且风气影响愈广愈久,学派声势愈大,愈是易受到研究评论。此是简易而自然之理。学界之有评论极为正常,乃是天经地义之事,无人可以省略,可以反对,如其有所不悦,请其先检讨自己。近年感到可喜之事,史学界终尚有思理清明并对史学前途有责任感之士,提出一些中肯之申述,使后学者增加一些认识。不过这也都是凤毛麟角,实远非乡愿学者所能望其项背。其论可贵,令人钦敬。

许冠三分析云:

> 顾氏(顾颉刚)和疑古派史学家虽曾轰动一时,但对于古史研究的影响只限于消极的一面,而未能有积极的建树。如果以疑古派来代表早期科学派的话,那我们很可以说,早期的科学派的特色在科学的怀疑精神,而不在科学的致知方法。诚如顾颉刚自己所说,科学方法在当时只是他所标榜的一句空话。[1]

余英时亦介绍现代史界学风云:

---

[1]　许冠三:《史学与史学方法·引言》,第五页。

西方的考证学传统,加上近代的科学思想,变成了兰克的学派,在西方有一个名称,叫它"历史主义"(historicism)。historicism 有很多讲法,今天有很多历史主义的不同的定义,不过最原始的是讲兰克这一派的思想的,指科学的史家的思想的。所以我们可以说兰克史观的来源有两个:一个是训诂的背景,一个是对科学的尊重。这两个东西,在近代中国,在二十世纪的中国,刚好需要。第一,我们有乾嘉的底子。乾嘉的底子,是我们讲二十世纪史学的一个很重要的基础,在今天,我认为还是很重要的。第二,是我们需要有客观的历史,要避免历史上的主观因素,换句话说,就是在中国一向有褒贬式的历史,在历史上讲褒贬,即西方的所谓praise and blame,这一套的思想在我们的史学传统里特别浓厚。所以历史研究上,中国如果想进到客观的境界,也必须接受这样一个客观史学的挑战。这个挑战,在二十世纪的中国思想上刚好也合拍了。一方面中国有考据的传统,另一方面中国二十世纪需要科学。所以,近代中国史学的一部分的潮流,并且可以说是相当重要的一部分潮流,就是语言、历史打为一片这个说法。最具体的例子,就是在座全汉升先生、严耕望先生工作的中研院历史语言研究所。这个研究所,英文叫作 History and Philology,便很明显地表示德国的影响、兰克的影响。这是因为傅斯年先生在德国留学,受了当时风气的感染。虽然二十世纪的初年,史学界的变化已经开始,可是在当时还没有感觉到,当时还觉得兰克这个想法是对的。①

余氏亦申言此一学派风气,至今亦已到了末流时期,其影响力已渐次

---

① 余英时:《史学史家与时代》,《幼狮月刊》,三十九卷五期,第三至四页,台北,1974 年。

衰竭。余氏云：

> 二十世纪上半叶的中国史学,是以乾嘉考证学和西方兰克以
> 后历史主义的汇流为其最显著的特色。在这个潮流之下,不少史
> 家相信史学可以完全客观化与科学化,最后将达到与物理学、化
> 学、生物学等全无区别的境地。同时,这些史家对于历史事实的
> 认识也在基本上接受了西方实证论的观点。但是由于最近二十
> 余年来西方历史哲学方面若干突破性的发展,我们可以大胆地
> 说,乾嘉考证和历史主义统治中国史学界的时代是过去了,至少
> 也快要过去了。①

我辈见到诸家所论,必须有一认识,即诸人立说苦心所在,是对中
国历代史学负责,对后来学者负责,对学术前途命脉负责。有其高远
目标,有其时代责任感,并不必对当代哪一家有任何责任。如有人感
觉到涉及学派颜面与尊严问题,那真是猥琐龌龊,偏狭之至,可以无须
理会。

关于兰克史学之澄清　当代史学界流行之中心信仰之一,是德国
语言考证学派兰克之史学问题。这一理论体系,近年来我国史家已有
彻底检讨,做到其所谓之真正客观。

余英时亦透露兰克史学唯心论哲学基础之真相,并分析到科学派
史学中心信仰之破灭。余氏云：

> 流行在美国的兰克形象是所谓"科学的史家",这也正是兰克
> 在中国的形象;流行在德国的兰克形象则是一个唯心史观的主要
> 代表,他的史料分析和个别史实的考订都是支持他的唯心史观的
> 手段。大体上说,在第二次世界大战之前,美国史学界对兰克的

———————

① 余英时:《历史与思想》,第二〇六页。

了解尚限于他的方法论的层次；直到德国学者流亡到美国以后，才把兰克的全貌介绍了过来，兰克史学中的哲学含义乃逐渐为人所知。兰克绝不承认史学只是事实的收集，也不主张在历史中寻求规律。相反的，他认为历史的动力乃是"理念"（ideas），或"精神实质"（spiritual substances）；在"理念"或"精神实质"的背后则是上帝。每一时代的重要制度和伟大人物都表现那个时代的"理念"或"精神"，使之客观化为"积极的价值"（positive values）。史学的目的首先便是要把握住这些"理念"或"精神"。①

余氏又云：

总结地说，兰克仍浮荡在德国唯心论的哲学主流之中，他非常注重历史上的思想因素；对他而言，把史学建设得和生物学、地质学一样，乃是不可想像的事。②

余氏更清楚说明兰克史学性质与宗旨之实际为何，足以破除我国史学界长期之误解。信仰中心偶像，原来全然是错误之幻觉。盲从之迷梦，当已到达醒悟之日矣。余氏云：

我只是要指出，在兰克的历史理论中，思想、精神实占据着中心的位置。他绝不是一个只考订一件件孤立的事实的人，更不是一个以史料学为史学的人。他和许多现代史学家一样，把人当作历史的中心。正唯如此，他总认为历史的真实不能由抽象的概念得之，而必须通过对"全部人生的透视"（clear contemplation of total human life）然后始把捉得定。但人生绝不能限于衣食住行之类有形的、客观的物质生活，思想、信仰、情感种种主观的精神

---

① 余英时：《历史与思想·自序》，第一〇至一一页。
② 同前书，第一二页。

上的向往,同样是真实人生的一部分。我们没有理由把历史上真实地存在过的人的主观向往排除于史学的范围之外。在史学研究中要求达到主客交融、恰如其分的境界,是极为困难的事,兰克在《拉丁与日耳曼民族史》的《自序》中便坦白地承认这一点。但是他仍然强调这是史学家所必当努力企攀的境界。如果我们真能适当地体会兰克的历史理论和方法,则史学的科学化只能意味着中国史学传统的更新与发扬,而不是它的终结。①

关于科学的史学之澄清 现代科学派史学之另一个信仰中心,是科学的史学。对于这一问题,必须先澄清科学含义,并史学与科学联属问题,特别要澄清一点认识,是科学之分科功能意义之了解与肯定。对于科学之词旨,西方史家罗兹提出其应用之意义云:

> 此地先行指出"科学"一词在现代的用法,已经逐渐局限于准确的学科,即以可展现的真实或被观察过的事实为基础,加以系统地分类,一般定律有其适用性,从定律能得出可靠的结论,正如从前提引出结论一样。这些学科中最出色的例子就是物理科学。"科学"一词的原意本是知识或学问,或知识与学问之一支,如"道德科学""神的科学"等用法——从这两者引出的结论,不管其前提为何,不能视为可靠,也缺乏预测性,因为这些是先知们加进去的!但或者甚至是准确的科学也不是如此这般地准确吧?新现象的发现总是引起理论的改头换面。社会科学,如经济学、人类学、心理学又如何呢?在此我只能这么说,把"科学"一词的用途局限在太狭窄的一个意义上,并不是非如此不可的。社会科学不具有十九世纪物理学那种斩钉截铁的规律性,而二十世纪的

① 余英时:《历史与思想·自序》,第一三至一四页。

物理学也一样没有此种规律性。①

沙尔非米尼把科学之实际性质及功能局限说得更清楚。如其所云：

> 就事实言之，无论他们所研究的是物理界的现象，或人类社会的现象，"科学家都是有人性的"。即令在各种物理科学之中，也有种种领域是不能免于疑惑与争辩的。在每种科学的核心，都有一个地带，为坚实建立的事实所组成的；这个地带，又为一个区域所包围，这个区域是种种可疑的假说所组成的，他轮流地又为一个"未知的领域"（terra incognita）所环绕。一种科学与另一种科学间的差异，以及同一科学的两个部门间的差异，并非一"是"与一"非"之间的差异，而是一"多"与一"寡"之间的差异。物质的现象愈复杂，物理界科学家愈少能使他们受实验的测验，科学家也愈少常能作确实的预测了。在他们形成一种定律时，他们常审慎地附加一种统制于定律的前后："假使一切其他情况依然未变"，那就是说，假使真正的现象，不意地变成一个更复杂的现象结果之一部，某种未预测的因素，可以推翻一切的计算，定律可变为不适用的，预测可以为之粉碎。②

他并严厉批评数学家之易于流于武断，如其所云：

> 数学似乎是武断思想的蚊虫最膏腴的生育地，在数学家由其完全的科学转移到不完全的社会科学研究时，常表现武断的态度。佐治·苏拉尔（Georges Sorel，1847—1922，法国工程师，自称"新马克斯主义者"，为工团主义哲学家）、巴拉图（Pareto）、史宾格勒（Oswald Spengler，1880—1936，德国数学家及哲学家）、里

---

① 廖中和译：《历史的功用》，第六二至六三页。
② 周谦冲译：《史学家与科学家》，第六九页。

容·托洛斯基(Leon Trotsky,1879—1939),都是由数学转而研究社会学,或由数学转向政治活动,都是高度地表现骄傲的专断态度。那种习惯或许是适于数学的,因为在数学上,二加二总是等于四的;但不见得适于社会生活,因为在社会生活上,二加二可以变为三或五,或者也可等于四。①

若谓科学可以一统学术,成为万世一系,一切学问以科学为宗尚,又不免于新创之摩登神话。史家岂能甘心信从此等谰言而不加以批斥。抑且即令某门学问终于附庸于科学,得以号称此学即是科学,然而亦为自欺欺人,附其名而被公认为科学,徒令此门知识丧失其独立性。再次,学者力争所谓上游,必求门门学问附庸于科学,正可以见出此类学者之丧失自信,毫无深思,只知追随潮流,趋附时髦风气,不甘落后,不甘寂寞,其实则真正是缺乏独立思考判断之能力。把史学千方百计要依附于科学,乃是近代中国学界最流行之思想。其一是赶西方潮流。其二是步趋他人现成道路,可以减少麻烦,而且安全。其三是丧失自信,不敢自信史学为一门独立学问。但努力争取,一心皈依,结果所得仍然是空名。西方史家葛隆斯基有云:

> 那些希望历史成为纯粹科学的人实际上却使历史成为科学的附庸。只此信念(此信念在二十世纪的价值结构十分特出),任何不完全是科学的事物都成了下品。但地位不过是个空名罢了。②

学人意愿史学之附庸科学,也实在是时代潮流一种现实主义之反应,他们何以不愿附庸神学? 好像时代主流如何,就也要合于潮流,见

---

① 周谦冲译:《史学家与科学家》,第七九页。
② 容继业译:《历史意义与方法》,第一〇页。

科学之重要,就感觉到这是最高明。其实也不光是当代史学家趋炎附势,其他学科这类人物也多如牛毛。唯在中国所最不同者,是古代之史家以趋炎附势为耻,而现代之史家以趋炎附势为荣,已降格到与其他学科相类,并自愿追随他人之后。即使是千方百计弄到空名,那也心满意足。

史学与科学关系之澄清　在这样一种潮流之下,我们当冷静思考之重要问题,是要研判一下史学与科学之关系究竟是如何情况。关于自然科学方面,除了研究科学史,已有若干学者冷静分析,大致认为史学对自然科学依存性不大,而且性质相距太远。西方史家伯伦汉认为自然科学成就虽大,但在史学知识上并不重要。如其所言:

> 晚近自然科学之方法,实可谓成效卓著,故自然科学家之欲将其方法,推及一切,斯自为当然之事,其从事于理论及系统之建立,亦无人可以干涉之。唯吾人亦正不妨声明此种方法之不适用于史学,置诸不问可耳。①

中国史家张致远(贵永)亦认为两者极其不同,无法把自然科学应用到史学上去,张氏云:

> 自然科学的空前成就使好些史家认为,历史的地位也会大大提高,如果历史也被称为科学,并且采用科学的理论与方法。我却以为这个说法不很高明。因为人类事实的研究和原子性能的研究,或动物的生命史大不相同。如果你发现一个原子的性能,你就发现了所有原子性能的研究,一只鸽子的习性和其他鸽子的习性,可以说大同小异。但一个人的生命历史,甚至好多人的生命史,绝不能告诉你所有其他的人的生命史。你又不能对于一个

---

① 陈韬译:《史学方法论》,第七六页。

人的生命历史,作纯粹客观的研究。人的确是太复杂、太精神化、太差异了,我们无法作科学的分析;几百万人的生命史不能从几个人的生命史去推测。历史实际是从所有已知的事实推理得来,这和自然科学用数字计算,或公式演绎的迥然不同。它所研究的,多半是精神的力量与思想的发展,实在不易有科学的分析。①

何炳松亦指出两者绝然不同,史学不可强以科学为名义,何氏云:

> 科学定律所能预断者,乃实质之所同,而非实质之特异。世之一知半解之徒,强以历史为明白因果之学,其见解之肤浅,及其

---

① 张致远:《史学讲话》,第八九页。

又,廖中和译《历史的功用》,第六二页:"正如同曲维运所说:'科学改变了人类的经济与社会生活,同时也使得受过教育的人士之宗教观与宇宙观起了革命。物理科学的这些惊人成就,使五十年前的历史家们有这么一种想法,认为假使历史被称为一门科学,假使它采用科学方法与理想,而不用其他,那么即可大大地提高历史的重要性和价值。'然后他声明自己的观点:'我相信这种类推是错的,因为人之研究,不同于研究原子的物理性质,或研究动物的生活史。假使你寻出了一个原子,你就已经寻出了所有原子,一只知更鸟的习惯大致说来即为所有知更鸟的习惯。但一个人的生命史,或许多个人的生命史,却无从告诉你其他人的生命史为何。何况对任何一个人的生命史,你都不能作一个充分科学化的分析。人太复杂、太精神化、太善变,而不能作科学的分析;况且亿万人的生命史不能从一个人的生命史推演而得。事实上,历史是从一切可获得的事实中所作的大略猜测。而且它处理的是知识的和精神的各种力量,这不是任何所谓的科学的分析所能予以就范的。'"

又,蒋祖怡《史学纂要》,第一七七页:"历史虽然可以正当地称为一种'科学',而永远不会是一个真正的科学,像物理学、化学一样。历史正如其他的社会科学一样涉及人事,而人事永远是一个易变的因子。化学家或是物理家,能在博大的范围中采定种种条件去适合于他自己,又能为他的种种试验抽到一种理想的环境。而历史家却不如此,他不能再创造过去的,因此他的许多假设必定比自然科学家的假设是更实验的。所以与其使史学倾向于主观,毋宁使它成为呆板的一种科学。"

立论之诬妄,岂待烦言。①

罗兹却从反面思考,而声言所谓自然科学之意义实本存在于历史了解之中,罗兹云:

> 我的结论是:自然科学就其为一种思想形式而言,它存在而且业已存在于历史系络中,其生命靠在历史思想上。从此我敢于推论,除非先已了解历史,否则没有人能了解自然科学;除非他知道什么是历史,否则没有人能答复什么是自然这一问题。②

当然,自然科学并非万能,罗兹乃肯定声明:历史之判断,自然科学无能为力。罗兹云:

> 谈到需要判断,以及较能自然而然地发展一个人的判断,各科中以历史为最。历史所发展出来的判断是对人类及其事务的判断,判断行动的动机、原因和后果;自然科学于此无能为力,它所发展的是技术性的判断。③

以上系就自然科学与史学关系而言,然则若把"科学"二字不以自然科学为范围,则此所谓科学包罗实广。自须更从另一角度,估量二者关系。卡尔就广泛意义介绍"科学"二字,要人先了解"科学"一词之含意,再考量历史是不是科学。卡尔云:

> "科学"一名包含许多知识的部门,各有其不同的方法和技术,因此问题的责任似乎应该落在那些否认历史为科学者的肩上,而不在那些承认历史是科学者的肩上。④

---

① 何炳松:《历史研究法》,第四页。
② 廖中和译:《历史的功用》,第九九页。
③ 同前书,第一一八页。
④ 王任光译:《历史论集》,第七五页。

余英时介绍西方史学,就"科学"一语之辞旨研讨,则认为历史之被认为是科学并无疑义。余氏云:

> 英国一位大史家伯利尝说过:"历史乃是一种科学;一点不少,一点也不多。"在柯氏(柯林伍德)看来,历史确是一种科学,一点也不少,但却比较多一点。如果科学的含义是指着"自然科学"而言的话,那么我们可说历史并不是"科学"。可是在欧洲语言的传统里,"科学"一称是从希腊文译为拉丁文的,拉丁文的scientia 之本义则是"有组织的知识体系"(organized body of knowledge)。就此种意义说,历史的确不折不扣地是一种科学。①

张荫麟意见略同,并主张史学既为科学亦具艺术特质。张氏答案云:

> 史学应为科学欤? 抑艺术欤? 曰兼之。斯言也,多数绩学之专门史家闻之,必且嗤笑。然专门家之嗤笑,不尽足慑也。世人恒以文笔优雅为述史之要技,专门家则否之。然历史之为艺术,固有超乎文笔优雅之上者矣。今以历史与小说较,所异者何在? 夫人皆知在其所表现之境界一为虚一为实也。然此异点,遂足摈历史于艺术范围之外矣乎? 写神仙之图画,艺术也。写生写真,毫发毕肖之图画,亦艺术也。小说与历史之所同者,表现有感情、有生命、有神彩之境界,此则艺术之事也。唯以历史所表现者为真境,故其资料必有待于科学的搜集与整理。然仅有资料,虽极精确,亦不成史。即更经科学的综合,亦不成史,何也? 以感情、生命、神彩,有待于直观的认取与艺术的表现也。②

罗兹亦表达类似意见,说明史学性质,罗兹云:

---

① 余英时:《历史与思想》,第二三六页。
② 《张荫麟文集》,第二〇一页。

我的答案是借着两个方法,二者交光互映:一个是学术的和科学的,另一个是本能的和审美的。二者并不冲突,他们彼此互为补助,互为启发。历史,历史写作和历史研究的整个奥秘,即在于它的两重视野,一种亲密而恒在的双重头脑,或者说——如你喜欢——心智之口是心非。它不借显微镜或望远镜来研究这个世界,它有两只眼睛恒常注视着其主题,一只是分析的和科学的,另一只是选择性的和审美的。①

吾人研讨至此,当可综揽众说,略知史学与科学之关系,以至史学之独立特性。读者尚可斟酌至当,建树一己观点,亦绝不至再产生夸大强调偏激固执之狂论。

史学理论之需要　历史理论之需要,全然就其科学条件上着眼,平常默默耕耘之研究历史者尚不必急于思考此一问题。而凡是向来大力提倡科学之史学学者,如果也是动色相戒,不敢谈并禁戒谈及理论问题,尤其不敢有建立历史理论之梦想,则此类学者之提倡科学云云,恐怕只是自欺欺人。提倡科学的史学,又反对建立理论,这已是史学界普遍风气,真是表现矛盾而无识。有一点情况可以了解近代学者怕谈理论之基本动机,那就是这类学者没有把历史理论与历史哲学分开来看。要知此处所谓历史理论全然与历史哲学无关。历史哲学是哲学范畴,不是史学范畴。在史学范畴之内,不包括历史哲学,如果把二者分别清楚,就可以减除怀疑与争议。史学家舍弃艰巨之研究工作而大谈种种史观,当然是舍弃史学立场而进入哲学范围。本章宗旨是完全在于 science 范围,而不讨论 philosophy,因为那是已经脱离了史学

_____

① 廖中和译:《历史的功用》,第六五页。

这一门学问。①

　　史学讲求理论,自然完全不涉及历史哲学,正如过去科学派史家所希望,要做到和物理、化学、生物、地质一样,但这些科学共同之点,都是要达成理论建立通则。在这一点上,实是科学派史家一开始即建立的大纛,悬为正鹄。而后来又戒谈理论,真是违背初衷,抑且真不知何以敢冒科学之名。研究史学当然要谈理论,不但是史学一门学问所不可少,抑且在研究上会自然走上理论建树。中国上古早有成说,史佚已具粗迹,至孔子而特别绅绎标明。柳诒徵指出《春秋》之义,即为孔子所取之理论,柳氏云:

　　　　史之三要素,曰事、曰文、曰义。此自孔孟发之。孟子曰,其事则齐桓晋文,其文则史。孔子曰,其义则丘窃取之矣。②

刘述先认为著作历史不可没有理论。刘氏云:

　　　　凡写历史,必须有一个理论线索,有确定的取舍的原则,否则便成断烂朝报,不是优秀的历史著作。但著写历史有系统有方法,并不表示要把历史变成历史哲学的玄想。一个历史家要熟悉历史事件变迁的来龙去脉,追寻因果,但却要避免作占星学式的预言。同时我们也不能够把西方的社会分析的成果,一成不变地

————————

① 许冠三《史学与史学方法·引言》,第七页:“这一学派的史学家开口闭口总不离史观或历史哲学,他们著书的目的不是重建往事、描写往事,而是解释往事。但由于他们所用的史观或历史哲学只是一些基于玄思的概括观念,并无经验意义,因此结果不是学说解释资料,而反过来是资料做了学说的注脚。甚至,为了迁就史观而不惜舍弃真事实,歪曲甚至假造事实。这当然是违反科学精神的。”

② 柳诒徵:《国史要义》,第一三〇页。

应用在国史的分析之上。①

卡尔说到科学之一般性质,凡为一门存在之学问,大抵均无例外,最足以显示史学之需要理论。卡尔云:

> 科学的发展是走向"多种"(variety)和"复杂"(complexity),同时又走向"统一"(unity)和"简单"(simplicity);这种二元而且表面似乎矛盾的程序正是知识的必需条件。②

这几句话的简单表达就是:精细的分工,综摄的融合;复杂的入手,简单的出产。这完全正是研究学问建立理论之写照。在史学家而言,其职志正在乎此。西方史家葛隆斯基解说甚明:

> 史学家常借研究事情的变迁和复杂的史料来探求永恒的基本因素或人类存在的原则。对每一项尚不知的人类过去事件,必须发掘其内蕴和意义,不断地找寻此事所以发生的理由。③

理论之性质 史学而谈理论,基本上与任何科学宗旨全同,凡理论性质之一般特色,自有其共通之点。就种种共通之点,观察估量史学之理论,既可了解理论性质大要,又可坚定信念,从而作史学理论之建树与探求。

假设程序 自然科学家以至社会科学家,在现代学术体认之中研究问题,无论提出任何一项论题,可以说全是基于假设。这一基本认识与十八、十九世纪之科学界十分不同,一般思考之结果,总还相信这是最理性最虚心亦最合实情之一种观点。所谓科学研究,开始于假设

---

① 刘述先:《研究中国史学与哲学的方法与态度》,《"中央日报"》副刊,1968 年 1 月16 日。
② 王任光译:《历史论集》,第八一页。
③ 容继业译:《历史意义与方法》,第八页。

程序,在今日我国学界尚觉是十分新鲜。因此对于过去充满自信高视阔步之学者,不啻是晴天霹雳。但西方史家早已作了介绍,如卡尔所云:

> 在伯利开始讲学的前一年,法国数学家亨利·朋加莱(Henri Poincaré)出版了一本小书,叫"科学和假设"(La Science et l'hypothese),在科学思想界兴起了一个"革命"。他的主要论题是:科学家所宣布的一般"论题"——只要他们不是有关于语言用法的定义或变相的习用——都是假设,其目的是在说明并整理下一步的思想,因此必须证实、修改或批评。这种看法在今天可以说是很普遍的了,而牛顿"我不制造假设"(hypotheses non fingo)的豪语反见得不切实际了。现在的自然科学家,甚至社会科学家,虽然有时还提到"定律",但已没有十八或十九世纪科学家的那种信心了。大家都承认,科学家的发明和新知识的发展,并非来自一些正确而又包罗万象的定律,而是来自一串诱导新研究的假设。①

事实上史学家应该更具自信,如果不流于历史哲学那种单一观点,并不要忽略史料史实之澄清,则史学家之稳慎处理分析,足以提炼坚强可靠之理论。

假设工具 五十年来中国史学家,也早已常用假设处置历史问题,只是人不自觉,亦不承认其所运用者实为假设。最显著者即历史分期问题,自民国初年以来史家即惯用分期。史家各定其分期,似乎是理由充足,依据实在。实在说,基本上是由史家自行构造之假设,一切可靠之史实仅为其建筑素材。历史分期实是一种便利研究之假设

———————

① 王任光译:《历史论集》,第五一至五二页。

工具,西方史家尤其习惯应用。关于假设工具之一点,西方史家早有明察,如巴恩斯所见:

> 在文化发展之进程中,无论进步或退步,皆是一贯与继续,并无有段落或破裂,斯为文化进化之程序与方法。进步史家,乃视历史之分期,纯为一种矫强之办法,除便于教学外,殊无可取之理由也。①

如伯伦汉所见:

> 凡属时间上之分类,绝无绝对性及永久性可言,苟能适于当前之史料,斯亦足矣。史的分类法,其基本仍在于历史演化上之不断的统一性,故吾人苟能深明分类法之相对的性质,则不致为其所执,以至发生隘狭之见解。如能常以此演化上之统一性为念,则吾人对于改善史观之工具,能予吾人以暂时的分类者,正不必有所虞,而可随时与改变后的状况相适应矣。其他特殊时代及时代内之重复区分,理亦同此。②

如卡尔所见:

> 历史分期的争论亦属于这个范畴。历史的分期并不是事实,而是一个必需的假设或研究的工具,它的合理与否即在是否能说明或解释事实。③

历史分期,是假设工具,是为方便研究者一时所假设,并非实在必有,也并非真实存在。社会学家、政治学家乃至教育家,近数十年来日渐广泛运用假设工具。"调查问卷"即其假设工具较复杂之一项,若干

---

① 董之学译:《新史学与社会科学》,第二八〇页。
② 陈韬译:《史学方法论》,第六一页。
③ 王任光译:《历史论集》,第五三页。

研究计划并以问卷为主要工具。但此种问卷之一切内容,既非天然而有,亦非客观存在,完全由于学者为达成某项问题之了解,而设计一种试探与考察之工具。由于一切客观问题之各不相同,因是所有此类问卷之内容也彼此绝不相同。即此工具之应用,亦端赖学者运用之善与不善,其所获结论之正确与否,与之深有关系。今世学者往往蹈袭他人成说,惑其运用问卷之成功,原样照抄,或略为改头换面,引来处置中国问题,夸示最新方法,真所谓宋人贩章甫之楚之故事重演于今日。

　　简化　史学之需有理论,盖在于提供世人简化之了解。如学人经一番研究,不能获得概括之认识,不能达成综合之结论,则此类研究徒为浪费时间金钱,亦赔累个人生命,真是造孽。历史家而惧谈理论忌谈理论,亦真表现其卑怯无知。简化是史学理论普遍之特性,史家日日努力从事,无非在完成此项使命。卡尔提出此项了解云:

　　　　历史家,由于急想了解过去,和科学家一样,也必须一面简化他的许多答案,确定答案间从属的关系,一面在事实和原因的一片浩海中找出一个系统和一致。①

　　唯所言简化,非简单之谓,亦非故意使之简单之谓,实在于融会繁复而提炼精华之谓。历史现象原来极其复杂错综,须通过一番缜密思考研判,始能提出简化之精义。是故以简单视之而治历史,乃为至愚之事,与简化有重大区别。

　　现代中国史学家亦屡屡提出史学研究简化之结晶,其最显著者,如陈寅恪研究隋唐政治史而提出"关中本位政策"一说,为对隋唐史研究之重大贡献。此一简化,即为认识隋唐政治史之管钥。陈氏治隋唐

―――――――――

① 　王任光译:《历史论集》,第八二页。

史，理论建树尚多，可参考拙著《陈寅恪著〈元白诗笺证稿〉读后》。①

　　系统化　史学研究结果，必须建立一致之系统，自较简化工作繁难而更进一层，此亦理论特性之一种。无论自然科学，即社会科学如人类学、民族学、社会学、经济学、政治学、教育学等，亦必以建立系统为看家本领。事实上凡为一门独立学问，甚至可以说到宗教和神话，亦必有其学理系统。这里尚必须说明，一种粗浅之分类，可以看作一种系统，却不可以列在理论之内，至少必须成就为整体结构形式，其他学科也往往如此看法。史家研究，学识精妙之表现，尤其在于系统化，盖历史事实错综纷乘，常人徒见其复杂混乱，所需史家提供了解者，即将此非常杂乱之面面事实，修理成有系统易了解之史实。若予人以原始资料，予人以事件记载，视为史家之正确而忠实，客观而科学，其实有一看仓库之人即可承担此类工作，何须豢养此批伟岸无朋之书虫。系统化乃为一完整构造，史家须竭思虑呕心血而建树完成。现今所谓专论，即为此类，丰富之史料充乎其中，但绝非任意堆砌。凝练简化之结论，但绝非臆断。剪裁枝骈，在使精纯，但绝非脔割。体系完整，层次分明，提供一项史实之正确了解，即为系统化所产生之效果。

　　理论之效果　史学既必须有理论，其理论之效果如何，正必须加以探讨。史学理论为历史知识精华所在，正如社会科学各科学问，其最后宗旨无非是使人们了解，并获得知识。史学理论效果之大致，可暂提示其向来已有成效可见者言，或有其他，则未敢冒然列举，以待异日累积证验再行讨论。

　　透视了解　其一，是透视了解。自然科学家以及哲学家，虽甚表现其理论精纯，但若面对政治、社会、经济等问题，必至彷徨束手不能

---

①　王尔敏:《陈寅恪著〈元白诗笺证稿〉读后》,《食货月刊》,二卷十期,台北,
　　1973年。

适应,而历史问题比此更不易把握。盖史学理论之构造,是根据历史之渊源背景,及当时内外情势汇集而成。自然科学家与社会科学家若不借重史学理论,对此实难着手。远者不必说,即睁眼看看当世世界状况及重大困局,照自然科学家、哲学家能力,必不能解决,但他们可以很快获得结论,就是人类在自寻苦恼。照社会科学家能力,可以就其个别知识,提供其解决办法,或运用经济、政治、外交、法律、军事等手段处理,当然可以达到某种程度效力。而真正了解问题关键,是有纵方面历代问题之累积,横方面国际关系之纠葛,必先能就历史知识充分了然,始能拟具根本解决办法。例如一次世界大战以前之种种问题,一些伟大政治家、军事家、外交家在葬送千万人生命财产之后得以解决,但是又累积更多新问题,留给二次世界大战更伟大之政治家、军事家、外交家葬送更多人命财产作一解决。须知世界上一切这家那家运用全部聪明智慧,其结果竟然是要完成更大之愚昧,这一点只有史家具有了解,看得清楚。但是世上愚人总是不肯信任史家,抑且加上不少史家是自轻自贱,像某位资深史家,毕生研究史学,到了老年反而要完全归附到考古人类学去,真是丧失自信之甚。这要后辈如何追随? 这种中无主宰之史学家,后世学者决当引以为戒。在此要引卡尔所引一例,用以帮助了解史学理论透视之功能,并与他种学科理论之不同点:

　　如果有人对你说,在今天的情形下,英国和美国应该合并为一个国家,你或许会同意这是很可取的看法。如果他又说,立宪王权较之总统制民主更是可取的政府形式,你或许亦会同意。但假定他再对你说,他正在从事两国合并于英王权下的运动,你很可能回答说,他是在浪费时间。如果你要举出理由的话,你可能对他说,像这类问题的讨论是应该根据在某种历史条件下什么是

"最行得通",而不是根据一种普遍原则的应用;你甚至会犯一个大错,将 history 说成带有大写 H 的 History,说"历史"是反对他的。政治家不仅要考虑什么是道德上或理论上最可取的,并且也该考虑到各种存在的力量,如何加以疏导和处理,以期达到所定的目的。我们的政治决策,借着我们对过去历史的解释,是根据这种妥协而来的。可是我们的历史解释也同样是根据这种妥协的。我们所犯的最大错误是先建立一个什么是可取的抽象标准,而后用这标准来批评过去。①

知变　其二,是知变。史学研究对象,全部为人群活动及变化,研究结果而尚不能明知变化,实在有负此门学问。何炳松认为研讨变化为史学重要特色,如何氏云:

> 盖特异之变化,本历史中极要之特性。历史所研究者,人类之活动也。历史所欲明者,人类活动所产之特异变化也。故编比史事,应述三端。第一为原状,第二为活动,第三为活动所产之新境。三端既明,即称良史。②

陆懋德认为自来史家所建之变化解释,分为三种类型,即退化、循环与进化之三种基本解释。如陆氏云:

> 然所谓变化者,自古以来又有三种不同的意见。旧时最普遍的意见,皆谓人类社会日见退化,而所谓黄金时代者,已成过去而不可复见。此如吾国老庄之推崇上古,此可谓之退化观。此外如希腊人亚里士多德所著之《政治学》,是主张一治一乱,是为循环观。此外如英人达尔文所著之《物种起源》,是主张优胜劣败,是

---

① 王任光译:《历史论集》,第一一八至一一九页。
② 何炳松:《历史研究法》,第六五页。

为进化观。此三派皆属动观,而各有不同。若以某时间或某部分的人类社会言之,不但有循环的现象,且常有退化的现象。然以长时间或全部分的人类社会言之,只有进化,而无循环,且无退化,故现代之历史家,于动观之中,又以进化观为是,而以循环退化观为非。①

解释更为清楚而合乎实情者,要为卡尔之意见,卡尔云:

　　任何一个头脑清醒的人都不会相信,进步是沿着一条连续的直线的,没有倒退,没有出轨,也没有中断,因此连最严重的倒退亦不致动摇进步的信念。很明显的,历史上有进步的时期,也有退步的时期。再说,我们也不能假想,在一个倒退的时期过后,前进会再从同一点或照同一路线继续下去。黑格尔和马克思的四种或三种文明,汤恩比的二十一种文明,或者文明经过兴衰亡三阶段的循环论等——像这样的分类系统本身就没有多大意义。可是它们却说明了一件事,就是推动文明的力量死于甲地而起于乙地,因此历史上的任何一种进步论时论地,都不是连续不断的。的确,如果你有制造历史定律嗜好的话,那么你可以拟立这样一个定律:一个团体——称之为阶级、民族、大陆、文明都可以——在某一时代担任着促进文明的主要角色,在下一时代就不一定会担任同样的角色,理由是:这个团体是如此深陷于前一时代的传统、利害和思想等,已不能适应下一时代的要求和条件了。因此,某一团体的衰落,很可能是另一团体兴起的开始;进步绝不是,也不可能是,全面的,同时并进的。值得我们注意的,几乎所有的预言衰落的人,或怀疑论者,都来自曾经担任推进文明主要角色的

① 陆懋德:《史学方法大纲》,第七八页。

地区或阶级。他们自己团体过去的使命现在已由另一个团体来负担,这种想法并不足以给他们带来安慰。不用说,历史既如此"捉弄了"他们,那么在他们看来,它绝不能是一个有意义或合理的过程了。可是,如果我们要维持进步一假定的话,那么我认为我们必须接受"断线"这个条件。①

通则之建立 其三,是通则之建立。今日世界上一般风气,多重视分析专家,重视分工专职之专家,但却缺乏汇通专家,综揽网罗万有之专家。前者易见近功,后者难有速效。史家属于后者,不为当世所重,只有一些不甘寂寞之明星学者,可以随世风飘浮,大言欺世。然则功效易见于可数之细件,成败则系于繁复之大节。不识通则无法把握大端,而通则成于统观之综合。史学为综合性学问,能广泛吸收新理论,采用新工具、新方法,能做到他门学科所不能及之广度与深度,尤其建立解释通则,最具把握,盖出以广博知识与审慎判断为基础,视野最阔,非他门学科所及。罗兹主张有通则可循:

> 历史是描述性的,但把事实置诸连绵不断的系统上看,其间是有通则的。②

罗兹又云:

> 历史中没有单一的旋律或情节,但却有许多旋律、许多情节、许多模式,甚至有许多重复。因此,我们可以制作通则并获得教训。③

许冠三虽不主张史学有通则,但主张史学是利用他种学科之通则,意

---

① 王任光译:《历史论集》,第一○七至一○八页。
② 廖中和译:《历史的功用》,第六四页。
③ 同前书,第一三页。

旨终点,并无特异,如许氏云:

> 史学致知的目的不在寻求通则,而是只限于事实的确立、描
> 述与解释。解释所用的通则是由其他科学供给的。此外,史学家
> 确立事实的方法,及其所根据的基料也和其他科学不同,因为史
> 学家并不能重复前人的观察和实验,知识论上的相应说(theory of
> correspondence)在这里是不适用的。①

在此举一例,即张荫麟所指出中国文学思潮自古以来发展之通则,张
氏云:

> 近顷有人指出我国文学史上有两种思潮之交互循环。其一
> 为"诗言志"之观念,其一为"文以载道"之观念。吾人将中国文
> 学史分为下列诸时期:(一)晚周,(二)两汉,(三)魏晋六朝,(四)
> 唐,(五)五代,(六)两宋,(七)元,(八)明,(九)明末,(十)清,
> (十一)民国,则单数诸期悉为言志派当盛之世,双数诸期悉为载
> 道派当盛之世。按诸史实,信不诬也。②

鉴往知来 其四,是鉴往知来。现代某些史学工作者,夸诈狂肆,
号称科学,却丝毫不懂科学,已属冒滥。而对于鉴往知来一义,不详察
史学宗旨,一味丑诋,指为神秘预言,亦实表现缺乏认识,徒为望文生
义;缺乏自信,不明史家职责。近人讥议鉴往知来者已成风气,稍涉猎
七十年来历史论著,不难屡见。各抒言论,各具理说,持信坚决,振振
有词。在此必须说明,所谓鉴往在取借史家研究成果之理论,以观测
当前情状,推断未来趋势,并非预言某事将会发生之意。事实上,凡略
具历史知识,往往随时利用以为其行动准则,现在态势已定,未来动向

---

① 许冠三:《史学与史学方法·序》。
② 张荫麟:《论传统历史哲学》,第一一页。

可知。正是由鉴往而知今并推测未来,亦史家之天职所应有。观今日国际争端之复杂,则必对未来怀抱隐忧,今世人类实在毁灭之阴影下求欢取乐,大抵可以预知大劫终难避免。此亦根据往昔历史教训,并非神秘之预感。人人日日参考历史教训,非独史家特有之能。唯史家使命,在提供更正确之史实,更切当之理论,此所以必赖史家努力不懈作精深研究之理。至于知来者,在把握风气动向,此事唯有史家最具特长。习闻爱因斯坦回答第三次世界大战将如何,有谓是会用石头打仗。此语根本是自我解嘲,毫无参考价值,只有蠢人才可以奉为典要。自然科学家并非万能,爱因斯坦固有智慧,并非无事不知。此事较具了解者,一为史家,一为国际关系专家。学科分门别类,各有其长,亦各有其短,高唱科学万能者,即正表现丝毫不懂科学。拿此类事问爱因斯坦,亦正不啻问道于盲。至于认识风气动向而言,自古来即为史家天职,如刘咸炘言:

> 事势与风气相为表里,事势显而风气隐,故察势易而观风难。常人所谓风俗,专指闾巷日用习惯之事,与学术政治并立。不知一切皆有风气。后史偏于政治,并学术亦不能详,故不能表现耳。风之小者止一事,如装饰之变是也。风之大者兼众事,如治术之缓急、士气之刚柔是也。凡一事有一风,马班书之分篇,实约以一事。如马书之《万石张叔传》,即严治时所生柔退之风也。班书之《杨胡朱梅云传》,即夸毗时所生矫激之风也。此岂分类专门之体所能明乎?①

刘咸炘亦言及史家职责云:

> 所贵乎史者,为明著其政事风俗人才之变迁升降也。政事施

---

① 刘咸炘:《治史绪论》,第九页。

于上,风俗成于下,而人才为之枢。一代之中,此三者有多端,每一端为一事,即为史识之一义。何时兆之,何时成之;因何而起,因何而止;何人开之,何人变之。非史不详。①

何炳松亦特提醒史家注意风尚之嬗变。何氏云:

> 影响之最大者莫如风尚,因其能创造或毁灭价值也;风尚之为物实为所有奢侈工业及工业变迁最重要之原动力。是故吾人不能不注意风尚,至少应注意有影响于物品种类与服务需要之变动之各种新风尚。吾人须知风尚中心之位置,及此种中心之变动,因其与商业及工业之组织皆大有关系者也。②

巴恩斯就历史趋势,自中古分析现代西方世界之形成,简约而清晰,实为精辟不刊:

> 人类学家与文化史家早已承认打破停滞、地方主义与自满之最大动力,在各种文化之接触。现代初期历史中之动进元素,在于中世纪欧洲文化与欧洲以外文化之各种各类的接触。接触之进程,开始于十字军,达于一八七〇后现代民族帝国主义时代。此运动在其最初之阶段,使贸易扩大与城市兴起,以作上古时代过去后西欧文化之中心。阿拉伯数字与代数符号,移入欧洲,俾牛顿与莱布尼兹(Leibnitz)得以继续发展其数学。阿拉伯光学亦于此时传入,以为望远镜与显微镜之基石。欧洲更于是时学习制纸术,使十五世纪得以采用印刷法。阿拉伯点金术,供给发展现代化学之基础。关于现代钟表之知识,或系由外洋输入,但不能证明。苟无此类知识,则动力机械学,指南针与火药,均不可能。

---

① 刘咸炘:《治史绪论》,第一至二页。
② 何炳松:《通史新义》,第二一四页。

指南针为航海所必须之物,而火药更为工艺上之重要助力,以打破封建主义与建立现代民族国家。①

罗兹分析现代世界民族主义之勃发,亦推知其全般发展趋势:

> 历史上仍有其他可观察的一般趋势,并非仅止在经济领域而已,虽则如伯利所认为的,最具有规律性的是在经济领域,这些趋势实无异于定律。当一个民族达到相当程度的统一,强大而有自我意识时,其他民族妄想永远压制他们似乎是不可能的。民族主义是一种不可抗拒的力量,这似乎是从历史中获得的一项结论。我不希望说历史中有什么最后事实,这将会是那种穷究至底的头脑——如黑格尔——的牺牲品,黑格尔认为,这个世界中自我实现(self-realization)的最后阶段为普鲁士,真是儿戏,那些认为最后阶段为大英帝国者,同属一丘之貉。这种心理状态,只是早年神学思考方式的遗迹而已——上帝业已离开的神学!然而甚至黑格尔也认为,历史中有一种渐进的自我实现;我愿意暂时假设,不管有多少幻灭与挫折,在人类社会中的确有一股走向自我统治之无可抗拒的冲力。从我在实际事务方面所读史书,我准备做出这项结论,同时武断地说,十九世纪英国妄图统治爱尔兰是违反历史意义的,我们退出是对的,而且应该尽早退出。同样的,我们不能压制印度人民自治的要求,他们自治将不如给英国人统治的好,但他们将宁可如此而却乐于自治。此种冲力是不可抗拒的,唯一的问题是如何以及在什么情况下,我们才能处理得最好。这条一般定律使得拿破仑与希特勒雄霸整个欧洲的妄图归于乌有,将来任何人有此妄心,亦将接受相同的命运。我自欧洲历史中获

---

① 董之学译:《新史学与社会科学》,第五六七至五六八页。

得的一般结论是：没有一个列强壮大到足以统治所有其他各国。①

然则史家严谨稳慎为上，鉴往知来，皆借广博之历史知识而得，非放言高论可以信口雌黄者所可为。

历史重演 其五，历史重演。三十年前经营此书，其时科学派史学潮流正盛，我已多处触人忌视，对于历史重演未敢叙入。今愿心平气和，从容补叙。

研读中西历史，所见俱有历史重演。此非言故事有相同之重演，往往相隔数百年而有重演之史事，乃在于情势之重演，人物角色之重演。我试提一个历史上理论定则："凡在一定之地域环境之中，一定之政治社会制度之下，会发生历史重演。"②在中国史上角色的重演，我举出七个要角在历史上反复重演，是即雄主、暗君、权臣、外戚、寺宦、藩镇以及异族。我之研究，小心慎重，不敢自专自是，尚要盼望各家指教。

我当然仍具充分信心向世人宣述历史重演之论据。前人已有重要研究成果，可以供学者参阅比较。首先引述先业师沙学浚的专文：《南渡时代与西迁时代》。③ 其精要标题，已令人见及所讲重点。盖在就中国丧乱之历史过程，谈历史上三次南渡之重大乱局：一为西晋沦亡，而有南渡之东晋；一为北宋之覆亡，而有南渡之南宋；一为明末北京城破先有李闯，后有清军之入关，而有南渡之福王、桂王之南明。如此全国动荡之大事，表现三次南渡之重演。至于西迁时代，所论近代海上列强压境，清咸丰十年（1860）北京沦陷，而有文宗西逃热河。光

---

① 廖中和译：《历史的功用》，第六八至六九页。

② 王尔敏：《百年来的史学风气与史学方法》，《汉学研究通讯》，八〇号，台北，2001 年 11 月，第一至五页。

③ 沙学浚：《地理学论文集》，台北，商务印书馆，1972 年初版，1996 年三次印，第九一至一一四页。

绪二十六年(1900)八国联军入侵进占北京,而有太后、皇帝逃避西安。民国二十六年(1937)日军入侵,而有政府西迁重庆,俱天翻地覆之重大国难,实俱表现历史重演。我们熟知历代丧乱大事,即使相隔百年数百年,但是其发生丧乱之冲击,改变史乘之重力,则是反复重演,研考历史自能掌握。

切实而言,史家代有贤哲,自梁启超倡始开启新史学在整个二十世纪之新史学时代,我曾著文《二十世纪史学之开拓与先驱史家》,举示这一代卓越的史家有四十九人,各具专长,各具特殊贡献。① 在这一代可注意的一位大史学家雷海宗,创说两个重要理论,表现贯通史识,洞察世局之眼光。一个是说"中国文化的两周"。他指出中国自创建文化绩业以至东晋时淝水之战,定为前一周,关键在于淝水之战的胜败,败则会鱼烂而亡,政权文化俱要消灭;胜则划江而定南北朝之局,喘息以俟异日之光复。唯至二十世纪的对日抗战,又遭到第二周之危局。败则沦亡难复,胜则百劫之余以俟他日光复。这是雷氏在抗战期中所提出。② 但我并不以此说为其历史重演的理论,却是相信这三十六页之论述,深深道出文化立国之重要及其维系之不易。请试一比较世界上古文明诸多不能存续,若古埃及、古巴比伦、亚述帝国、古波斯帝国,甚至迦太基、希腊、罗马、美洲之印迦,俱有辉煌文化成就,抵挡不过外力侵略,一一覆亡。中国文化坚韧,能够历百劫而不亡,此是世界上之异数,国人当如何珍惜爱护,而自二十世纪二十年代以来,中国知识分子如饮狂泉,率先以打毁破除中国传统文化为职志,此风相续近百年,破坏之烈,割弃之急,亦中外史上少见。世上万国无不重

① 王尔敏:《二十世纪史学之开拓与先驱史家》,《近代中国》,台北,2002年2月,一四七期,第六至二七页。

② 雷海宗:《中国文化与中国的兵》,台北,里仁书局,1984年,第一三七至一七二页。

惜其本身文化,而中国独异于众,真是丧心病狂。

雷海宗所创说的第二个理论,就阐述中西古代的历史重演。著文《中外的春秋时代》。雷氏就中西史上之封建时代与一统时代各具之政制政风特色,把西洋史上自罗马时代以至法王路易十四时当作是春秋时代,而把嗣后西方的列强帝国主义视为战国时代。因其著文只讲中西方的春秋时代,故未再置论西洋现代史乘。①

须知在对日抗战全程期间,大后方四川、云南、贵州流浪栖身,忍受战火折磨,艰难饥困生活中的知识分子学者教师,仍然坚毅不拔,热心组成"战国策学派"。主体成员是雷海宗、林同济、陈铨、郭岱西、何永佶、贺麟、陶云逵、梁宗岱、沈从文等著名学者。由其组织名称,可知俱是主张历史重演。其中明确切当的证据,则可见林同济所撰《战国时代的重演》一文,内容阐述西欧列强自十八世纪以来,由民族主义国家进化到帝国主义国家,于十九、二十世纪,形成现代世界的"大战国时代",中国适以积贫积弱之国势面对如此强大冲击,真是危亡可虞,有待国人力挽国运,艰苦因应,渡此狂飙世局。②

现在我要明确宣白,历史重演之理论非我杜撰,也非创生于近时,全在抗日战争时期,主倡者是"战国策学派"诸学人名家,我的业师沙学浚则是同时代独抒己见的一位。

---

① 温儒敏、丁晓萍编:《时代之波——战国策派文化论著辑要》,北京,中国广播电视出版社,1995年,第四二至四八页。
② 同前引书,第四九至六〇页。

第四章　分　论

　　通叙　当世史学界新趋势,无论中外,均极注重专论之撰著。无论就性质形式与日渐广泛应用而言,皆已成为近代自欧美著作发展而来之重要撰著方法与形制。中国学术界承受引介,亦于近五十年间发展为最普遍之著作范型。简化言之,专论是一种具有完整体系之著作,旨在提供一项专门问题之透视与了解。然关种种技术步骤之琐细关节,今世学术界日益考究,介绍史学方法当不能忽略不言。

　　专论写作之宗旨,约可分为数端:其一,提供完整之历史知识,予常人以系统而简化之历史记载;其二,防御他国人不实不尽之错误描述,或有意之诬蔑;其三,建立永久性之著作风格,代表一代之历史作品。以达成最高造诣为目标,并期以成为史学名著。期为名著乃史家所悬最高目标,盖在力行以勉乎为其难者,不可存轻忽之心,当亦不可虚骄自大。唯自信则不可缺乏。章学诚撰《亳州志》,一乡邑地方之史耳,然其自信则比之于陈寿《三国志》、范晔《后汉书》。史家有过人之点,不在局面大小,而在其创发之贡献。观章氏语,当可见出史家自爱自重之处：

> 近日撰《亳州志》，颇有新得，视和州永清之志，一半为土苴矣。主人雅相信任，不以一语旁参，与足下同。而地广道远，仆又逼于楚行，四乡名迹，未尽游涉，而孀妇之现存者，不能与之面询委曲，差觉不如永清；然文献足征，又较永清为远胜矣。此志拟之于史，当与陈（寿）范（晔）抗行，义例之精，则又《文史通义》中之最上乘也；世人忽近贵远，自不察耳。后世是非，终有定评，如有良史才出，读《亳志》而心知其意，不特方志奉为开山之祖，即史家得其一二精义，亦当尊为不祧之宗；此中自信颇真，言大实非夸也。[1]

王闿运著成《湘军志》，乃专门军事史而已，然亦深具自信，比美《三国志》《后汉书》。王氏有谓：

> 比作《湘军志》，庶乎轶承祚（陈寿）睨蔚宗（范晔）矣。志铭小记叙，则置于晋宋之间，可以乱真。[2]

史学著作，何以可以成为名著？大抵必融会有作者之心性思想，有一贯之超然观点，使人们有多一层之领悟。简言之，史学名著，不免其永恒之警世言论，发人深省。是或即所谓史之鉴，亦或即教人训世功用之史。今日专论形制非古昔所有，然撰著之谨严深致，尤当胜于以往，抱期望以使之为名著，其志当不可稍改。

今世专论体制，一切技术上之规定甚详，发展至极，毫不放过琐屑之末节，要求十分严格，亦不免洋式八股之诮。然今世学术界无论自然科学、社会科学乃至文学、哲学、史学论著，何人敢有逸轨之行？ 如

---

① 章学诚：《文史通义》，第三一四页。

② 王闿运：《王志》，卷二，第一六页。

今已成天下学术共约，只有小量修订，且往往愈订愈见烦琐，却无法完全摆脱，然亦表现世界学术同轨，不能不有共同遵循之制。此是今世风气，虽泛驾之马，亦不能不俯首就轭。在此分论介绍，自亦不必厌其烦琐苛细。

我要在此提请学者反省，史学著作之专论形式，在主流风气群趋蜂起，大势无可阻挡。我做半生研究，所有著作，除编纂史料、史书评介之外，俱以专论形式出产，身在局中，著作成书有十五种，不能说不是饱富经验，我自不能有何异言。然我今是谈史学方法，却须慎重将事，不可有误导他人之行。质言之，我们治史学者要通博而不可偏执。在中国史学领域之中，著作形式不当过于偏重历史专论，尚须尊重其他著作形式，因是我在第二章中补制了一个史学领域表。当知尚有其他可致力的门类，千祈莫以此书多言专论，遂弃他项著作形式而不顾。

另一点更需提示者，史学界（特别是台湾地区史学界）的领导显要人物，初要附骥于科学而不成，其追随者学生门徒，则又一意转向依附社会科学。时髦风气是要引用社会科学理论来研究历史，三十年来，已跃居史学主流，令人惋叹史界无人，后生是如此没有出息。

从二十世纪三十年代起，社会学家吴文藻就提倡社会科学中国化，他是有学问根底，学通中西，以为科学不难。然在五十年代以后，虽然在台湾尚有萨孟武、浦薛凤、邹文海、陈绍馨、陈雪屏、杨懋春等名家支撑，亦俱中西学问贯通，仍然提倡社会科学中国化，但已力不从心，六七十年代以后，青年后进，多自美国归来，对于中国固有学养甚浅，不具有真知灼见，对于西洋多变之新知，往往先入为主，奉其师说，在台湾任教出名，虽然仍不断高呼社会科学中国化，却只能套上西方理论，强填一些一知半解的中国材料，以为充数。其高明新法，即是洋人所发明的问卷调查，收来问卷，作统计分析，即成崭新文章，所用自是洋人理论。我可以大声宣示，五十年来社会科学家及史学家，没有一人能自创理论,他们只贩卖洋人理论。可以想想,这些人在洋人面前矮半截,有何资格回国来神气活现,骄色于本国同胞?社会科学中国化,是一个理想,中国人有资格做到,只是陷于洋人理论迷阵,每求早日出名,所做是缘木求鱼,永远变成一句口号。我在此肯定说这些人做不到。

我也不是有如此牢骚,实在近三十年来社会科学已在学界竞争之中压迫到史学界,不能不言。主要是台湾史学界无人,自己不能创造理论,一味向社会科学借取理论,大肆张扬,夸示同辈,弄得社会科学家早瞧不起史家。举例说,三十年前台北商务印书馆要大气魄地编纂一套《王云五社会科学大辞典》,主编是王氏门人魏镛博士。经过数年把此书出十二册,他自是表示看重历史学,把"历史学"一门编到第十二册。我是在此门承戴玄之教授好意,分撰了近代史上四个分题。对此绝无意反对魏氏做法,只是告诉诸君,社会学家是如何看待历史学,又是如何宽大收编史学为社会科学。不知做史学研究者是如何思考。

再举一个真实的例子。二十年前,中研院近代史研究所召开学术会议,邀请各界不少贵宾,当主席所长致辞,讲了一些自夸的话,本是鼓励本所同人有所振作。未料贵宾中有位经济学家费景汉,在主席致辞后,立即起立发言,大加纠正,近代史所同人等于饱受一顿训诫。怎敢如此狂妄自大,倨傲十足,无非背有靠山,近史所无识,请来这样贵宾,只好自认倒霉。主要还是史学界群趋巴结当前明星人物,出力花钱,恭迎恭待,招来一顿没趣,从此近代史所也不会再邀此人了。

最终要期盼史学家自立自强,自爱自重,必须以坚强实在之研究成果与世人相见,夸炫理论,借光于社会科学,除了睥视史界朋友,一定会随时代转变而被淘汰。于此书亦只能就专论作探讨宗旨,盖学术界潮流以此为重,尚有何术与其他学科争较短长高下?我在此郑重提醒史家同道,台湾学界早已充斥流氓恶霸,必当令他们名垂青史,不必退缩。

第一节 选 题

选题意义 专论第一步工作即为选题,选题为专论之决定性基础,选题完成,则志趣之方向、研究之范围、形式之需要、资料之取舍、工程进度之安排,大致全有一定依据。而且专论成就高下,有否把握,亦以选题为重要步骤。换言之,如选题不适当不妥善,决将影响专论之成功与价值。故言及专论,当以选题列为首要工作。不论自然科学、社会科学,一切研究学问之工作,均以选题为起步。正如沙尔非米尼所言,世上没有研究全部问题之人,各门学问学者均必须对其研究对象先作一个抉择:

> 这一切都是真实的。但是没有一个科学家,不是必须选择某种事实作他的研究科目而不顾其他一切的。没有人能研究一切事物。一个科学家所能合理期望的唯一目的,就是仅在求知他所从事研究的那些事实。史学家,无异于科学家,在选择这一类事实而非另一类事实为研究对象时,是作一个必要的抉择,而非一种武断的割裂。①

何炳松亦主张,研究开始即须首立主题:

> 吾人于搜罗史料之余,既知梗概,乃可将考证所得之迹,加以审查。第一,定主题之界限;第二,分史事之时期;第三,定史事之去取;第四,定各部因果之关系;第五,明陈迹之变化;第六,定史事之重轻;第七,定烘托材料之多寡。②

① 周谦冲译:《史学家与科学家》,第二九页。
② 何炳松:《历史研究法》,第五七页。

选择主题,不但出于史家志趣与偏好,固然不免主观抉择。抑且史家群趋之对象,往往为时代风气所影响所支配。不惟在所难免,而且实为普遍现象。施亨利即清楚指出,一时代之重大问题,引起一时代学者之广泛注意:

> 我们而且要更进一步说,现在的事实是激起历史家研究的对象。为什么半世纪以来经济史和社会史得到重大发展呢?为什么人们存心地去研究劳动组织史、工商业进化史及资本主义的起源呢?这是由于现社会中经济的和社会的事实一天天地重要,资本劳动间的问题到处都发生。大战后兑换的混乱及价格的提高,引起了历史家的研究十六世纪的钱币革命,得到更确切的了解。①

许冠三亦批评到现代史学界在科学派史家之主张与提倡之下一般趋势,多只注意小问题,而忽略重大问题上选择与研究:

> 科学派史学家却很少注意大规模往事间的相互关系,更不去解释历史的变动,特别是大规模的变动,也不愿写作以大规模往事为题材的史著。小规模事实的确定对于史学研究本身以及有关科学研究,虽有重大的意义,但对于整个社会的直接用途却微不足道。事实搜求派的史学家显然取消了一些问题,并规避了对社会大众直接服务的责任。②

选题性质 选题亦可分若干属性,端看取决之重点,可以略述于后:

一、开创性。最佳之选题,为从事研究开创性之问题。所谓开创

---

① 黎东方译:《历史之科学与哲学》,第八四页。
② 许冠三:《史学与史学方法·引言》,第五至六页。

性,大体指论题本身开创性之发现或提出。此则前无因袭,并实际具有研究价值之问题。

二、实验性。此为由选题而应用一种新设计、新方法,亦具有研究开创性,然在于新方法处理方式之实验。论题本身未必为新,但因新的实验而使之有新境界、新结论产生,故亦具重大价值。

三、突破性。此类可能为旧问题,可能极普通而易见,但选定论题与研究分析,自一新角度获得不平凡之结论,超越于常说旧说,足以深服人心,自有重大价值。

四、总结式。此类选题为结账之大综合,即问题有众广之讨论文字,有众广之不同立说,但只缺少统一贯穿综合纵观之通体融会与论断。取之为题,完成研究。此必须于旧存诸说作选择清厘,折中至当,凡吸取与批驳,均必须一一交代清楚,解释明白。

五、补充式。此类论题前人已有成说,然觉其有重大遗漏,或资料不足,或立论偏颇,则此题可另起炉灶,自立探讨,但不可于他人前作,毫不提及。

六、翻案式。选旧有论题,彻底推翻常说,针对旧有解释,提出完全相反意见,另立独创观点,以改变世俗观点。此为近六十年来学界最盛风气,然多流于大言欺人,虽不免惊世骇俗,而实质上仍未能坚定其新说。

七、其他。以上六种性质之外,余则蹈袭陈说,拾人牙慧,东抄西补,改头换面,均不足以鼓励从事,虽流俗甚盛,学者则不可不戒。

选题之限制　选题之慎于始,可免枉费时日劳力。选题宗旨确定之外,尚须顾及客观条件之限制。此当在选题之同时计虑在内。其一般限制,大致为:

一、论题之发展性与持续性。即一论题确定之际,须了解有无重大之发展弹性。换言之:第一,此一论题本身有无更多之发展阶段;第二,其本身可否再发展其他方向之相关问题;第三,其本身能否产生若干独立之新问题;第四,此论题将涉及之其他论题。如发展性相当广,自是佳题,否则太孤立,自是一种局限。

二、资料之局限。论题之选择,固可以有重大意义,如资料奇缺,则亦无从着手。遭遇资料短缺,则亦无法完成研究。

三、时忌之限制。若干论题,可以极富意义,但可能当时为某种时忌,资料多不公开,讨论也不能畅所欲言。此类研究亦不易展开。

四、其他条件之限制。如语文,如地区,如某种特殊知能之局限,则选题亦必受限制(如必须音乐、绘画、工程等特技,戏剧、舞蹈、技击等知能)。

论题之取决 选题取决,主要在于个人,一切最后责任,亦由个人承担,指导老师仅能辅助,但只尽力协助,成败仍在个人。然而指导老师关系最大,盖老师须有清楚之衡量,须熟悉中外研究行情,须积极提供参考资料,须对于不能选择之问题,有具体之劝戒。

选题问题是对初学作专论者言,并非一般学者如此。在治学有素者言,接触与发现之问题,毕生做不尽,人非选题,而问题自存在。可使学者基于知识良心,非加以解决不可。迫于文化存续、学者天赋,实不能逃避解决此类想到见到之问题。是以学者研究,孜孜不倦,问题层出叠见,倾毕生精力,尽瘁于斯,犹觉时不我与。当不至发生无问题可做之情。至在初学者,方入门径,故须教师指导。

尚有一事必须注意,不但问题性质各具特色,即是资料本身亦各有特性。方法不可拘泥,尤须针对问题性质思考适当之处置方法。近人尚有于中国近代史方面日日用考证辨伪方法处置资料,何啻于取沧海之水运回河源,彼固白耗精力,徒令文献资料中多堆几册废纸。学者入门研究不可不察。对于运用方法之警觉,可举甘特所言:

各个主题皆具独特的分析方式,纵然有些史学方法的问题与主题有关,但刚入门的学生在心理上要具有坚实的基础。①

各时代问题性质不同,资料内容重轻、详略、多寡、体制、款式种种个性,尤有极大差别,学者选题,亦须考量处置方法,否则必至凿枘不入,事倍功半。

第二节 结 构

结构之意义 研究性论文必须注重结构体系。结构是一部历史著作之躯干,其安排好坏,关系到整体内容之表达。结构所依据,一在于大纲之拟定,即如构造之蓝图;一在于体系之完成,即提供之著作成品,使人获得全貌而无遗憾。一种著作之成功,不全在于叙述之生动,实在由于结构安排之技巧。如何节省叙述与篇幅,均由结构安排之成功而得。何炳松申说其要义云:

> 明定范围,揭示纲领。然后分述详情,表明特点。务使览者如振衣得领,张网挈纲。了然于史事之真情,深谙著者意向之所指。欲求著作之贯通,应用推理之能力。不特当研究之际,须将题目在胸。即至著作之时,亦应毋忘纲要。学问之道,纲领为先。研究进程,此为关键。若书无纲领,则纵有心裁别识,亦将如用武无地之英雄。②

撰写历史著作,文字技巧与结构技巧是两条路,或两步不同工作,而结构技巧尤难,尤在文字技巧之上。结构技巧真正代表史学素养,并且是综合史学、史识、史德、史才四者之全能,才有优良结构技巧之

---

① 涂永清译:《史学导论》,第一七一页。
② 何炳松:《历史研究法》,第七〇页。

表现。伯伦汉尤其详述著作体裁结构关系专论成品之成败：

> 先须论及者，为集中之历程，即吾人于叙述时，将极多之概念，缩成为极少者，但原来之主要内容，仍不因此而失去，盖史家研究一事实时，各种概念及材料，纷然杂陈于其前，故不仅需将无关者摒去之，即其有关者之中，亦需选其合于知识目的者而集中应用之。史学之认识目的，在于演化系列间之关系，此已屡屡提及之，故集中之程度，必须依照事实对于此种关系之意义而定，然题目之选择，于此亦大有影响，例如吾人作某人之传记时，关于其个人之事，自不妨详尽叙出之，若在民族史范围内，即不能如此，只可略一及之矣。故着手叙述时，必须认清题目之观点，俾对于事实知所以集中，使其与所论之演化关系能相适，而将较不重要者加以较严之紧缩，绝不能因自己所喜，而遂多叙之也。此种选择方法，不致影响研究工作之科学性，且反有所助，此层吾人亦已见及之。须知一种历史著作之体裁，是否得当，与集中之方法最有关系。集中得当，则所叙述之事实，条理清晰，令人一目了然；不得当，则即凌乱无序，琐屑不堪卒读。故体裁不仅为审美上之事，与知识之目的，尤有莫大之关系也。①

现代通行专论之结构 排比章节细目，大小层次分明。最宜于专论形式结构。安排章节之方法要点：一、须面面顾到，各方面、各层次、各重点，不可有漏缺遗留。二、不必太顾虑各个章节之大小，但必须注意其各独立分别之必然意义。此即各章节分量不必相等，其重要性则为相同。三、顾及资料的安排与发挥。四、不分章节亦可以表达出结

---

① 陈韬译：《史学方法论》，第五一四至五一五页。

构,这个结构乃在行文中透露。主要在于议叙之条理,层次分明,即不分章节,亦可成就佳作。但此在指论文而言,若在一成书,实不能自头至尾笼统通叙。

今世专论体制之形成,是世界上学术共通之趋势。在西方世界而言,仍日在努力于形式之一致;在中国而言,是完全承受西方冲击,影响力日渐扩大,并亦力求形式之一致。今日国内学术论著已多取专论形式,新著尤然。二十年来各大学研究所训练硕士博士,要求著作形式甚严,未来展望,一则中外著作形式一致,可谓已成定局;二则中国学术著作,将必以专论占主要地位,殆已可确信不疑。

传统著作形制　中国传统史学著作形式有创有因有革,各类著作自有一定结构,自具一定特长,非可以今日专论之发达而一概抹杀。且中国传统专论亦在随时改进,章学诚所改革已渐接近于现代专论形制,如其所言:

> 夫《通鉴》为史节之最粗,而纪事本末又为《通鉴》之纲纪奴仆,仆尝以为此不足为史学,而止可为史纂史抄者也。然神奇可化臭腐,臭腐亦复化为神奇,纪事本末本无深意,而因事命题,不为成法,则引而申之,扩而充之,遂觉体圆用神,《尚书》神圣制作,数千年来可仰望而不可接者,至此可以仰追。岂非穷变通久自有其会,纪传流弊至于极尽,而天诱仆衷,为从此百千年后史学开蚕丛乎!今仍纪传之体而参本末之法,增图谱之例而删书志之名,发凡起例,别具圆通之篇,推论甚精,造次难尽,须俟脱稿,便当续上奉郢质也。①

学术天地辽阔,各人志趣万殊,是丹非素,亦流于偏。史家须眼界

---

① 章学诚:《文史通义》,第二九四至二九五页。

周遍,无所不照;胸怀空旷,无所不容。专论形式从事研究最具利便,今已多人共晓,然绝不能强调其意义价值。专论非万能,除有利研究之外,他类形式结构并各有其独特之用处,于此并略一探讨。

中国传统史学著作,其体裁结构如何,已为通行常识。刘知几所论二体,至宋以后则成为三体。三体也者,即纪传、编年及纪事本末三者。前代史家著作,多以三体为宗统,固已略见中国历来正统史书之著作形式。然三体尚未能完全包罗传统史籍,细观仍有诸多变化,若详为申述探讨,亦极费笔墨。故在此略为提示,实待另于史学史方面专书考察,可以明其概略。

现代通行非专论形式之著作 今世沿承传统形式,融会西方规制,辗转流变,于前者所谓专论之外,迄尚通行若干著作体制,足以于此讨论:

其一,统计形式。中国古代官府表册,虽多得之于统计,然不及近代之健全,今世则承受西方影响较多。统计积数字为基础,而出以表格形式,故完全不依专论体制。然其自具特有功用,非专论所能及。现代之统计巨献,若杨端六之《六十五年来中国国际贸易统计》,黄炎培、庞淞之《中国商战失败史》,严中平之《中国近代经济史统计资料选辑》等皆是。

其二,编年形式。年谱年表,按年月日叙事,严格言之,不当视为专论,近年亦有学者大编年谱年表者,硕士博士论文,可尽量不取此一形式。盖无结构可言,仅能表达选择史料之识力而已。但平时著书,旨在多保存资料,多记载事迹,专论无从容纳,编年史则尽有广大空间以包容之,此年谱年表存在之意义。现代著作年谱之丰博而有严格剪裁者,如《三水梁燕孙先生年谱》、郭廷以之《郭嵩焘先生年谱》、魏秀梅之《清季职官表》。

其三,资料集形式。丛书虽亦选辑整部资料,但毫无剪裁,不得视为资料集。编辑资料,功在便利学界,然尤不宜作为硕士博士论文形式。仅表现苦功与细心,才力识力均受到严重局限。现代之资料集,如蒋廷黻之《清季外交史资料辑要》,陶晋生、王德毅、王民信合编之《宋辽关系史料辑录》,汪钟霖之《九通分类总纂》等是。

其四,类书形式。编辑典类韵书,有功他人使用,亦不宜作为硕士博士论文形式,此在杂辑各书,作为训练入门尚可,更不能表现才华。现代之类书,如《云五社会科学大辞典》,高树藩之《形音义综合大字典》等是。

结构之表达 结构之功效,为简化之艺术与阅读之实益,成就为健全之史学著作。而健全之结构,使人醒目易读。特别是灵活巧妙之标题,最为有效。此外重要之点,在结构之确立,充分影响著作形式。其表达之功能,在此尚略可分析言之。结构健全,表达历史著作之整体性,予人获得完整之了解。结构健全亦表现枝叶分明,使人依其各部脉络了解发展与变化之线索。结构之起首,即导论或引论部分,在于提出问题,申明撰著之目的,所取态度,所用方法。此一部分最好在最后完成,即在结论完成之后再撰引论,并不可与结论有任何重复。其宗旨在于简要而概括之介绍,为全局作一鸟瞰。其功用在于技术性引导读者阅读此一专论,使其重视此一问题,产生兴趣,并能从容阅读。结构之收尾,即结论部分,必须为全部专论精华所在,最为重要。其内容虽各不相同,而问题之澄清,意义之肯定,关键之探明,趋势之推论,均须详细一一交代清楚,丝毫不可偷苟。往时阅读不少现代专论,其结论之草率,语气之含糊,或犹豫难决,或徒呼口号,简简数言,匆匆结束,真不知其何以劳心苦力从事此无聊之游戏,焉得以入于研究之林。当代学者遗留专书论文至夥,不妨试一读之,以勘验其确否如此。

第三节　引　证

意义　论文为解释某项史实,或观念或政策之实际,常必须提出引证以为分析见解之支持,使人见出论断之确当有力,减少犹疑与讼辩。在另一方面言,一种研究,其基础系建立于广泛的资料之解释与分析。资料并不能完全堆砌,史学家之本领所表现,即在于对资料之融会消化,而能提出浓缩之精练论著。引证即是精选剪裁之资料,在论文中作适当之安排者。它必须如同巧妇制衣,使大小、部位均匀合度。故而在撰写历史论著之历史家言,这也是高度技术与艺术。

传统史籍征引之制法　引征旧典故献,向为中国传统史籍所重,本有严格制法。史家慎于笔削,征括旧文,唯恐丧失原意。以简册幅面有限,向来多务求简,往往失之疏略,绝少失之诬滥。凡所引征,多以直录典献原文为法,且以浑沦于行文语气之中无所分界为习。此皆不同于今世专论之制。往制如此,亦历代史家沿贯之积,盖史为专门世业,原自信其所独能,亦以征引秘档入于史籍为责,且向不疑有盗欺之事生于史著。因是凡所征引,既入本文,亦不注明出处,此尤异于近代负责到底之专论形式。孔子作《春秋》已是述而不作,言明并非自著。司马迁著《史记》,亦所谓整齐故事,裁成百家记传原文列于各篇,亦是言明非出自己。特以司马创制,为史学千载宗风,影响之大,既深且远,传统史籍征引之制,遂亦由此而成定局,兹举梁启超所介绍云:

> 史界太祖,端推司马迁。迁之年代,后左丘约四百年。此四百年间之中国社会,譬之于水,其犹经百川竞流波澜壮阔之后,乃汇为湖泊,恬波不扬。民族则由分展而趋统一,政治则革阀族而归独裁,学术则倦贡新而思竺旧。而迁之《史记》,则作于其间。迁之先,既世为周史官,迁袭父谈业,为汉太史;其学盖有所受。

迁之自言曰:"余所谓述故事,整齐其世传,非所谓作也。"(《太史公自序》)然而又曰:"考之行事,稽其成败兴坏之理……欲以究天人之际,通古今之变,成一家之言。"(《报任安书》)盖迁实欲建设一历史哲学,而借事实以为发明。故又引孔子之言以自况,谓:"载之空言,不如见之行事之深切著明。"(《自序》)旧史官纪事实而无目的,孔子作《春秋》,时或为目的而牺牲事实。其怀抱深远之目的,而又忠勤于事实者,唯迁为兼之。迁书取材于《国语》《世本》《战国策》《楚汉春秋》……以十二本纪十表八书三十世家七十列传组织而成。其本纪以事系年,取则于《春秋》;其八书详纪政制,蜕形于《尚书》;其十表稽牒作谱,印范于《世本》;其世家列传,既宗雅记,亦采琐语,则《国语》之遗规也。诸体虽非皆迁所自创,自迁实集其大成兼综诸体而调和之,使互相补而各尽其用。此足征迁组织力之强,而文章技术之妙也。班固述刘向扬雄之言,谓"迁有良史之材,善序事理"(《汉书》本传赞)。郑樵谓"自《春秋》后,唯《史记》擅制作之规模"(《通志·总序》)。谅矣。其最异于前史者一事,曰以人物为本位。故其书厕诸世界著作之林,其价值乃颇类布尔达克之《英雄传》,其年代略相先后(布尔达克后司马迁约二百年),其文章之佳妙同,其影响所被之广且远,亦略同也。后人或能讥弹迁书,然迁书固已皋牢百代,二千年来所谓正史者,莫能越其范围。岂后人创作力不逮古耶?抑迁自有其不朽者存也。①

吕思勉追溯上古史籍,亦证司马迁《史记》之源,皆有所出,司马之功在于网罗百家,整齐为一。如吕氏云:

---

① 梁启超:《中国历史研究法》,第二七至二八页。

或曰：秦汉以后之史，第一部为《史记》；而《史记》之体例，实原于《世本》。洪饴孙撰《史表》，以《世本》列诸史之首，核其体例，则有本纪、有世家、有传，并为《史记》所沿，桓谭谓："史公三代世表，旁行斜上，并效周谱。"《隋志》有世本王侯大夫谱二卷，盖即周谱之伦，则《史记》之世表、年表、月表，其例亦沿自《世本》。《世本》又有《居篇》《作篇》，则八书所由昉也。百三十篇，本名太史公书，"史记"二字，为当时史籍通名，犹今言历史也。史公发愤著书，功在网罗综贯，不在创造，所整齐者，实为旧史之文，非其自作，则纪、传、世家、书、表，乃前此史家之通例，正不独《世本》然矣。安得谓古之史止记言记事二家欤？案本纪、世家、世表之原，盖出于古之帝系、世本；八书之作，则出于古之典志。此二者，后世虽以为史，而推原其朔，则古人初不以之为史也。《周官·小史》："掌邦国之志，奠系世，辨昭穆。若有事，则诏王之忌讳。大祭祀，读礼法，史之书叙昭穆之俎簋。"郑司农云："系世，谓帝系，世本之属。先生死日为忌，名为讳。"又瞽矇："讽诵诗，世奠系。"杜子春云："世奠系，谓帝系，诸侯卿大夫世本之属也。小史主次序先王之世，昭穆之系，述其德行，瞽矇主诵诗，并诵世系，以戒劝人君也。故语曰：教之世而为之昭明德而废幽昏焉，以休惧其动。"案小史所识者，先世之名讳忌日及世次，今《大戴记》之帝系姓盖其物。瞽矇所诵者，先王之行事，则五帝德之所本也。此本纪、世家、世表之所由来。凡一官署，必有记其职掌之书，今之《礼经》《逸礼》等，盖皆原出于此。此等无从知记者为谁，大约属于何官之守者，则何官之史所记耳。此即后世之典志、八书之所本也。古所谓史，专指珥笔记事者言之。小史、瞽史所识，《礼经》《逸礼》之传，后世虽珍为旧闻，当时实非出有意，故追溯古史者，并不之及也。①

关于此种引录故籍，裁成部勒，以为一己著作，今世见之，自必断为抄袭，此理固然，不须多言。唯知往史形成制法，史家沿贯风气，当可有所谅情。然近世章学诚并抒同情之理解，以作有力之支持。诚为持之有故，言之成理。如章氏云：

> 著作之体，援引古义，袭用成文，不标所出，非为掠美，体势有所不暇及也；亦必视其志识之足以自立，而无所借重于所引之言；且所引者并悬天壤，而吾不病其重见焉，乃可语于著作之事也。考证之体，一字片言，必标所出：所出之书，或不一二而足，则必标最初者(譬如马班并有，用马而不用班)；最初之书既亡，则必标所引者(譬如刘向《七略》既亡，而部次见于《汉·艺文志》，阮孝绪《七录》既亡，而阙目见于《隋·经籍志注》，则引《七略》《七录》之文，必云汉志隋注)；乃是"慎言其余"之定法也。书有并见而不数其初，陋矣；引用逸书而不标所出(使人观其所引，一似逸书犹存)，罔矣；以考证之体而妄援著作之义，以自文其剿窃之私焉，谬矣！②

现代专论引证形式　前代史籍之规制习惯，乃至于一定之理论根据，就今日世界学术日趋同轨之局面，均不能不有所修正。换言之，无论前代引证方式有无可取，就今世通行之专论言，均无所采用。我辈可以完全同情于他种形式之著作，可以酌量行使传统习惯。唯专论原即吸收西洋之著作形式，各类学科俱已普通行用，史学专论自当明确严守共同之规制，不可稍涉犹疑。今世共约之引证形式，相当明晰而

① 刘知几：《史通》，第一八至一九页，吕思勉评。
② 章学诚：《文史通义》，第一一八至一一九页。

合理。一般而言,可分间接引证与直接引证两种。间接引证,即融入于正文,随文附叙,不另标列任何记号,然必开列所引资料来源于附注。直接引证,必须加添前后引号。较长之引证,须另于正文之外独立自成段落,并较正文低二三格,以示区别。最后须作附注,开列资料来源。

至于在何种情况需要引证,以及何种著作需要何种形式之引证,在此可略作说明,即凡讨论思想、观念、政策、外交条文、文学(诗、词、典故、论说)上之曲微关节,均必须采用直接引证。其长短以适用为度,唯特要避免断章取义。对之有批判讨论者,均必须用直接引证。凡叙述、描写、事体经过,陈说官品、物象、地理、情状者,均不必用直接引证,则简明之叙述解释即可,并必须注明出处,俾知所本,此即是所谓间接引证。

无论直接引证或间接引证,仍然必循一定原则。大致而言,可分为数点如后:

其一,以力求其足以说明事象或观念为原则,不可过于冗长。

其二,以不重复叙述为原则。

其三,以少引直接引证为原则。

其四,以连贯文气而不孤立突出为原则。

其五,引证须面面顾及,不偏颇一面之证据。

其六,两种资料以上,引其更原始者。

其七,常说、常识,即有成书,亦不作引证,盖无此必要,人人皆知,无须取证。凡常识常说,当尽量简叙。

其八,不作夸张虚饰之引证。近人论著中,常先引某学者一新理论,然后加以发挥证实,并不问本文实际需要与否,其实旨在夸炫新奇而已。

第四节　表　谱

意义　表谱是中国传统正史一项重要规制,在所谓正史之前,亦早有独立渊源。就基本意义而言,表谱是一种浓缩之资料精华,同时也是简化文字之说明。凡自制表谱统系,甚至成就大部巨著,均可视为重要史学著作。历史专论,亦以附列表谱为善,不可任其缺略,当用不用,尤为一种疏失。

传统谱系之制　今所谓表谱云云,包罗所有简化综合撮要之系统纲目形式,或称表,或称系,或称谱,或称记。世之史家多称创自周代,谓为小史职掌,因职司所需而有其制。如朱希祖云:

> 谱系起于何代,不可得考,述其初起,不过如小史所掌奠系世辨昭穆而已,年代事迹,必不详也。司马迁谓"谱牒独记世谥,其辞略",又谓"自殷以前诸侯,不可得而谱,周以来乃颇可著"。则谱系殆兴于周乎,唐虞传贤,夏初传子,其时谱系有无,盖不可考,有殷一代,兄终弟及者多,至于周代,主于立嫡。始严大宗小宗之辨,故奠世系辨昭穆,其要事也。此证一也。①

朱氏又云:

> 周以前谱系,皆由周人追录,知则录之,不知则辟。自周以下,不特王室世系,井然不紊,即诸侯之谱,亦详载而靡遗,此二证也。周代掌谱系之官,在王室则有小史,在诸侯则如楚之三闾大夫;周以前未闻有此官制。此三证也。②

刘知几亦谓,谱之创制,始于周代,若刘氏云:

---

① 朱希祖:《中国史学通论》,第二四至二五页。
② 同前书,第二五至二六页。

> 盖谱之建名,起于周代(一作氏),表之所作,因谱象形,故桓
> 君山(桓谭)有云,太史公三代世表,旁行邪(通斜)上,并效周谱,
> 此其证欤。①

前章所述吕思勉之解说,尤详明可信。盖谱系之制,早创于周代,行之
后世,司马迁当备见其流传之遗籍,并采录以入于《太史公书》。刘知
几盛称其体制之优越,若刘氏云:

> 观太史公之创表也,于帝王则叙其子孙,于公侯则纪其年月,
> 列行萦纡以相属,编字戢霰而相排。虽燕越万理,而于径寸之内,
> 犬牙可接,虽昭穆九代,而于方尺(一作寸)之中,雁行有叙,使读
> (一衍书字)者阅文便睹,举目可详,此其所以为快也。②

班固著《汉书》,列古今人表,后世诋讥者甚众,自刘知几以下多言其不
当。至章学诚卓识裁断,以为当原有所本,并视为决当宗依其制,遂发
千载之覆。若章氏云:

> 班氏古今人表,史家诟詈,几如众射之的;仆细审之,岂唯不
> 可轻詈,乃大有关系之作,史家必当奉为不祧之宗。颇疑班氏未
> 必出于创造,于古必有所受,或西京诸儒治《春秋》者所传,班氏删
> 改入《汉书》耳。此例一复,则列传自可清其芜累,惜为丛毁所集,
> 无人进而原其心耳。③

章学诚更详论渊源,疏解要义,再三反复申辩,以谓世之绝学,当有恢
复。若章氏云:

> 姓编仿于刘宋《姓苑》,名录仿于萧梁孝元,人皆知为比类征

---

① 刘知几:《史通》,第四九页。
② 同前书,第四四一至四四二页。
③ 章学诚:《文史通义》,第三五四页。

事之书而已;不知周官小史掌奠系世,而谱牒为姓氏专司;御史掌赞书数从政,而仕版为人民综要。古人大典存其官守,所谓制也。后代礼亡官失,师儒沿其遗意,遂为治经业史专门名家;至专家又失其传,而此类征事之书纷然杂出,剽掠近似,以为耳目玩弄之具,而古人之家学亡矣。昔者诸侯去籍,周谱仅存,史迁因之以作世家系表,而余文遂不复究。《世本》流传,六朝尚有其书,杜预之治《左氏春秋》,所为世卿公子诸谱,多所取质,此姓系名录所以为经史专门之家学也。班氏古今人表,为世诟厉,史识如刘知几,乃亦从而非之,至今史家以为疮痛。嗟夫!此正春秋家学流传,非班氏所能私创,史迁忽略,而班氏特取以补其疏,与地志艺文诸篇,并为要典。后世于艺文地志之补,则为有功,而人表一篇,不但不知阐其绝学,且随声附和而诋毁之,宜史家之列传,日出日繁而不可简料矣。盖史以纪事,事出于人,人著于传,凡史莫不然也。溯古之传,非得人表以为总汇,则于故籍必有偏枯去取之嫌;征今之传,非得人表以为总汇,则于近人必有随类求全之弊。故人表者,春秋谱历之遗,而类聚名姓之品目也。人表入于史篇,则人分类例,而列传不必曲折求备;列传繁文既省,则事之端委易究,而马班婉约成章之家学可牵而复也。夫史之大忌,文繁事晦;史家列传,自唐宋诸史,繁晦至于不可胜矣。使欲文省事明,非复人表不可;而人表实为治经业史之要删,而姓编名录又人表之所从出也。①

年谱 马班以后,谱系渐成绝学。至宋而有人物年谱之创制,原非上承古之谱系,实以个人传纪资料出以编年形式,渊源内容,皆非出于一辙。然此制为后世所重,撰著者多,至近代尤盛,浸成风气。章学

---

① 章学诚:《文史通义》,第二四三页。

诚亦颇加称道：

> 年谱之体,仿于宋人,考次前人撰著,因而谱其生平时事与其人之出处进退,而知其所以为言,是亦论世知人之学也。①

顾颉刚亦指出韩欧年谱,以为创制前例,顾氏云：

> 年谱兴于宋朝,如薛齐谊的《六一居士年谱》,洪兴祖的《昌黎先生年谱》都是。②

表谱种类　表谱种类繁多,均视实际需要而生变化,迄无一定限度,亦不拘特定格局。现将所知可以大致开列于后：

其一,系统表：用以解释世系流派之渊源者。其不同形式,不一而足。

其二,年代表：以年代分系重要历史事件。

其三,分类表：此表用途实为广泛,用者最多。即设定若干一定之类项,排列分填。凡职官、地理、制度、人物、学术、物产,多用之以作简化说明。

其四,统计表：对于数字之叙述,以统计表达最为简明清晰,较文字更有效。统计表之形式甚多,最简单者,仍为条列,或用比例或用百分比,以了解相关之变化。

其五,关系曲线表：为说明两种以上相关问题之变化而作。

制表宗旨,在为简化叙述,使人一目了然,迅速把握解释之意义。然在编制者本身,重在设计,而设计历验,实费心血、耗时日、竭劳力。当不免繁复琐碎,均须耐心从事。制表首要在设计。制表之特色,在简与明,不简不明,徒增烦扰,即是设计之失败,有不如无。制表之目的,本在于

① 章学诚：《文史通义》,第二五三页。
② 顾颉刚：《当代中国史学》,第一六页。

使用方便,检查容易,不能合此宗旨,亦为设计失败,有不如无。制表尤其最忌徒夸新奇,毫无实用,学者撰著设计,当随时警惕注意。

当代撰著历史专论,表谱为其内容之重要部分,愈是现代,应用愈广,实获得扩大研究工具之效果,为史家所当快意之事。此种风气,自昔梁启超已开始提倡,梁氏固为善于制表之人,如其所言:

> 吾生平读书最喜造表,顷著述中之《中国佛教史》,已造之表已二十余。我造表所用之劳费,恒倍蓰什佰于著书。窃谓凡遇复杂之史迹,以表驭之,什九皆可就范也。①

当世人物表出产颇盛,以所成专书而言,若《爱新觉罗宗谱》《历代名人年里碑传总表》《历代名人生卒年表》及《新修清季史三十九表》等。班固之后,至此乃有更详博周备之创进,绝学于今而得以复兴。至近世专论中所列表谱者,更是偻指难计,足谓洋洋大观。

第五节 图 版

原始 中国古代典籍,图版早已独占一门,自具规模,发达甚早。然以流传工具之不同,其为绢帛竹木者,大多丧失,无所遗留。除艺术性质者外,石刻中实少专以图版为用者。推之《汉书·艺文志》所载,春秋之《孙武兵法》有图九卷,战国之《孙膑兵法》有图四卷,汉代尚能见及,后世则完全失传。汉代所传先秦故籍《伊尹·九主》,原皆有图,司马迁及刘向均见及之。刘向有云:

> 九主者,有法君、专君、授君、劳君、等君、寄君、破君、国君、三岁社君,凡九品,图画其形。②

---

① 梁启超:《中国历史研究法》,第一九六页。
② 《史记·殷本纪》(《史记会注考证》,影印本,第五五页)。

然后世书与图俱失传。近代新发现《伊尹·九主》帛书残卷,其正文有云:

> 九主成图,请效之汤,汤乃延三公,伊尹布图陈范,以明法君、法臣。①

正文又云:

> 九主之图,所胃(谓)守备悉具,外内无寇者,(此)之胃(谓)也。②

当知古籍多有附图,《伊尹·九主》且以图标为首要。如是相沿以为古代列传之制,人物为主,列图并加以文字之图说。司马迁撰《留侯世家》,并参阅其遗像,故云:"余以为其人计魁梧奇伟,至见其图,状貌如妇人好女。"③饶宗颐搜罗广泛证据,而提出其有力结论,即谓列传之始,原本之于图说,饶氏有云:

> 所有列仙、列士、列女、列异诸传,都冠以"列"字。最可注意的,是列仙传有列仙图在先,继乃撰传。列士、列女亦都是因图,而复为传的。④

饶氏又云:

> 从传和图的相互关系看来,传往往因有图而后作的。有列图,才产生列传。⑤

---

① 帛书《老子》,第一六四页,附《伊尹·九主》。
② 同前书,第一七一页。
③ 阮芝生:《太史公怎样搜集和处理史料》,《书目季刊》,七卷四期,第十七至三五页,台北,1974 年。
④ 饶宗颐:《文选序:"画像则赞兴"说》,《南洋大学李光前文物馆文物汇刊》创刊号,第一二至二三页,新加坡,1972 年。
⑤ 同前书。

饶氏所论,自切于实情,列传名称由来,由列图而起。其在东汉初,王充已为表述原本用意:

> 人好观图书者,图上所画,古之列人也。见列人之面,孰与观其言行?①

意义 由以上例证,当知中国图版发达之早,用于典籍,古代常见,引之于史,亦并形成列传制度。其重要性与普遍性当可不待言辩。近世承西方知识输入,则知西方各类制图皆极发达,并日进精妙。且人人习惯描绘,所到所见,多以制图以作记录。中国瞠乎其后,不能望其项背。自当急起直追,务以图版为重,自十九世纪开始醒觉,徐仁铸任湖南学政即向全省生童呼吁,为最早前驱,兹举徐氏《谕勉诸生条诫》云:

> 图谱之学,久矣失传,郑渔仲《通志》,立此一门,而卒不昌,则告朔之羊而已。图学莫要于地舆,足不出里闬,目不营九垓,为今之人,茫不知今之世,耻孰甚焉。近地学诸家,招股译印西文地图,已出初幅,嘉惠学者,灿然巨观,盖能远悉五洲万国之形势,则为五洲万国之地学;能近知我国各直省山川郡县道里准望之数,则亦不失为直省之地学。引寻丈尺,所得不同,要之皆实诣也。欲知地舆,先明天度测绘之法,算术乃其胚胎。西人毕力致精,其游历人员,经过道路,率能点笔成图,吾党之秀者,讵甘逡巡以谢耶?②

今世专论之中,图版为一重要之表达工具,其功尤胜过文字叙述,施用得当,必可节省文字,并足以表达难述之情状。兹举一有趣例证,

---

① 《论衡注释》,第七六三页。
② 《湘报类纂·戊集》,卷中,第一〇至一一页。

以见缺乏图版所产生之困惑。民国五年(1916),刘复翻译《乾隆英使觐见记》,虽称根据司当东(Sir George Staunton Bart.)所著之《英国使团来华记》(*An Historial Account of the Embassy to the Emperor of China*, 1797 年出版),实则系根据一种综合文摘性之通俗本,因此其中亦引录同时同道来华英人安德逊(Aeneas Anderson)所著之《英使访华录》(*A Narrative of the British Embassy to China*, 1796 年出版)及约翰·巴罗(John Barrow)所著之《中国旅行记》(*Travels in China*, 1804 年出版),虽云详备,则此一摘本并无附图。刘氏译至圆明园中一殿堂有云:

> 已而至宝殿,殿长百五十英尺,阔六十英尺,仅有一面开窗,与窗相对之一面,即为御座所在,御座为一桃心木之大椅,上刻精美之花纹,其木料则产自英国,华人以为稀有之品,故用以制为御座。御座之下有一台,高数尺,两边有木制之短阶,以便上下。御座之上,有一广额,署"正大光明福"五大字(此五字原文作 Ching-Tha-Quan-Ming-Foo 释其意为 Verus, Magnus, Gloriosus, Splendidus, Felix 五字。直译之,当以"正大光明福"五字为近理,然于"正大光明"四字之下,加一"福"字,则为译者前此所未闻也)。①

此处引刘所译,实为正大光明殿之部分描述(其他无关者省略),然译至"正大光明福"之五字连缀,则颇致困惑,盖中国之殿额向来少有五字连缀者。于是更据字音译义而作附注,终于只能声明前所未闻,其实司当东原书本有附图,于第三〇四及三〇五页之间附一描绘之插图即是,兹翻照附后,以作参考:

---

① 刘复译:《乾隆英使觐见记》,第五四页。

参阅此图,可立知正大光明殿额之下,另有巨方福字悬挂,外人一并抄录而回,若不见此附图,必成终古疑难。及览阅此图,情状俱入眼底,何至发生困惑? 此图版重要之明证,无待烦言而解。

图版形式种类 至图版形式种类,本为自由采择,多多益善,无从尽揽。兹就常见者言之,可举为九类:

其一,照片。器物、形象、人物、景区、建筑等,为今世应用最广者。

其二,描绘。或按一定尺寸比例,或自由描绘,取其毕真。

其三,复原图。据部分残存遗留之器物,用推理方式补足其所缺,使人了解原来形状。即举一反三之方也。

其四,分解图。解释器物、景域、建筑之各部分,或某一部分,分解其原形,各就其部分图像放大加以解释之。

其五,解剖图。就一物之内外各面,截取断面,以便观察解释其质地者。

其六,构想图。原本实有其事物形制,但非就真实绘制,而以某种文字说明推理描绘者。如描绘古代指南车,张衡候风地动仪等是。

其七,设计图。原无其事物,为论著中说明之简化或显明,而设计一种图形,以便据图解说,易晓易解者。思想史、哲学史常用之。

其八,形意图。或可称为几何图。即为地形、地势、地域之简化表明,不求其相似,但表其位置而已。

其九,地图。地图附于历史,其详细者或为城市街衢,粗大者可至一国数国之广大地区,用以说明疆域或军事、政治动向或物产社会区域。

至于图版之使用,其功效至大,多多益善,万不可尽求省事,当竭尽所能而为之。然在使用之时,必须注明来源,说明根据,即根据何书何图及何地所藏。如系创制,则须说明设计经过、符号意义及使用方法,以免误解。凡图例在必要时并须附列简单之说明,但以不超出图中所含意义为范围。

第六节　考　辨

意义　现代学人以考辨充专论,风气甚盛。就历史著作而言,凡考证辨异,实为预备工作,亦为辅助工作,当不可以考辨代表专论著作。风气自风气,学者仍须有此基本认识。考是考证虚实,寻究追源,剖判隐微。辨是辨析异同,酌情察理,折中一是。此则其工夫为史著之预备。道理甚显,不须多所言辨。近人夸大强调,为考辨工作申说意旨,非诚笃之历史家也,乃江湖广告家也。专论之著作,考辨部分,均不可占据正文位置。专论本身,必须体大思精,有严密之结构,不可随处穿插此类考辨文字。凡需考辨之处,均宜于注脚表达。充其至大之量,以考辨独立成文,或为史料或为史实之考订辨证,使自成一种史文体裁可也,亦不能乱专论之界限而充作专论。考辨之用于注脚,构成注脚重要之一种,且为专论所不可缺之补助,然文字不宜过长,足以说明即可。

考证撰述分工而相需 专论严格结构形式,用于研究,自当慎重。虽必置考辨于附注,然绝非轻视之意。此处所斥者,仅对强调考辨之论调,于考辨工作,仍丝毫不敢轻忽。所谓考据与著述,自来争议最多。言其分工,旨在互助,虽分而非以对立,各自主张,尤不宜互相对敌。何炳松言分立之分工意义云:

> 世人于考证之业,或视为无足重轻,鄙不足道。或视为专门家学,持以终身。此界彼疆,交讥不已。初不知无考证而言著述,必流为无根之谈。舍著述而事考证,又何异无的之矢。盖考证之与著述,为道虽殊,其归一揆。表里无咎,相须而成。著述之道,根考索而来,非凭虚作赋。考证之业,乃读书之事,非穷理之功。"苟有学问而无思辨,任耳目而不任心,读书何为。"(朱一新《无邪堂答问》卷三)故学者若徇一偏,而谓天下莫能尚,则出奴入主,交相胜负,所谓物而不化者也。①

何氏又云:

> 从前考证著述,畛域甚明。所谓史家者,不顾史料之来源,徒事词藻之修饰。以为能文博学,即可成名。材料渊源,可以不问。至于考证专家亦仅空言著述之途径,未尝自下著述之工夫。误以襞绩补苴,谓足尽天地能事。而对于历史著作之兴趣及了解,则仍茫然一无所知。夫不言著述,则考证之业无宗。不事考证,则著述之功无据。必能彼此兼顾,方免两败俱伤。唯考证著述,不

---

① 何炳松:《历史研究法》,第三二页。

必任以一身。盖分工之制,正合现代科学精神也。①

法国史家朗鲁瓦亦言二者分工互助关系:

> 于此所谓校雠考证家与历史家之职业,实际上显然有可分辨。历史家着笔耕耘以成为华丽清空之文藻,而未常从事于校雠考证家所为之工作。其在校雠考证家方面,则由于鉴定搜讨之功,但确定史料之状况,绝未常从事于造史。彼辈之所有事,即学于史料之校勘、清理及分类,彼辈对历史学之本身实无兴味,其对于往古之知识,不能较其同时普通民众为优。校雠考证家所为,正如以校雠考证之本身,即为最终鹄的。历史家所为,则凭借其审虑精思之纯一力量,应用于史料内容之上,此等史料本为通常资料,但凭其能力遂可再建立已亡失之真实。其在今日,若欲造成校雠考证学与历史学之离婚,实为不合于理,且亦彼此有损。吾人固无须声明,凡现代主张历史学分工原则者,绝无如此意见。故校雠考证家与历史家二者之间,应成立一密切之商业关系,盖此部所为工作,按之理论,无非以供彼部之利用也。其分离之程度,吾人仅以为凡或称分析工作与全部综合工作,当其同出于一人之手所经营时,绝不能完美。②

章学诚以高明潜沉二者若昼夜相递,寒暑相济:

> 由汉氏以来,学者以其所得托之撰述以自见者盖不少矣。高明者,多独断之学。沉潜者,尚考索之功。天下之学术,不能不具此二途。譬犹日昼而月夜,暑夏而寒冬。以之推代而成岁功,则

---

① 何炳松:《历史研究法》,第三三页。
② 李思纯译:《史学原论》,第七七页。

有相需之益。以之自封而立畛域，则有两伤之弊。①

章氏又言才学识三者，一人不能得兼，而考辨即依于学，自是分工易治，兼事为难之谓，章氏云：

> 人之有能有不能者，无论凡庶圣贤有所不免者也；以其所能而易其不能，则所求者可以无弗得也。主义理者拙于辞章，能文辞者疏于征实，三者交讥而未有已也。义理存乎识，辞章存乎才，征实存乎学，刘子玄所以有三长难兼之论也。一人不能兼而咨访以为功，未见古人绝业不可复绍也。私心据之，唯恐名之不自我擅焉，则三者不相为功而且以相病矣。②

偏执之弊　言其分工，其理至明。然学者专司其事，坚守其业，又未免因其所长而更加偏执自是，党同而伐异。不惟有违初志，抑且有昧公理。梁启超从事考辨，即悦而扬称，有云：

> 吾研究此问题所得结果虽甚微末，然不得不谓为甚良。其所用研究法，纯为前清乾嘉诸老之严格之考证法，亦即近代科学家所应用之归纳研究法也。读者举一反三，则任研究若何大问题，其精神皆若是而已。③

何炳松则颇批评偏好考据之弊：

> 至于好尚之徒，视考证为雅人深致，视著述为无足重轻。误执求知之功力，以为学即在是。"夫史非一家之书，乃千载之书。祛其疑乃能坚其信，指其瑕益以见其美。拾遗规过，匪为龃龉前人，实以开导后学。而世之考古者，拾班范之一言，摘沈萧之数

---

① 章学诚：《文史通义》，第一三八页。
② 同前书，第一二〇页。
③ 梁启超：《中国历史研究法》，第一四五至一四六页。

简，兼有竹素烂脱，豕虎传讹，易斗分作升分，更子琳为惠琳，乃出校书之陋，本非作者之愆。而皆文致小疵，目为大创。驰骋笔墨，夸曜凡庸。"(钱大昕《廿二史考异·序》)究其结果，则拉杂成章，漫无条理。岂特博而寡要，亦且劳而无功。而此辈又或以为凡属史材，皆有价值，不应有重轻之别，或详略之分。并以为史学之可贵，不在多识前言往行，而在培养科学精神。殆不知"学虽极博，必有一至约者以为之主。千变万化，不离其宗。六经无一无宗旨也。苟徒支离曼衍以为博，掊摭琐碎以为工，斯渺不知其宗旨之所在耳"。①

何氏并仍视著述较考据尤难有成，如何氏云：

　　盖专门著述，不特有需于高才博学，亦且有资于别识心裁。至于考证工夫，则凡稍有才学之流，均可得门而入，其难易固自不同也。②

法国史家朗鲁瓦则以就趣好而言，较富才华者多不肯从事考据：

　　从事于校雠考证工作之主要条件，乃彼于此具有兴味而荣为也。凡人具有诗人及思想家之例外天才者，质言之，有创造家之才能者，对于此等预备工夫鉴定工夫之专门艺业，颇不乐为，亦不适于为。彼辈且常存鄙夷轻藐之心。但反观之，彼辈之明达者，对此亦颇赞许称颂，但不乐自为此役。彼辈诚如人言所谓不欲以剃刀割顽石也。③

　　至于专论中所需之考辨，除开独立成文之考辨者外，则可分以下

---

① 何炳松：《历史研究法》，第三七至三八页。
② 同前书，第三五页。
③ 李思纯译：《史学原论》，第八二页。

数点：

其一，史事之旁行曲折，正文无法申叙者。

其二，史事之隐晦，需另加辨明关键者。

其三，史事之不同异说，正文采取其一，而需加以申辩或并重异说者。

其四，史料真伪之辨正。

其五，史料异同渊源之考察。

其六，专论描述论断与常说他说抵牾之剖辨。

其七，对现行各家不同论断之批判。

但若独以考辨成独立之论文，本早为一种文体，自具格局，可以不必与专论相提并论，以免混淆而产生诸多误解与争辩。

第七节　注　脚

意义　注脚是现代正常专论必有的要素。注脚之功用在表示学术之忠实，对于研究出以严肃负责态度。有专论而无注脚，必定不被承认其为学术研究。今时学术性著作最讲究注脚。无论形式内容，俱有一定格式。凡引证论据，考订史实，辨别史料，批评异说，补充申解，俱必须利用注脚，清楚而详细说明根据来源。

往古渊源　上古典籍流传，无论诸子百家，凡世有传人，即自然必产生传注。盖在授受之间，必须有所疏解，传注自然产生，日久自成制度。故中国经典史籍，自古以来，早已发展出传注体制。唐代刘知几追述往古，申解传注渊源意旨甚明，如刘氏言：

> 昔《诗》《书》既成而毛孔立传，传之时义，以训诂为主。亦犹《春秋》之传，配经而行也，降及中古，始名传曰注，盖传者转也，转授于无穷。注者流也，流通而靡绝。进此二名，其归一揆，如韩戴

服郑钻仰六经,裴李应晋训解三史,开导后学,发明先义,古今传授,是曰儒宗。①

章学诚更重视广泛应用自注之制,自四史申其渊源,足以表现远识,如章氏言:

> 太史叙例之作,其自注之权舆乎! 明述作之本旨,见去取之从来,已似恐后人不知其所云而特笔以标之,所谓"不离古文"及"考信六艺"云云者,皆百三十篇之宗旨,或殿卷末,或冠篇端,未尝不反复自明也。班书年表十篇与地理艺文二志必皆自注,则又大纲细目之规矩也。其陈(寿)范(晔)二史,尚有松之、章怀为之注。至席惠明注《秦记》,刘孝标(峻)注《世说新语》,则杂史支流犹有子注,是六朝史学家法未亡之一验也。②

现代学者陈寅恪更就合本子注制度立言,申述魏晋诸史子注体制规模,促醒当世学界留意。若陈氏言:

> 裴世期(松之)受诏采《三国》异同,以注陈《志》,其自言著述之旨,以为注记纷错,每多舛互,凡承祚(陈寿)所不载,而事宜存录者,则罔不毕取,以补其阙。又同说一事,而辞有乖杂,或出事本异,而疑不能判者,则并皆抄内,以备异闻。据此言之,裴氏《三国志注》实一广义之合本子注也。刘孝标(刘峻)《世说新语注》经后人删略,非复原本,幸日本犹存残卷,得借以窥见刘注之旧,知其书亦广义之合本子注也。郦善长(郦道元)之注《水经》,其体制盖同裴、刘,而此书传世,久无善本,虽清儒校勘至勤,蔚成显

---

① 刘知几:《史通》,第一一四页。
② 章学诚:《文史通义》,第一五一页。

学,惜合本子注之义,迄未阐发。①

现代学者魏应麒亦重新申论章学诚之说,如魏氏言:

> 学诚不仅赞成史注,而且盛倡史家之"自注",谓"诚得自注
> 以标所去取,则闻见之广狭,功力之疏密,心术之诚伪,灼然可见
> 于开卷之顷,而风气可以渐复于质古","翰墨省于前,功效多于
> 旧,孰有加于自注也哉"(《文史通义·史注》)。不宁史家惟是,
> 学诚且以为一切文章亦当准此,谓"凡立言之士,必著选述岁月以
> 备后人之考证,而刊传前达文字,慎勿轻削题注与夫题跋评论之
> 附见者,以使后人得以考镜焉","前人已误,不容复追,后人继作,
> 不可不注意于斯"(《章氏遗书·韩柳年谱书后》)。②

附注原则　史注之需要,在辅助正文所未能畅达之微曲关节,专
论严于形制,正文不可枝蔓,需要注脚之补助尤切。故读史必须并重
注文,其重要性亦不下于正文,著史之家尤当善为利用。正文重于明
晰畅达,而注脚则重于详密周备,虽不可滥附文字,但必须尽量使之充
足而无遗憾。正文务精利,注文务赡博;正文顾大端,注文顾细节。二
者相辅相成,合备一体,专论之功能,方足产生重大效益。故吕思勉申
明其重点,提示学者留意,若吕氏所言:

> 况修一代之史,必求网罗完备,繁芜固当力戒,漏略尤所深
> 讥,过而存之,未为大失,原不必谓他书已有,此即当芟也。清侯
> 君模尝谓"注史与修史异,注古史与注近史又异。史例贵严,史注
> 贵博。注近史者,群书大备;注古史者,遗籍罕存。当时吐弃之
> 余,悉今日见闻之助。其论甚允,此等随时而变,因宜而立之例,

---

① 《重刊洛阳伽蓝记》,陈寅恪序。
② 魏应麒:《中国史学史》,第二七一页。

读史者必不可以不知也。①

西方史家甘特亦言其要义云：

> 脚注是任何研究报告很重要的参考方法，它们不是摆样子的，而是有用的参考资料之缩写。脚注的首要用途是保持行文的主要叙述的流畅，并免于刊物或参考资料之杂乱含混，由于脚注和参考书目皆具有同样的参考结构，部分因此都具有相同的作用。②

注脚之应用，安排及举例 注脚之广泛应用，最普遍者为注明所引资料出处。其次则或补充说明正文之隐晦处，或考证史实各层面之关系与经过，或考辨史料之异同，或辩驳不同之异说，或提示其他新问题之注意，或对自己之安排与方法作一说明，盖均借注脚以辅正文之不足，其用途尽可扩大延伸。至一般注脚安排之部位，大抵置于正文之后，如注于正文同页则更好。至于现代通行之注文格式，早已成为大众常识，今不妨再稍举数条，以备参考。兹举例如后：

注××曾国藩：《曾文正公奏稿》，卷十二，第四至六页。

注××曾国藩：《曾文正公手书日记》，第三册，第六七〇至六九四页。

注××陶希圣：《中国政治思想史》，第二册，第三至九页。

注××蒋维乔：《中国近三百年哲学史》，第十六页。

注××王萍：《清代历算家梅文鼎》，《中研院近代史研究所集刊》，第二期，第三一三至三二四页。台北，1971年。

注××吕实强：《冯桂芬的政治思想》，《中华文化复兴月刊》，四卷

---

① 刘知几：《史通》，第八八页，吕思勉评。
② 涂永清译：《史学导论》，第二一五页。

二期,第一至八页。台北,1971 年。

注××Aeneas Anderson:*A Narrative of the British Embassy To China*, London,1796,3rd ed.,pp.26-32,68-72.

注××John Francis Davis:*The Chinese:A General Description of the Empire of China and Its Inhabitants*, New York, 1839, Vol. Ⅱ, pp. 262-265.

注×× Ibid,Vol. Ⅰ,p.92.

注×× Paul A.Cohen:Wang Tào and Incipient Chinese Nationalism, *Journal of Asian Studies*,Vol.XXⅥ,No.4,pp.559-574,August 1967.

注×× Frederic Wakeman, jr.:The price of Autonomy:Intellectuals in Ming and Ch'ing Politics,*Daedalus*,Vol.100,No.4,pp.35-70,Spring 1972.

注×× Ibid.

第八节　叙　例

叙录　自先秦以降,典籍并具叙录,《诗经》《尚书》实皆有之。或多后人增附,终成著作体制。司马迁成《太史公书》,亦有自序,并为名作。后之史志,无不仰其遗规,书附序传。一般序之功用,原有自传性质,并述著作经纬。《太史公书·自序》及《汉书·叙传》皆具其义。汉代刘向校书,而有叙录之作,遂成专门叙书之制度。今世专论发达,亦不可不有叙录,其意义与需要,实无异于往古。古人于序之意义早有所申明,如刘知几所谓:

> 孔安国有云,序者,所以叙作者之意也。窃以书列典谟,诗含比兴,若不先叙其意,难以曲得其情,故每篇有序,敷畅厥义。降逮史汉,以记事为宗,至于表志杂传,亦时复立序,文兼史体,状若

子书,然可与诰誓相参,风雅齐列矣。①

书序之外,刘氏亦言及每篇之序,此古人通习,章学诚亦并言其制,如章氏云:

> 书之有序,所以明作书之旨也,非以为观美也;序其篇者,所以明一篇之旨也。至于篇第相承,先后次序,古人盖有取于义例者焉,亦有无所取于义例者焉,约其书之旨而为之,无所容勉强也。②

近人吕思勉论序传,尤详析渊源意旨,足为完备之界说,如吕氏云:

> 书之有序,其义有二。一曰:序者,绪也,所以助读者,使易得其端绪也。一曰:序者,次也,所以明篇次先后之义也。《史记》之自叙,《汉书》之叙传,既述作书之由,复逐篇为之叙例,可谓兼此二义。夫欲深明一书者,必先知其书之何以作,及其书之如何作;而欲知其书之何以作如何作,则必不容不知作书之人。孟子曰:"诵其诗,读其书,不知其人可乎? 是以论其世也。"此后之人,所以于古之著书者,必详考其身世,或为之传记,或为之年谱也。人之知我,必不如我自知之真,亦断不如我自知之悉,然则欲举我为何如人以告读者,诚莫如我自为之之得矣;此序传之所由兴。不过以完其书序之责,初非欲自表暴也;古重氏族,又其事业多世代相承,故其自序,必上溯祖考,甚者极之得姓受氏之初,亦其时自叙之义当尔,非苟自夸其先世也。③

至于古籍序置书末,分序亦置篇末,亦古代形成规制。吕思勉举《史

---

① 刘知几:《史通》,第七五至七六页。
② 章学诚:《文史通义》,第八〇页。
③ 刘知几:《史通》,第二二一页,吕思勉评。

记》《汉书》以为申述：

> 古人之序，每置篇末；全书总序外，又有各篇之分序，《史记》《汉书》皆如此；此所以明各篇之次第，正所谓序也。①

刘知几成《史通》一书，特辟自叙一章，附于书末，正承马班之规制。蒲起龙颇加称道：

> 《史通》非史也，而史肆也，故于正集之终，拟史作叙，亦不全乎叙传也，而专乎叙书也，体例然也。其始循年铨综，其中况古著述，其末待后论定，其骨岸然，其味油然。②

单以序文而论，用途有所扩张，并不限于书序，且于文学上占有独立地位，姑且不必多述。即著作之自序，按之原始，当为叙传之义，后世亦未尽合。唯刘向叙录，原始只就书言书，后世历代沿承，无所逾越，故其宗旨纯粹，迄今正可采为书叙之标准。且其义界既清明，内容实阔绰。凡叙著作态度宗旨、撰写经过、师友辩议、史料征集运用、编排方式、出版经纬，乃至个人甘苦、友朋协助、用费多寡，俱可无所不包，无不可言。故认为叙录形制，包容最广，最值得用于现代专论。

例言 明一书制度，阅读管钥，需有例言，以为指引。一书之作，本有一定制法，况为当世通行之专论。一书有序，例言亦不可缺；如其无序，尤不可不用例言。例言与叙录不同，旨在简明标出条项，扼要提示一书构成之技术特点。如章节安排之性质、标题之用意、图表谱系之读法、引括之方式、注脚之使用，以至书目、索引等特色，均当于例言条列清楚，俾方便阅读与使用。往古史著必重发凡起例，立旨十分严肃，姚永朴以为史法之基：

---

① 刘知几：《史通》，第七八页，吕思勉评。
② 同前书，第二四七页，蒲起龙释。

　　史之为法，大端有二：一曰体，一曰例。必明乎体，乃能辨类；必审乎例，乃能属辞。二者如鸟有两翼，车有两轮，未可缺一也。①

吕思勉亦谓凡有系统之书，不可不有例：

　　凡有统系条理之书，必有例，正不独作史为然，而作史其尤要者也。②

吕思勉更进而一言，凡阅读古书亦须先知体例，否则必不免于误解。如吕氏云：

　　唯古人著书，多不自言其例，而后人评骘，则有非先通其例，未可轻易下笔者，前已言之，读此篇亦宜知此义。即如老子韩非同传，安知非史公所据材料本然。果然，则因仍旧文，不加改削，即史公之义例。评其不改旧文之得失则可，议其老韩之同传之不类则非矣。即谓此篇，为史公自作，而名法之学，原出道家，合为一篇，安知不正有深意？未能审谛先秦学术流别，谈迁宗旨所在，又安可轻加评论乎？③

　　体例义制严肃，必须思考周详，简明概括，表其大端，其琐屑无关宏旨者，俱不必特列。现代史学领域扩大，讲求方法，实为显著成就。唯以自由著述之故，学者各以为是，自创体例，自标新奇，五花八门，变幻无穷。然不免形制紊乱，彼此抵牾，且不知谁是谁非。然著述固尚自由，体例贵有成法。自行更张，原无不可；而夸诞诪张，出奇制胜，不免徒以形式乱人耳目，有误后学，实有重罪。兹举顾颉刚《当代中国史学》，其凡例有言：

---

① 姚永朴：《史学研究法》，第一一页。
② 刘知几：《史通》，第七八页，吕思勉评。
③ 同前书，第九一至九二页，吕思勉评。

　　本书本临文不讳之例,虽作者师友亦均称名,今人则加"先生"二字。①

似此一条,凡例中本不可有。盖"临文不讳",应为向有之常识,其琐细之节,逾此者尤夥,何可一一叙入例言。既已叙入,复出新奇之创制,而于当世之人概称"先生",此真成秽史奇闻,尤且标为义例。史学形制之混乱于此可见。自有史书以来,前所未闻。著史之中,人物如麻,皆当世人留当世史,何能一一皆称先生。幸顾氏生平研究古代史,若其治当代史,必至满纸先生,岂不全成大人先生世谱? 何不举目一览前人著作。夏燮著《中西纪事》,王闿运撰《湘军志》,皆当世成书,其中人物十九在世,如照顾氏体例,将不知如何着笔。平时偶用,固已贻讥识者,顾氏则更大书特书,列为宗旨,标示体例,贻误后世。称谓虽小节,向之史家尚多留心。章学诚曾讥议无识者之秽乱。章氏云:

　　　唐末五代之风诡矣,称人不名不姓,多为谐隐寓言,观者乍览其文,不知何许人也。如李曰"陇西",王标"琅琊",虽颇乖忤,犹曰著郡望也;庄姓则称"漆园",牛姓乃称"太牢",则诙嘲谐剧,不复成文理矣。②

中国史书,向以直书正名为主,本属惯例,亦为常识。民国以来史著,夸称客观进步,而往往满纸先生,吾师吾兄,不知在写家传,抑在做吹捧文章,真是眼高手低。著史学者,当知书写名讳,仍须取严肃态度。义例之制,贵在精简,尤不可任一奇想即贸然列入,自标新奇,而实际徒增丑陋,求荣反辱。

　　古今善读书善用书者,往往先读叙文,并参凡例,盖在探明门径,可

① 顾颉刚:《当代中国史学·凡例》。
② 章学诚:《文史通义》,第七七页。

以事半功倍。今之从事专论著作,尤其不可苟免,此亦专论必具之先导,史家必有之责任。至于凡例包罗之内容,可注意者有五端,分列如后:

其一,全书著作宗旨与形式之说明。

其二,全书著作方法之说明。

其三,全书应用制度之说明,如章节安排、段落安排、小注形式大要与安置、图表之使用、缩写字之使用、参考书目之安排、附录之安排。

其四,对本书之读法与参考门径。

其五,凡例本身必须简洁明了,条目清晰。

第九节 文 笔

绪说 写专论之史书给别人读,先要自问自古今来之书已读了多少。写史学方法给别人参考,先要问问自己做过多少研究经历。我写此书,即抱如此自我要求,自是戒慎于下笔,要在能不至于误人误世。这也受到前代史家刘知几的启发。我写史学方法,将《史通》阅读两遍。见其所撰《古今正史》一篇最长之文,见到自《尚书》《春秋》《左传》《国语》《史记》《汉书》以至中古南朝北朝及隋代之史,无不遍阅,在其他各篇亦随时引证司马迁、班彪、班固、刘向、干宝、沈约、魏收,不胜备举。则知其《史通》所论,全以历代史书为据,然后作综合论述,可以信手取证,左右逢源。故能窥见史著之奥窍,史笔之高下优拙。当然左氏、司马父子、班氏父子、扬雄、刘向、陈寿、范晔、干宝、王隐等,俱大加称道,而往后多次讥评沈约、魏收。尤于魏氏,诋之为"秽史",立说正大,论旨严肃。刘氏之著《史通》,固自本于生平熟读史籍,乃能成就极高造诣。所提史学三长,久成史学圭臬。吾既为史学方法之书,亦必以刘氏为先范,因是始终小心谨慎。

刘知几生于盛唐时期,于武后朝任史官,见其著作载笔,仍宗初唐文风,不脱王、杨、卢、骆习气,笔下常见骈俪语句。如其形容南朝北朝史笔表现有谓:"渠、们、底、个,江左彼此之辞,乃、若、君、卿,中朝汝我之义。"①又言人之实不如名,而谓:"沐猴而冠,腐鼠称璞。"②如其诋讥当朝得意之上官僚气有谓:"鲸鲵是俦,犬豕不若。"③我讲书向学生翻成白话,讥评当今学界当今之流氓恶霸,欺压我们近代史所的朋友。这两句话是说他们都是恐龙身材,可以和鲸鲵作伴,但其品德却是猪狗不如。刘氏批评邪恶当道,称之"恶直丑正,盗憎主人"④,俱表现其文笔工整,仍具初唐风格。

史家文笔不同于文人风格 史家文笔与文家文笔,绝然不同,然史家篇章亦可跻身文学领域。自能熟见于《古文辞类纂》《经史百家杂钞》。以至塾师习用之《古文观止》,自可见出文学领域,广纳史家著作,不待烦言。文家史家之互通,古今不乏其例。唯站在讲究史学之家,则将史家文笔与文家文笔,厘然画清界线,刘知几申言,文人不可以作史,章学诚申言,文人不可以作志。久熟史界观听,乃是今世常识。

刘氏、章氏是讲究史学义例方法名家,其所划分文人与史家笔法用意之不同,正是文史两大领域基本宗旨歧异,学者固可相兼而为,如司马、班氏、曾巩、苏洵、欧阳修,即为一代文豪,复为史家典型。然文学自由奔放,驰骋才华,而史家之文,绝不可任意抑扬,逸越实事。则两者功能宗旨大不相同,故不能任令文人作史。显著区别,总在文章运用。王充早戒慎于载述不实,真伪是非不能别判。故有言曰:

> 世俗所患,患言事增其实;著文垂辞,辞出溢其真。称美过其善,进恶没其罪。⑤

---

① 刘知几:《史通·杂说中》。
② 《史通·称谓》。
③ 《史通·浮词》。
④ 《史通·曲笔》。
⑤ 《论衡注释》,第二册,《艺增》篇。

章学诚亦言著文而舞弄文辞、颠倒黑白之弊害,最足针砭史家心术:

> 以不能名家之学,入趋风好名之习,挟人尽可能之笔,著唯意
> 所欲之言,可忧也,可危也。①

章氏此言,甚盼当今学者慎思参考。刘知几对于逞文笔夸诈欺世之辈,以两言而点出,是谓:“语必不经,名惟骇物。”又言:“苟立诡名,不依故实。”又言:“近代文章,实同儿戏。”②这些话有似于今日台湾学界之写照,学人该当痛加反省,慎重评估当前学界夸张虚饰之风气。这种风气,二千年前庄子早经提示:

> 夫力不足则伪,知不足则欺,财不足则盗。③

可为今日学人写照。

史家文笔要求　史家撰述,秉笔直书,乃自古良史遗轨,自《春秋》已具典范,历代史家无不奉为圭臬。若其不遵事实,妄逞文采,夸诞夸张,史家必命之为曲笔。刘知几更讥之为秽史。是以历来载笔,每先要约綦严。班固赞司马迁良史之材有谓其“不虚美,不隐恶”(见《汉书·司马迁传》)。刘知几并亦具司马氏之相同史识,有谓:

> 苟爱而知其丑,恶而知其善,善恶必书,斯为实录。④

刘氏又言:

> 盖君子以博闻多识为工,良史以实录直书为贵。⑤

东汉王充亦十分讲究文笔造诣。有云:

---

① 章学诚:《文史通义》,第一五七页。
② 《史通·称谓》。
③ 《庄子·杂篇·则阳》。
④ 《史通·惑经》。
⑤ 同前书。

夫为言不益,则美不足称;为文不渥,则事不足褒。①

刘知几就史家天职,而告人敬慎秉笔,盖其关系历史人物之永世毁誉,自需良史表暴,方足发潜德之幽光,抉沉埋之屈抑。是以有谓:

呜呼!逝者不作,冥漠九泉。毁誉所加,远诬千载,异辞疑事,学者宜善思之。②

史笔运用,表现叙事之工,无论如何迂曲委婉,其开收相袭,首尾相顾,予人通彻全貌,不可顾此失彼,是即史家谨严之作。如刘知几所言:

又书事之法,其理宜明。求一家之废兴,则前后相会;讨一人之出入,则始末可寻。③

刘知几既具史学卓识,又富写史经验,其所著《史通》,绝非率尔操觚,特可就其实质表现史笔运用,表现真实功力于《点繁》一篇。文中多论《史记》,兼及《汉书》《晋书》及《十六国春秋》,以原书原句,加以点省,俱见言简意赅,自为今世史家所当考究效法。后日著史,宜多慎思。④

再论用晦　史笔用晦,自古史官早有暗合,《春秋》《左传》俱多其例。只是千余年后,方有刘知几明白指出。果是良史高眼,能发千载之覆。史学一门,则长为中国国史所据,迄今世界尚无他国学者出此议论,值得吾侪重视。

大凡优越史著,多具用晦特长,经刘知几点出后,而始为治史者所仰承。用晦之基本原则即在精简,不惟属文精简,而史实表达则可溢

---

① 《论衡注释》,第二册,第四五八页。
② 《史通·采撰》。
③ 《史通·惑经》。
④ 《史通·点繁》。

于言外。是即在文字之外,使读者领悟更多可喻之隐情。刘知几专列《叙事》一篇,首提史文力求质简,重在用晦。

> 夫国史之美者,以叙事为工,叙事之工者,以简要为主。简之时义大矣哉![1]

刘氏随之即指明史家"用晦"之精妙成效:

> 夫能略小存大,举重明轻,一言而巨细咸赅,片语而洪纤靡漏。此皆用晦之道也。[2]

刘氏之言,传之千载,史家俱知,然多误解用晦之意,视为繁难,多不深入体会。吾著书引称多年,史界亦少反响。今特于本节明白阐述,不单在用字遣词之精简,而叙史本身,亦自能随文而流露更多含意。例如拙撰《"官督商办"观念之形成及其意义》一文。正文所述论,只限于探讨此一观念之创生背景、形成政策、付之实现,以及功用成效、价值意义,皆不可少。但文字之外,人可了解当日政风环境,官僚习惯,商人怕官不肯合作,资金筹酿之万难,大体已能随之了解,不须一一写出,即可使读者心悟。此即用晦之意。拙著多种,俱负此长,可以追考,不待再举。

第十节　汇　余

意义　此章原拟为杂项,教学数年未改。今思凡此所涉诸项,皆专论所不可缺,不宜称为杂项,以免使人误解。题称"汇余",不似前者诸章之易晓,盖汇集所余项目,无法一一单列章节之谓,亦只好如此从权,实无善法可处。

---

[1]　《史通·叙事》。
[2]　同前书。

专论除正文外,并必有杂项各件,亦不可省略。视其需要,并时有增减。诸项与专论有关,但不属于专论之本体。换言之,略去之而专论本身并无重大影响,亦无须有所改变。然其功用,在助专论知识之详尽与读阅之方便而已。

此处拟一并探讨专论所有之参考书目、附录、字汇表以及引得四种不同项目。兹一一分述于后:

书目 其一,书目。书目是专论不可缺少之一部分。凡撰著任何专论,必须将其征引资源全部列出,即为书目。此代表学术工作之忠实。学术工作被人尊重与否,全建立于学术之忠实上,亦即学者表露学养之良心品德。一种专论如被发现有欺伪情形,则学术生命可谓完全破产,知识界这种要求最为严格,丝毫不苟。书目系一专论之资源,凡有征引,即使一语一字,一人一物,即须将此资源列出,采取他人论断观念,尤不可抹杀! 必须列入书目。故书目之编制,系专论中之一项严肃工作。

民国以来颇注意书目研究工作。此项研究,以国学家最为爱好。即将古代名著中引书,尽量考证,辑录其全部引书。如《毛诗》引书,《史记》引书,《三国志·裴注》引书。另一方式则为补正史艺文志,亦全为书目工作。此外则为独立编辑特用之书目。凡此皆刘向父子遗法,沿承迄今而无所改变。金毓黻述其经纬云:

> 吾国校雠之学,始于刘向、刘歆父子,汉成帝时,诏光禄大夫刘向总群书,每一书已,向辄条其篇目,撮其指意,录而奏之。迨向卒,哀帝复使向子歆,卒其父业。歆于是总群书而奏其《七略》(据汉志)。而向复有《别录》二十卷。夫条其篇目是谓著录,撮其指意是为提要,《七略》《别录》,由是而分,亦后世解题提要之书之所本也。[1]

---

[1] 金毓黻:《中国史学史》,第二四〇页。

书目位置,安排于全部专论之后,其分别类项如后:

一、书名。详注全名,西文尚多有副题,均须开列。如为译著,可省列原著名称,亦可并列。

二、作者。此须辨清者,在同一作者常有不同名字。书目中应全注出。基本上以原书所用之名为主,而括其真名本名。西文作者,亦尽量全列,不可只列其姓。

三、译者。同前说明。

四、出版者。须注明出版厂家全名。

五、出版地。即出版处之都市名。

六、版次。开明第几版。

七、出版年代。开明某年出版。

八、卷数及页数。

九、论文者。则列论文题目、作者、期刊名称、卷期、页次、地址、年代。

十、资料者。除必须具备上列者外,并须开明编辑机构名称。

附录 其二,附录。专论视实际需要而作附录,并非必须有者。如所包年代甚长,当附一大事年表,以明先后次序。如正文所不能尽纳之相关条约、条规、交涉录、谈话录、重要图版、照片、地图等,以及相关之考辨文章、相关之通讯讨论,皆可于附录包容之。

字汇表 其三,字汇表。此项最确定而单纯,即每一专论涉及中外不同译称,必须集合此类译名及原名统一列表附后,以备查考。

引得 其四,引得。引得(index)是我国学者直接自西方介绍进来之一项新工具。有人也把这个名称译作索引,但这种"索引"必须具有新命义,和二十世纪以前传统习惯中所称之索引不同。现在使用,常是新旧定义混合,在某方面使用就代表某种定义,实不如分别开来用引得要显得明确妥当。现代学人力倡引得制度者是洪业,首先作定义说明及广泛应用者也是洪业,他著《引得说》一书,在中国学术史上代表一种新工具之开始。但古籍汗牛充栋,而今所出版之引得只不过五六十种,自然仍待后人继续努力。现在把话得说回来,国人使用引得,真是很不习惯,就我个人了解,肯使用者确是不多。那么这门工具是该发展呢,还是该废弃呢? 我个人认为该发展,并且要分别性质一一做得周全。我简单而概括地区划,则认为凡关东汉以前群经诸子以及史籍杂说,一律编成"逐词引得"(concordance),每见一固定之字或词,均加注明。自汉以下以至现代,则佛经、文集、诗集、词曲必须编"逐词引得",其余史乘、记述、说部、杂录则就名词编成引得即可。引得之用途,本来是供查索一书中某些内容出处。直到现在,学者应用还不出此目的。我国近年所出专论,已渐有引得之利用,为数虽少,但已表现一种进展。凡撰著专论,为方便读者查考,必不可缺此一项。①

介绍以上汇余项目之外,对于专论回顾其全般形制,尚有数点终结赘语,可以备研究撰著专论之参考。

其一,著作形式之美化。如为成书,务求实现其易于阅读,易于参考,易于检查,内容生动,可读性高,论断确凿,说理肯定,条理清晰,资料丰富,期使成为完美之名著。

其二,章节标题之美化。章节划分,固须周全,其运用分别大小标题,尤为艺术之技巧,同样内容,标题活泼巧妙,更能引人入胜。标题可以活用,要尽量设计生动之标题语句。其最须避免者,则忌其流为琐碎凌乱,过分割裂,使读者易致迷惘,弄不清主旨轻重。

其三,段落划分之美化。段落宜长短合度,不可长篇累牍,亦不可太过削短,尤忌连续长段与连续短段。此亦为技巧之安排。

---

① 王尔敏:《发展学术必须自健全工具做起》,《思与言》,五卷六期,第四二至四四页。台北,1968 年。

其四,附注之美化。附注引文,最易打断文气,必须设计清楚,何处当用,何处宜省,不可一句一注,一步一注,最使读者生厌,亦显出繁琐啰嗦,过分苛细,小心慎重,易失自信,尤易偏于依赖资料。

以上四端,为本篇十节之总结语,用以补充未尽之意,而暂置诸汇余之末,亦以使首尾俱备,成就完整议叙。

第五章 余 论

史为中国学术不祧之宗 中国前代贤哲屡言六经皆史,近代人刘师培亦谓古学出于史官。盖自上古政制初阶,以官职所司,而必须智力集中创发知识,以渐次分工而必然自成专门家学。史为职称,并无殊于众,唯以拥有各项特殊知识,因是遂成学问所出。以中国学术渊源而言,史为凡百学术不祧之宗,龚自珍固早言之,近世学者亦多具此见。如杜维运所谓:

> 史学为中国学术之大宗,中国古代凡百学术,盖皆自史学出。论史学起源之早,成熟之速,绵延之久,范围之阔,举目世界,实无逾于中国者;至若史家风骨之峥嵘,史料征存之丰富,修史制度之健全,尊史观念之浓厚,虽自诩为独能发展史学之欧洲,亦瞠乎其后。①

张采田就中国上古官守之制,以确言学术本源俱出于史:

---

① 杜维运:《中国史学史论文选集·序》。

太史者,天子之史也(古者天子一位与百官同,故亦有史以掌
其政)。其道君人南面之术也。内掌八柄以诏王治,外执六典以
逆官政。前言往行无不识,天文地理无不察,人事之纪无不达。
必求博闻强识疏通知远之士,使居其位,百官听之以出治焉。故
自孔子以上,诸子未分以前,学术政教皆聚于官守。一言以蔽之,
曰:史而已矣。①

就史学而言,张采田并言六经皆史之意自古已有:

窃尝论之:后世史体创自司马迁,迁书固整齐百家语,厥协六
经异传者也。其言曰:有能绍明世、正易传、继春秋、本诗书礼乐
之际,意在斯乎! 意在斯乎! 以《史记》一书上拟六艺,则六艺之
为史,古人固已先我言之矣。②

周培智亦言史为中国学术创始总源:

六艺之学,凭史而存;九流之名,离史而立。史者,百学所由
起,而方术所由始也。③

清代蒲起龙论称中国上古学术有谓:

伧父曰:稽古之途二,经学史学备矣。④

现代学者评估中之史学地位　以上诸家所言,均论上古学术源流
所自。至于现代之二十世纪,中国学术承受西方冲击影响,已在短短
数十年中发生重大改变,亦获得重大扩展与充实。此时学者对史学在
总体学术中之地位,亦并提出评估。李泰棻以谓史学乃独成综揽之

① 张采田:《史微》,卷一,第一页。
② 同前书,卷一,第七页。
③ 周培智:《历史学历史思想与史学研究法述要》,第五三页。
④ 刘知几:《史通》,蒲起龙叙。

学科：

> 史也者,合一切科学而自为一科者也。无史学则科学不能
> 成,无科学则史学不能立。无科学之知识者,绝无治史之能力。①

梁启超以谓在各科学术划明界限,史学须有舍者,亦有取者：

> 今后史家,一面宜将其旧领土——划归各科学之专门,使为
> 自治的发展,勿侵其权限,一面则以总神经系——总政府自居,凡
> 各活动之相,悉摄取而论列之。乃至前此亘古未入版图之事
> 项——例如吾前章所举隋唐佛教元明小说等,悉吞纳焉以扩吾疆
> 宇,无所让也。②

陈恭禄认为信史为社会科学所依据之知识来源：

> 历史之价值,在综合一切构成史迹之因素,叙述其经过。其
> 目的在使读者明了其所述时代之整个社会,或现时社会之所以造
> 成,而能认识其优点与弱点,庶可保存优点,改革弱点,已往之错
> 误亦可避免。历史中之事实,常为政治学经济学等之根据。无一
> 信实之历史,则社会科学,将遭遇严重之困难,中国史之整理,实
> 一急切之工作。③

张致远则认为史学为人文及社会科学之基础：

> 我毫不犹豫,认为历史在人文科学方面将占更重要的地位。
> 历史并不和文学政治以及其他学科竞争。它是这些学问的基础。
> 它能联络一切有关人类的学术研究。④

---

① 李泰棻:《史学研究法大纲》,第十页。
② 梁启超:《中国历史研究法》,第五五页。
③ 陈恭禄:《中国史》,第一册,"序"。
④ 张致远:《史学讲话》,第一〇〇页。

西方史家观点　现代中国学者评估及申论渊源，二者并行不悖。虽各家研讨皆据实际推断，或仍不免自疑有所偏识。然若略考西方史家对史学之观点，其论断亦多与中国学者相近。如韦尔斯所论：

> 历史本为各种健全哲学及各种伟大文学之发端及中心。故最初阿拉伯之名著作家皆为历史家、传记家，及半史性之诗家。读者既众，欲于书中求娱乐，于是有传奇小说及短篇故事随之而出。及后读书之事已非特别之造诣，而为治事者及良家子弟所必需。于是教育制度渐为有统系之发展，而教育文学出焉。当第九、第十世纪时，回教国中不但有文法之书，即巨大之辞典，及回教之语言学，亦复层出不穷也。①

罗兹亦确认历史当为人文教育基础，亦即人文科学知识之根本依据：

> 我同意曲维连（G.M.Trevelyan）的一般判断："年纪越大，我对来日的趋势及状况越加了然，我便越发肯定，历史必定成为未来人文教育的基础（人文即非科学的，non-scientific）。如无历史知识，其他通路是打不开的。例如阅读不属于我们这一代的诗文，必须对该书写成的时代略有所知。你要充分领略乔塞、莎士比亚、米尔顿、史沃夫特、巴斯威尔、华滋华斯、雪莱、拜仑、狄更斯、特洛罗普、卡莱尔、鲁斯金的作品，或了解其含义，那么便需对他们的社会与政治现象稍有所知。音乐无须乎这种历史引介即能为人充分欣赏，因为音乐并不别有所指，即有之，也很轻微。但文学是暗指的，每本书均奠基于它所写就的时代。除非英国人民已经把浩瀚的英国文学束诸高阁（我恐怕这种人不在少数），否则国

① 梁思成等译：《世界史纲》，第五三二页。

人必须对以往有所知。"①

历史之功用　这里进一步思考,自然必须探讨历史之功用乃至其实用效益。例如言及国际法这门学问,它虽对于人生不太有直接影响,但实为政治上、外交上所必需之知识学问。其他科学技术之各有一定功能亦在所必然。至于如社会科学中之人类学、社会学、地理学,人文科学中之哲学、文学、历史,均实为应用最广泛之基础科学。唯其用途广泛,遂至其实用性极不显著,尤不易求出若何实际效益。比之建筑工程学之有一定功能并可立竿见影者不可同日而语。唯其如此,遂至最易被人视为无用,最易为人轻忽。

事实上今日世界上一切重大问题,发生及其思考解决途径,莫不优先参考历史因素,各国政治情势,莫不渊源于历史因素。迄今世界上重大国际纠纷绝无一件可以根据逻辑上普遍原则去解决,而必须依据现有政治情势。但现有政治情势,是累积历代一切情势之结果,则只有历史家才能有透彻深入之了解。譬如现今非洲罗得西亚政权转移问题、南非种族隔离问题、中东以阿领土纷争问题,恐怕所有逻辑思考之真理全用不上,道德判断也全无用处。若果如此简单,问题早已不存在。不待国际间一批一批庸材天天跑来跑去浪费时间。虽然那些奔走解决之政治人物,或号称政治家、外交家,而从来不称历史家,但他们处置问题当没有一件可以省却历史因素之考虑。如果他不具备那些历史知识,也就根本没有资格承担这些工作。

认识自己之过去　历史功用虽不免属于一般基础知识,甚至于说一般普通常识,即此而论,实即具有重大意义。历史所提供一般知识,最基本部分即在使人认识自己之过去。人凭经验而生存,教育是浓缩

---

① 廖中和译:《历史的功用》,第一〇七页。

并精化人类经验之手段,历史则为纯化之经验素材。柳诒徵讲明这种历史教育功用。

> 故以前人之经验启发后人之秉彝,唯史之功用最大。吾国古代教育,首以诗书礼乐为植德之具,诗书礼乐皆史也。皆载前人之经验,而表示其得失,以为未经验者之先导也。①

鲁滨孙亦言依此经验为重要之参考知识:

> 后来我慢慢地觉得我们的知识同思想,完全是依赖过去的,而且唯有过去可以解释我们自己的现状同事业。历史是我们对于过去的知识。我们参考历史,好像我们参考自己个人行为同经验的记忆一样。不过我们所记得的过去东西,常常同我们的态度同成见同时变化的。我们往往变动我们的记忆,来适合我们的需要同志向,而且往往利用它来明了我们现在的问题。历史也是如此,不是一成不变的,实在是常常变化的,各时代各有权利去从人类历史里面选出同当时有关系的事实。②

余鹤清亦作如是言:

> 史学的第三个目的是:根据前人经验,充实并改善社会生活,以适应现在,创造将来。③

张致远(贵永)就过去与现在作一体看,认为获得历史知识有广大视野与坚定信心瞻望未来,并能了解个人与人群之密切关系,如张氏言:

> 假使有人问起史学的价值与实际效用,我们能以最高尚的意

---

① 柳诒徵:《国史要义》,第八六页。
② 何炳松译:《新史学》,第一三八至一三九页。
③ 余鹤清:《史学方法》,第一○页。

义作答。历史教我们认识人类本身的演进,我们可以从过去的事实观察现在的情影。历史指示事实的由来与将来的趋势。历史教育同时具有伦理的使命,但不一定就是道德的带偏见的。历史教人根据普遍的演进关系,去观察个人或社会团体的活动,直接能使人类全体和个人与国家间的关系容易明了。这能养成共同的思想与意识,所有比较高尚的伦理与宗教的动机,都可以包括在里边,尤其是爱国心理。因为每一个人都有直接相关的团体——他的国家与民族。研究本国史可以使人明了个人与国家的存亡关系,这在我们学问的精神上已经确定,用不着坚持狭窄的偏见。历史昭示个人,如果他不与他生存与活动的团体发生密切关系,那就是没有他,至少可以说,他失去了自身的意义。这是在普遍的演进史学观中,我们所认识历史的价值。①

鲁滨孙亦言知现在须知过去:

> 至于历史的功用,在于帮助我们来明白我们自己同人类的现在及将来。从前以为历史是前车之鉴,这是不对的。因为古今状况断不是一样的。就个人而论,我们要明白我们自己的现在,我们不能不记得我们自己的过去。②

鲁滨孙又言:

> 研究历史的人,应该知道人类是很古的,人类是进步的。历史的目的,在于明白现在的状况。改良现在的社会,当以将来为球门,不当以过去为标准。古今一辙的观念,同盲从古人的习惯,

---

① 张致远:《史学讲话》,第二八页。
② 何炳松译:《新史学·导言》。

统应该打破的。因为古今的状况，断不是相同的。①

卡尔亦言了解过去在为明了现在：

> 只有根据"现在"我们才能了解"过去"，而我们亦只有根据"过去"才会了解"现在"。使人了解过去的社会，以及增加人对今日社会的控制，这才是历史的双重使命。②

罗兹则言及缺乏历史知识之严重意义：

> 如果没有历史感，人类生活必定是不可想像的，历史之于我们的生命有如此根本者。只有借着历史知识，我们仓促的一生——如此短暂的经验——才能变成人类记录的一部分；只有借着历史知识，我们才对该记录有所知并分享之。个人的生命打破了桎梏而与人类相连。我们的生命注定要臣服于时间的暴虐，唯有经由历史，我们才能解开枷锁而遁入永恒。③

知自己之同类，知自己之生存环境 历史知识为一国家普通教育之一种教材。凡立国于世，其国民必须从一般教育中获得此种知识，以培植全民通体认同之民族文化背景之根基。此为一种普遍通熟之一般历史常识，而国民意识、民族自信与自尊，均得以此为依据。同时一国之政治社会领袖，如何领导众民，承担治国大任，亦须对本国具有较多较深之历史认识，方足以知所举措而不至自误误人，贻误国家。至于个人智慧之参考尚犹在其次。于此项功能陆懋德曾指出其意义：

> 近代所谓"现代国家"，无不建筑在"国民意识"之上，而所谓国民意识（national consciousness）者，即谓全国人民对于本国的已

---

① 何炳松译：《新史学·导言》。
② 王任光译：《历史论集》，第四七至四八页。
③ 廖中和译：《历史的功用》，第二○页。

往、现在及未来之地位,有(1)共同的认识,(2)共同的了解,及(3)共同的希望是也。历史所以必求正确者,即因其负此重大责任之故。①

柳诒徵亦指出维系一国族之团结并发展壮大者,在中国而与他族不同,是则历史教育成功之点,如柳氏云:

> 夫人群至涣也,各民族之先哲,固皆有其约束联系其群之枢纽。或以武功,或以宗教,或以法律,或以物质,亦皆擅有其功效。吾民族之兴,非无武功,非无宗教,非无法律,亦非匮于物质,顾独不偏重于他民族。史迹所趋,而兢兢然持空名以致力于人伦日用。吾人治史,得不极其源流而熟衡其利弊得失之所在乎?②

西方史家罗兹申言西方文化认同根基,于近代荡然无存,其所余唯一一致之认同基础,则只余历史教育一种,舍历史而外,没有任何其他科学可以承此使命。其观察至深,极具远识,如其所谓:

> 今天老式的古典教育业已近乎完全破灭,我们到什么地方去寻找统一性的影响以取代它呢?除历史而外,我们的共同经验与人文研究还能找到遇合处吗?我想别无可与历史匹敌的竞争者,这是我在本书中所做最重要而实际的建议。③

罗兹亦具体指出所谓"欧洲意识",实即东方国家所认为之"西方",其间维系之根源,即本为文化一端,亦只有历史可以达此使命。如其所言:

> 自文艺复兴直到今天,古典文学与圣经是人文研究的中间,

---

① 陆懋德:《史学方法大纲》,第一〇至一一一页。
② 柳诒徵:《国史要义》,第一八页。
③ 廖中和译:《历史的功用》,第一〇九页。

在教育上产生了统一性的影响。这就欧洲而言,大致正确(苏俄与巴尔干除外),形成受教育人士之共同的欧洲意识,不因宗教与国界的畛域,而有很大的影响力。受过教育的人有柏拉图(Plato)、亚里士多德(Aristotle)、维吉尔(Vigil)、贺拉斯(Horace)、普鲁塔克(Plutarch)、李维(Livius)、塔西佗(Tacitus),圣经文学与历史,作为西方世界的共同背景。直到上一代,它在教育上的力量,仍未稍减。①

罗兹并明白表示,历史功用具备一切人文教育之统一性基础,这也是认同根基。如其所言:

> 能赋予所有其他人文课程以统一性的,舍历史外无他。这些课程不是从历史中成长出来,便是自历史中取得大部分资料——像人类学、社会学、经济学、法学、语言学多少也是如此。这些课程均有其历史面,同时也会合于历史。它是最正统、最广大、最混杂的学科,不像数学、音乐或逻辑这样单纯;它与生命同其宽广同其多变。它不仅为所有独立的人文学科提供了最佳的共同会合处,而且也赋予它们与自然科学间最有收获的交接点。②

中国史家须知历史之功用,尤须知自身责任之重大,无论自古至今,中国史家在各时代努力,均必须承担使命,完成中国史家自著之历史。历史著作不可假手他人,盖以其文化背景不同,终不免有所偏差,必于历史教育产生严重影响。中国史家向有良好传统,兴趣广泛,勤于记载。中国文人乃至稍知诗书能文者,皆有良好习惯,乐于载笔,甚或简略笔札,亦有极大用处,此皆中国历代前贤遗留之优良传统,中国

---

① 廖中和译:《历史的功用》。
② 同前书,第一〇七页。

人当自知而并珍重之。凡为记载,未必经国大政,即乡曲人物景观物产,亦具参考价值。如宋代声名煊赫之韩世忠,中国知者甚众,而外人知者实少。然其侄韩彦直,以著《橘录》一书,凡中外科学史家莫不知之,其书非经国大事,记载非皇皇巨著,而其传世千载,中外共重者,在留此记录以飨后世耳。此中至理,千载以前,刘知几早已发明,并论列之,如刘氏云:

> 夫十室之邑,必有忠信,欲求不朽,宏之在人。何者? 交阯远居南裔,越裳之俗也;敦煌僻处西域,昆戎之乡也。求诸人物,自古阙载,盖由地居下国,路绝上京,史官注记所不能及也。既而士燮著录,刘昺裁书,则磊落英才,粲然盈瞩者矣。向使两贤不出,二郡无记,彼边隅之君子,何以取闻于后世乎? 是知著述之功,其力大矣。岂与夫诗赋小技挍其优劣者哉?①

培养各级政治领袖治事应变之能力　历史知识之另一功能,在培育各级政治领袖,使其有知世、治事及应变之能力。陈恭禄举出人之活动影响至深,而探悉人之活动之重要学问即为历史。如陈氏云:

> 一国现象之造成,原因虽常纷杂,而人事臧否,实一主要原因。盖政治社会为多数人结合之团体,而改善其状况者,常赖极少数之优秀分子,或所谓治人者之阶级。其思想与活动影响于人民者,至深且巨。人民处于治于人者之地位,常有重大之义务,而少权利,唯知服从而已。此我国有史以来之现象。专制帝王视其统治境内之土地人民为其财产臣妾,有自由处置之大权。国君之贤否,登庸之士大夫,采取之政策,对外战争之胜负,常影响或决定一个民众遭遇之命运。自影响而论,史迹之重要,无过于此,其

---

① 刘知几:《史通》,第四八〇页。

占重要之篇幅,乃事理之当然。①

刘述先亦言历史教人知己知人,并知所处之时代与环境。用以采取良好适应。若刘氏云:

> 而且历史的研究,除了当作一门客观独立的学问研究以外,是有着巨大的实用价值的。不只鉴往以知来是人类学习的一个最大的泉源,而且客观地了解别人的历史以及自己的历史,才能训练我们自己培养成一种现实主义的态度。不把自己的行为建筑在主观的空想、情感的反应与错误的估计之上。这样当然会产生比较好的效果。而国际的问题,由于较佳的互相了解,也才会有比较好的解决方案。中国以其人口、土地、资源等的条件是命定要在世界史上扮演一个重大的角色的,而研究中国历史,不论对我们自己或对别人,都是一件重要的大事。②

罗兹亦言及历史知识供人明了时代及环境,如其所言:

> 历史使得你能明白公共事务和时代的趋势,这是其他任何学科所不及的。还有比这更重要的吗? 如果你不了解自己生息的世界,那么你只是它的玩具,而成为它的牺牲品。③

罗兹亦言及历史知识用于培养各级领袖:

> 你现在可以看出何以我认为在大学中历史最为重要。因为它是公教人员,广义的政治领袖、新闻舆论界领袖以及政治家等之事业的准备工作。就社会的高层指导而言,历史知识是不可或

---

① 陈恭禄:《中国史》,第一册,"序"。
② 刘述先:《研究中国史学与哲学的方法与态度》,《"中央日报"》副刊,台北,1968年1月17日。
③ 廖中和译:《历史的功用》,第一〇页。

缺的,这也是何以高等教育中历史尤其重要,越是高等越是重要。①

充实个人教养　单就个人修养而言,历史知识足以充实良好教养。个人培养理智,陶冶心性,可以得自于历史知识之涵泳。罗兹认为现世人们堕落,多是缺乏教养:

> 这个世界之堕落,不是因为人们邪恶或有无法根治的原罪,而是由于人们缺少教养、知识、理智、感性。②

罗兹所提示之理由有谓:

> 历史是一个有教养者心灵的基本部分。一个人不懂数学、化学或工程学,他仍然可以是有教养的人,因为这些是专业性的。这方面的问题,有技术人员为我们效劳。但我们要了解环境,则某些历史知识或历史感,是不可缺少的。由此最能见出一个人涵养的高低。③

张致远亦言个人教养所需于历史知识之充实,如张氏云:

> 我希望,我对于我自己所提出的两个问题,已经说得清楚了。(1)历史家的责任须将历史写成可以给人普遍阅读的形式。(2)一般人民应该多读历史。如果一个智识分子不懂历史,他的教育程度就不能做一个良好的公民,或一个有思想的人。自然一般读者不仅因为爱国心理,或因求得思想进步而研究历史。他们肯读历史,还是由于它能引人入胜。所以历史家的责任应把历史写得有

---

① 廖中和译:《历史的功用》,第一二页。
② 同前书,第一二九页。
③ 同前书,第一二八页。

趣,至少不要因博学而有损趣味,学问是基础,不当影响艺术的创作。①

甘特把眼界范围放得更远,除充实知识教养之外,其功能足以提高识力,启发智慧,如其所言:

> 历史值得研究是由于它具有创造力的活动,它不但讲求用途与事功,使我们获得训练高度想像力的机会和解释高水准的文学作品的能力,同时历史的研究使高级知识分子与具有深度的情感者表现出创造力。杰出的历史研究须有一针见血的批评能力和科学家的训练方法,也要有小说家和剧作家那种丰富的人生体验及写作技巧。②

鉴戒 历史之另一重大功用,本在于鉴戒,历史参验,其义甚广。古人早有知之。司马迁序《高祖功臣侯者年表》有云:"居今之世,志古之道,所以自镜也。"③实际上今日世界列强,其一切内外政治措施,莫不根源历史鉴戒,即所谓前车之覆为后来者所儆。西方最大政治措施之北大西洋公约组织,耗资累巨亿,存在二十余年,迄今未得一用。然彼等并不以为惜费,犹欲力劝西班牙加入阵营,以增强力量。或谓国际现势使之而然,但此现势之获知,则据二百年来欧洲列强争霸史而得之,据俄国近代之扩张史实而得之,若不花费巨资人力,今日西欧早已席卷为俄所有。虽到今无此事实,而西方政治家、外交家、军事家无不决信其未来发生之可能。此今世应用之鉴往知来。知所警戒,旨在御防为俄国所覆灭。为国家主政以求鉴戒,唯史能提供重要参考,中古时代刘知几早已见及,并告为国为家者知之。若刘氏云:

———————

① 张致远:《史学讲话》,第九九页。
② 涂永清:《史学导论》,第三页。
③ 《史记会注考证》,卷十八,第五页。

若乃《春秋》成而逆子惧,《南史》至而贼臣书,其记事载言也则如彼,其劝善惩恶也又如此。由斯而言,则史之为用,其利甚博,乃生人之急务,为国家之要道,有国有家者,其可缺之哉?①

中国学者熟读西方历史,必须在认识之中获得两项鉴戒。其一是列强获致富强与图谋他人之工具,即所谓西方工业化及其动向。在此取巴恩斯所申结论以参见之:

工业革命,为人类生活与社会生活中最大之转变,其要点有三:(1)科学与工艺之转变,(2)工厂制度之兴起,(3)两者汇合加于社会之影响。工艺革命,以实用科学供人类之使用,废除以前二十五万年之手工经济,实现机械之权威。机械技术,又复必然地携来工厂制度,盖因笨重高价之机器,不能于工人家中安置之。工厂制度,产生一崭新有效之方法,以使用人力,但在劳动者方面,则产生新异与不甚愉快之心理态度。机械技术与工厂之联合,以革命手段,改变西方文化之整个面目。②

巴恩斯又云:

工业革命之重大形态,可分为三类:(1)技术革命,以机器代手动机械;(2)工厂制度之兴起,以管理与整饬劳动之努力;(3)机器与工厂制度加于现代文化之影响。纺织业领域内机器之发明与科学之应用,钢铁之制造,开矿与新化学及橡胶工业,均给予人类以极端有效之技术,以利用自然。但人类于使用新式机器之过程中,又复投降于机器,受其专横之支配,适如教授凡勃伦(Thornstein Veblen)、克拉克(J.M.Clark)、汉密尔顿(Walton Ham-

① 刘知几:《史通》,第二五三页。
② 董之学译:《新史学与社会科学》,第四五六页。

ilton)等之所指出。投降以后之结果何如,目前尚不能断定。工厂制度,替代旧日行会与家庭制度。此制度提高管理劳动之效能,便利工业法则之分割,助长技术之专门化,因能大大增加每人之生产力。机器与工厂之合作,增益世界贸易之容量,促进争取新市场之努力,完成企业学说与拜金主义,保障资本家之支配,引起城市时代之兴起,发动国内与国际之大规模的移民运动,扩大个人之眼界并减少文盲之数目,但同时使个人于动进的城市的环境中感受莫大之辛苦;给予资本家以政治的与经济的优越地位,但同时又产生无产阶级以反抗此种支配;戟刺新殖民地与投资地域之争夺,以推动民族之自利心。最重要者,工业革命,已增加物质文化转变之速度,绝不似以前农业时代之停滞与重复。①

就此可以使我们了解近代西方向外扩张之动力根源,其一切政治、军事、外交莫不建立在此种基础之上,取为借鉴,足以认识列强发展动机及其一切政治、外交运用之原始宗旨。

其二是西方政治、外交之本质,即其一切政治、军事活动及外交阴谋。这里仍举巴恩斯所提结论:

近代政治史之来源,出于德国。案德国于耶拿(Jena)一役,败于拿破仑。嗣后即由斯泰因(Stein)、哈登堡(Hardenberg)、沙恩霍斯特(Scharnhost)加以改造。更由斐希特(Fichte)、黑格尔(Hegel)予以思想上之鼓励。在此狂热中,尼布尔(Neibuhr)、兰克(Ranke)以及《日尔曼史文献资料汇编》(*Monumenta Germaniae Historica*)诸撰著者等,开始一种工作,竟将历史之撰述与搜求,加以改变。皈依此派者,威力极大,且多为普鲁士人,递使整个十九世

① 董之学译:《新史学与社会科学》,第五七四页。

纪,膜拜于爱国式、政治式、民族主义式史学之前。稽考十九世纪史,普鲁士已逐渐取得德意志帝国中之超越地位,并欲称雄于欧洲。民族光荣与民族竞赛,亦于英法激起同样之运动。①

巴恩斯又云:

> 在政治领域内,资产阶级支配下之宪法政治,成为金科玉律之模型。部落本能,予以民族化;资产阶级国家,遂成为强烈的民族国家。出品容量增加之结果,自当力求市场之扩大;此一情况,又复引起对于殖民地与势力范围之搜求,由是形成普通之所谓现代帝国主义。民族主义与帝国主义,产生一种好战心理,遂形成增加武装之竞赛。②

史家研讨历史,提出简化而明确之结论,将以促醒国家同胞之注意,供各级政治领袖之参酌,备为取法取戒之参考。尤当列强纷争之世,史家责任更重,盖一国存亡前途,皆赖史家之指导方向,趋吉利而避危害。若不明中外历史,无以知己知人知世知变,徒见世变纷乘,此兴彼灭,使国家民族一任世界潮流所左右,浮荡漂泊,无法自持,则国家民族危殆,去覆亡之期亦不远矣。举世重大政治活动莫不参酌历史,世人不知,固可曲谅,而史家亦不自知,真乃有负所学。史家缺乏自信,依傍别学,而又矜夸新奇,傲视同列,此今世史学之所以极度衰敝,又何能勇任艰巨,承担国家民族所赋予之使命耶?

---

① 董之学译:《新史学与社会科学》,第三页。
② 同前书,第三七六页。

附录 阅读心得举例

　　此篇附录,补在《史学方法》最后,在表达个人读书经验。相信古今之书,人人阅读,而各人启悟觉识,则是无一相同,同一本书,各人阅读,用心不同,专注之点异趣,而创生识见自必不同。在治学而言,即令同出一师之门,俱经谆谆教诲,而造就人材,亦必各有领会,成就学问亦决无彼此雷同者。扩大而言,经史子集,浩瀚丛积,各人自由流览参阅,彼此之间,意趣更相悬远,遂至一定各有用心,各自成就专攻之学。此正是学术博大无涯之特质。

　　鄙人之《史学方法》一书,传世已四十年,在我生平二十四种学术专著之中乃最为浅显具体而易于阅读。特受同道识家引于教学研究,心下倍感安慰,亦觉责任重大。今经细阅首尾,相信有益于后学,无害于世道。乃略有改订,不到千分之一。故欲以平日阅读经验,举示数例,以见学问之取得,俯拾即是。尚祈识者毋笑我浅薄。

　　平日读书,天天皆有省悟,后时多收入学术论文。此处举例,亦随意而为,决无任何立意。

例一　中国文化中之王道思想

二十世纪三十年代，我国学术界领袖，固有不少饱富学问大师，忠谨笃实学人，然当今主流之新派文士学者大人先生博士之类，却大半已丧失文化自信，谄媚于洋人。不必提其主名，直可称之为一群败类。我立此说，自愿接受批评检讨。但我翻阅当年之名家时说文章，分析内中意趣。

可展开讨论之问题甚多，在此只举一个古来文化中之王道思想，供作读书心得举例。

先说，我是以研究中国近代史为专业，而却在大学博士班开讲"中国古代典籍"四年，开讲"掌故学"三年。势非博览古籍，广阅经典诸子百家之注疏，备见大陆古学大师、名家、专书权威之著作。即《尚书》一种，前后名家经师曾运乾、金景芳、刘起釪、陈梦家、蒋善国、屈万里等大师之注疏。其他《诗经》之传注三种，《左传》注释、《管子》注译一种，《孟子》《荀子》之注各一种，《经法》一种，《孙膑兵法》一种，《稷下勾沉》一种，《帛书老子》之注二种，《庄子》之注二种，《六韬》之注二种，《战国策》之注二种，《大戴礼记》之注二种，《周礼》之注二种，《礼记》之注一种，《国语》之注一种，《淮南子》之注一种，《吕氏春秋》之注三种，《新序》之注一种，《说苑》之注一种，《列仙传》之注一种。其中作者，除了在台湾者三四位，大多数俱是大陆学界名家。自然重心实在大陆。既开两门专课，亦不能不全副精神打进古学术之领域。因不敢草率行事，不负责任。

我在大学中选择王道问题，正如我在近代史中选择天朝问题一样，是基于三十年代以来多数人最为排斥之所谓落伍思想。

"天朝"一义，始于唐太宗时，外邦奉之为"天可汗"。明清两代五百年亦是藩邦外夷进贡而奉为"天朝"。近代史家多不愿提及，称为自大。但是日本自称"天皇"，决非他人抬举，有何依据？而国人则俯首称是。真是太过自卑,十分可耻。

同在当代,我国古史学界一直不敢谈论中国之"王道"思想,自是受到三十年代前辈之崇洋媚外习气之影响,也步趋后尘,相信"王道"太过自大。

我敢自信而大谈中国"王道",乃是人弃我取,亦自觉职责有当。非敢轻易尝试,而是深心大力,下功夫进入研究。因而我在八十年代先后撰写三篇文章,表述中国文化中之"王道",俱是史料密集之长文。在此一一提出介绍,但要尽量从略。

中国古来第一样王道思想是"存祀主义"。拙文题称《中国古代存祀主义之国际王道思想》。古人并未有"存祀主义"这一说,但有存祀主义的实践史迹。"存祀主义"一词,出于鄙人之创说,那篇文章代表我的论断,学术责任自负。

关于古人倡言之存祀主义,资料甚多,亦最易见。始之于孔子《论语》,继有《管子》一书,所谈最多,可举论说不下七八次。其次至于存祀主义之故事亦即史实,在古书中所见更广。要以《左传》记载最多,而《国语》《战国策》亦有记载。要以司马迁《史记》分见于《太史公自序》《周本纪》以及《宋微子世家》三篇为最有系统亦最详明。在此举证,当以孔子之论为最早:

> 谨权量,审法度,修废官,四方之政行焉。兴灭国,继绝世,举逸民,天下之民归心焉。(《论语·尧曰》篇)

倡议者,明见来自儒家,而法家管子之书,立说尤多,自不具论矣。

存祀主义当更在史迹之传世遗存。在古代史籍,自亦广泛出现。大抵《左传》《国语》《战国策》以至《史记》多有载述。

史家应知有关存祀之史实,早已创生在殷商武丁时代。出于前汉刘向之《说苑·君道》篇。或有人疑其晚出,然有春秋时期旁证。在晋国强盛之期,据《左传·襄公十四年》记载,晋国中行献子(荀偃)向晋侯建议,定卫国之乱、存卫国之君,乃是引用殷商名达仲虺之言曰:"亡之侮之,乱者取之,推亡国存,国之道也。"这几句话,应该出于《仲虺之志》,此是一种史书,屡见于古人所引举,只是其书则未能传世,徒见一鳞半爪,甚为可惜。

存祀主义之故事,《左传》事件最多,但却简略数语,惟《史记》一书,有三处记载,全具首尾。要以《史记·周本纪》为较详明。

> 封商纣子禄父殷之余民。武王为殷初定未集,乃使其弟管叔鲜、蔡叔度相禄父治殷。已而命召公释箕子之囚。命毕公释百姓之囚。表商容之闾。命南宫适散鹿台之财,发巨桥之粟,以振贫弱萌隶。命南宫适、史佚展九鼎宝玉。命闳夭封比干之墓。命宗祀享祠于军,乃罢兵西归。(《史记》卷四《周本纪》)

此是史家载笔。而周武王存殷商之祀,被孔子理论化而载入《礼记·乐记》。扩充而形成存祀主义之思想体系。

中国王道思想的第二个重大领域,乃是自然生态保育思想。这一问题,前时学界文家、名士、教授、博士未尝说到中国古来有自然生态保育思想。此一论题是鄙人提出。我有一篇专门长篇著作,题为《先秦两汉之自然生态保育思想》,1992 年发表于《汉学研究》第二期,代表我九十年代(The Age of 1990s)学术观点,敬请识家指教。

我的思想酝酿,启端于六十年代阅报读到中研院动物研究所研究员李文蓉翻译美国文章译称《寂静的春天》在报上连载多日。

所谓寂静的春天,是描述美国科学进步,发明了 D.D.T. 杀虫剂。所有害虫、益虫全被杀死,而鸟类不知误食昆虫,遂致中毒而大量死亡。天上少了飞鸟叫声而造成了"寂静的春天"。

当六十年代将转进七十年代,我有机会访问美国夏威夷大学东西文化中心,以高级专家(Senior Spacialist)名义在东西文化中心研究一年(1968—1969)。我见到了史学家郭颖颐教授,彼此交谈甚多,开始了解到美国皇皇伟岸的现代化理论家已理论破产,各个收棚下岗。因为现代化之美国,一直高度开发,大为破坏自然生态环境,而生态保育思想自此萌芽。我就自此一心一意来考求中国古来之自然生态保育思想。直到九十年代,终能写出一篇长文。

我之从事研究中国古来之自然生态保育思想,上自《逸周书》周文王、武王故事讲起,下涉诸子百家包括孟子、荀子、管子、墨子、庄子、晏子,《礼记》中之《王制》,《大戴礼记》以及《吕氏春秋》,俱在先秦。接上涉论贾谊、《淮南子》《史记》《新序》《说苑》,最晚至于东汉班固之《汉书》,俱一一引据说明,以见古人累积经验与识断。随后当选择一些论据稍能提供个人概观。

中国自古之自然生态保育思想,起始创生甚早,可举宗周自文王已提示明晰训戒。文王有嘱告太子发之言:

> 文王受命之九年,时维暮春,在鄗。召太子发曰:呜呼!我身老矣。吾语汝,我所保与我所守,传之子孙。吾厚德而广惠,忠言而志爱。人君之行,不为骄侈,不为泰靡,不淫于美,括柱茅茨,为民爱费。山林非时,不升斤斧,以成草木之长。川泽非时,不入网罟,以成鱼鳖之长。不卵不撰,以成鸟兽之长。畋猎唯时,不杀童羊,不夭胎,童牛不服,童马不驰,不鹜泽,不行害。土不失其宜,万物不失其性,天下不失其时。土可犯,材可蓄。润湿不谷,树之竹苇莞蒲。砾石不可谷,树之葛木,以为绤纻,以为材用。(《逸周书·文传解》)

周文王当年训戒之词,原有本于古籍《夏箴》及《开望》,而此两书,后世不传,仅出现于《逸周书》文王所引,盖上古之书,丧失于古代应不在少。

兹举周文王引举古书而为借鉴：

> 《夏箴》曰："中不容利,民乃外次。"《开望》曰："土广无守可
> 袭伐,土狭无食可围竭。二祸之来,不称之灾。"天有四殃,水、旱、
> 饥、荒,其至无时,非务积聚,何以备之?《夏箴》曰："小人无兼年
> 之食,遇天饥,妻子非其有也。大夫无兼年之食,遇天饥,臣妾与
> 马非其有也。国无兼年之食,遇天饥,百姓非其有也。"戒之哉!
> 弗思弗行,祸至无日矣。(《逸周书·文传解》)

至于文王之后,武王尊文王之命,周公承武王之志,亦并践履自然生态
保育思想。史材见于《逸周书·大聚解》。兹不具引述。

文王、武王、周公之后,自墨子起儒墨道法杂家阴阳诸子,莫不有
自然生态保育之论说,下至两汉,俱不断有同类之宣述。在此一概不
再引举其说。而惟有在战国期大儒孟子见梁惠王,严肃回答梁惠王所
问"邻国之民不加少,寡人之民不加多"这一问题说:

> 王如知此,则无望民之多于邻国也。不违农时,谷不可胜食
> 也;数罟不入洿池,鱼鳖不可胜食也;斧斤以时入山林,材木不可
> 胜用也。谷与鱼鳖不可胜食,材木不可胜用,是使民养生丧死无
> 憾也,养生丧死无憾,王道之始也。(《孟子·梁惠王章句》)

本文所以引证孟子之言,盖在遵循孟子将自然生态保育定为是王道之
起步,决非吾人可以妄造。

现在要论述中国自古王道的第三个重大领域。那就是"开放关市
与自由商旅思想"。我在一九九七年退休之后,写有一文《中国古代之
开放关市与自由商旅思想》。而先只是初稿,在年代上可以说是我在
世纪末(End of 20th Century)之作。后来移居加拿大(2001),经补充
写成此作。

原先我早写过一篇《四民名义考》刊布于中研院文哲研究所集刊第二期。文中举示古有八民之分,其中自有商民一类,且早在《周礼》及《考工记》均必列载商民。我说中国古代商贾,首先有关买卖场所,买卖时段之记述可举《周礼》原文:

> 大市,日昃而市,百族为主。朝市,朝时而市,商贾为主。夕市,夕时而市,贩夫贩妇为主。(《周礼·地官·司徒上》)

引文浅明易晓,惟其中所谓之百族,自是贵族官员之类也。

《周礼·地官》中,载述经管市廛买卖之职官颇为详备,自是珍贵史料。于今将直引原文,而一一提示各样名称职掌。最大之官称为司市,其职掌在管理民间与他到外地之商贸行事。

司市之下属官不少,有市师、胥师、质人、廛人、贾师、司虣、司稽、肆长、泉府等等。诸职掌易晓,惟"司虣"一职其字少见,盖为商市场之镇暴官,故大陆出版之《周礼》书将"司虣"已写为"司暴"。这就容易明白。至于说到古代国与国间,所谓外地来贸易之商贸往来,乃是在边疆之处设有"司门""司关"及"掌节"三种职官。从《周礼·地官》之载记,在设官分职,掌理商业行事,即可反映出周代商业已很发达。

本文既在探讨开放关市与自由商旅,势须一表述"司关"一职,且取《周礼》原文用为可靠资证。兹举《周礼·地官》之言:

> 司关,掌国货之节以联门市,司货具有之出入者。掌其治禁,与其征廛。凡货不出于关者,举其货,罚其人。凡所达货具有者,则以节传出之。国凶札,则无关门之征。犹几。(《周礼·地官·司徒下》)

在此段载述之中,有一个关键之字,是谓"节",节是周代至春秋战国的一种商贸通行证。今能见者:"鄂君启节",铜胎铸成。乃标明两地货物过关传示司关以为通行之证。这段引文最后,须注意"犹几"一词,表示虽然不征税，却仍须通过稽查之意。

至此，我人可以进而述论开放关市与自由商旅思想。先秦诸子，要以《管子》一书记载最多，计有《乘马》《五辅》《大匡》《小匡》《霸形》《戒篇》等均有举示：关，几而不征，市，廛而不税。而先秦出现"百货"一词，则见于《乘马》篇。本文不及通举各篇文字。兹引举《管子·小匡》篇，简明足备参证：

> 通齐国之鱼盐东莱，使关市几而不征，廛而不税，以为诸侯之利，诸侯称宽焉。（《管子·小匡》篇）

在此必须稍加说明。引文之中所谓"关市几而不征，廛而不税"（《管子》各篇多见），所言之"几"（或讥）乃指验关稽查货物过程。但却决不扣税。至于所言"廛而不税"，廛指肆场展览货品及至所谓之货栈之地。在市场展放货品，政府并不收其税。如此即可视为开放关市。在齐桓公时代已是充分执行之政令。事实上，在公元前八世纪以来，齐国一直通行此令。

齐国在管仲之后又有晏子一位贤相，仍使齐国维持富强。而晏子政术，亦看重开放关市。举其与齐景公之问对：

> 公曰：然则何以禄夫子？晏子对曰：君商渔盐，关讥而不征，耕者十取一焉。弛刑罚：若死者刑，若刑者罚，若罚者免。若此三言者，晏之禄，君之利也。（《晏子春秋》卷五之十六章）

接着战国时代齐国已是田氏政权。此时大儒孟子见齐宣王时，有一段重要对话，学界多熟知，其论议则十分明确，颇须引举，其所持开放关市与自由商旅思想：

> 尊贤使能，俊杰在位，则天下之士皆悦，而愿立于其朝矣。市，廛而不征，法而不廛，则天下之商皆悦，而愿藏于其市矣。关

讥而不征，则天下之旅皆悦，而愿出于其路矣。耕者，助而不税，则天下之农皆悦，而愿耕于其野矣。廛，无夫里之布，则天下之民皆悦，而愿为之氓矣。信能行此五者，则邻国之民仰之若父母矣。（《孟子·公孙丑章上》）

在孟子这段话之中，可注意者在其表述当时之商与旅，其商乃是坐贾，其旅乃是行商。此即本文所谓之自由商旅，非妄造也。

孟子以后，又有大儒荀子主张开放关市与自由商旅之陈叙，至少有两处言论，今举一处：

> 朝廷必将隆礼义而审贵贱，若是则士大夫莫不敬节死制者矣。有官将齐其制度，重其官秩，若是则百吏莫不畏法而遵绳矣。关市几而不征，质律禁止而不偏，如是则商贾莫不敦悫而无诈矣。百工将时斩伐，佻其时日，而利其巧任，如是则百工莫不忠信而不楛矣。县鄙将轻田野之税，省刀布之敛，罕举力役，无夺农时，如是则农夫莫不朴力而寡能矣。（《荀子·王霸》篇）

西汉时代之《大戴礼记》为戴德所辑之古礼经，决非汉代之作，必通行孔子后学。其书亦有开放关市之倡说，可举所言（原指孔子之言）：

> 昔者明主，关讥而不征，市廛而不税，段十取一。使民之力，岁不过三日。入山泽以时，有禁而无征。此六者，取财之路也。（《大戴礼记·主言》篇）

除此之外，尚有《吕氏春秋》亦有开放关市之论述，兹可省略不叙。盖至儒孟荀之书，俱以开放关市为王道之规，自可引重其道。

例二　中国文化中之神仙问题

谈起神仙，非中国独有，世界各民族均必有之。因其荒渺飘逸，幽玄恍惚，最宜于文笔驰骋，纵情挥洒，正是文家最喜爱的选择题材。但若回头思辨中国文化中之神仙问题,却是出现最晚。岂是中国古人并不富有浪漫思想? 到此先须申明一点,本文谈神仙决不涉及"神话"问题,中国先民早已创生各样神话传说,可说它是文学领域也可以说它是史学领域。不过神话与神仙实不可混为一谈,亦并无轻重之别。本文声明,在此文只谈神仙,不谈神话。敬请识者鉴谅。

在我国古文化中,神仙问题晚出,精读古史者俱知。莫说远古,自夏商周三代以至春秋、战国,并未出现神仙问题。今代史学大师顾颉刚深熟上古史乘,莫不精心研考。他说过:"仙人是古代所没有的。"顾氏还举示说:"最早的仙人史料,现在也得不到什么。"紧接着说:"只有《封禅书》(即《史记》中之一篇)里知道燕国人宋毋忌、正伯侨、羡门子高等,都是修仙道的。"(上引各句,出于顾颉刚著《秦汉方士与儒生》第三章《神仙说与方士》。)我人于顾氏经验之说自当倾信不疑。于此可知中国史书而开始载述仙道之事者,要以《史记·封禅书》为最早,而最早出现之方士者流皆为燕国人。此正合于顾颉刚之识断。他肯定讲出:"仙人是古代所没有的。"当然根据《封禅书》所载,那些战国末年的燕国人所谓方士,宋毋忌、正伯侨、充尚、羡门子高等就是创说仙人的最早前驱。历史依据自是独靠《史记·封禅书》。再没有其他更早的可靠资料。

在二十世纪三十年代盛行科学主义,到了当今,已是科学一统时代。本文已作介绍,自勿多论。但须知在六十年代已有旅美教授郭颖颐先生刊布其大著之科学主义研究。一时引起我辈近代思想史同道在南港中研院互相讨论、交换意见。近代史所同仁郭正昭先生向我问及:所谓"科学"与"科学主义"其意旨有何区别? 我立即答复他说:"科学"的动因启念是从怀疑出发,"科学主义"的动因启念是从信仰出发。没有怀疑就没有科学,没有信仰就没有科学主义。现在写出,请识家指教。

在三十年代中国，人人张口闭口必喊科学，还有何人敢再提起神仙？人人誓言破除迷信，又有谁敢再理神仙问题？未料在此墙倒众人推之情况下，亦竟有人勇敢大谈神仙。有二位名家，却在二十世纪勇敢谈论神仙。其一是古史学大师顾颉刚，先已提到他一些见解。（可见其大著《秦汉方士与儒生》。）另一位是文学大家闻一多，在四十年代著有《神仙考》（收载于他所著《神话与诗》）。二人俱早已发表著作，在此自勿须多所引叙。但他二人重要观点，势须在此交代清楚。

顾颉刚饱富古史知识，但却亦受到洋人洗脑，看法借重西洋天赋人权思想，认为中国古人没有人生自由，必须死后灵魂解脱，乃可自由飞升，遨游天地，享受逍遥自在，即是神仙（大意如此，人须先死方可成仙）。在此简略介绍。识者仍应细读其书。不过我先反对，不能接受其说。

至于闻一多一家之言，在其长文《神仙考》中广征博引，反复论辨。他虽留学外国，却未尝引重西洋理说。其表述大意，亦是认为人须死后方能灵魂解脱，飞升成仙，轻松云游，逍遥自在。闻氏认为神仙除女色音乐之外别无所好，太过清闲，饱享安逸。闻氏如此倡论，我却完全反对，不能从信。他文中也详引《抱朴子》书，却忘记葛洪此书说到神仙是十分忙碌，要做之事极多，要修功课亦极其繁重。《抱朴子》备叙甚详，闻氏竟放着无睹。

我极其反对顾氏、闻氏二家所论人须先死之后成仙。我的主张相反，认为人能活着不死方可称仙。汉代所成之书《释名》谓："老而不死曰仙。"汉人王充有谓："物无不死，人安能仙。"（见《论衡·道虚》篇）我遵从汉人识见，肯定相信"老而不死为仙"。我将在以下探讨秦始皇、汉武帝两个史例为证。为此我亦撰写专文，题目是《秦汉时期神仙学术之形成》，收载于拙书《演史开新别录》，二〇一五年中华书局出版。

在此简单说，我是服从顾颉刚先生的高见，也是认为中国前古并未有神仙问题。要论中国之神仙，当须从秦始皇统一六国大局开始。在此以前实无神仙问题。

秦始皇既得天下，一切称心满意，而只有一项生命关键没有把握，他盼望永远活着不死，却一切心思力量全用不上。他智慧很高，却不得不降心平气向他人要求取得长生不老之药。他也知道，这是难题，常人决做不到。看来只有神仙有大本领，可以做到。于是所谓之方士之流，乃得借此成为中介，去向神仙访求长生不死之药。秦始皇不惜花费大批金钱，托方士为之奔走各地访求长生不死药。因而就有韩生（韩生即是韩终）、侯生、卢生，以至徐市随之也成大名。如此简略交代，祈阅拙文为是。必须分解一点，秦始皇之封泰山禅梁父，应与求药无关。封禅礼在表功德，而每每到东海望气，似在盼望看到神仙，他一生志得意满，却遗憾见不到神仙，也吃不到长生不死之药。直至其死，愿望落空。

及至西汉时代，要以汉武帝在位最久，开拓国土功业最盛，历代伟大人才一时并出，有卫青、霍去病、张骞、苏武、司马迁、司马相如，俱是代表汉世英华。汉武帝雄才大略，功业彪炳，却仍有其放心不下之思，那就是甚盼长生不老，永久在位。不得已，也同秦始皇一样想法，祈盼找到神仙，求取不死之药。大批方士乘机出现，愿为中介，务求神仙所有的不死之药，著名的方士有李少君、李少翁、薄忌、栾大以及公孙卿等。汉武帝比秦始皇更厉害，更要宠重方士，能封李少翁文成将军，能封栾大五利将军，却被武帝看穿其虚诈，就立即诛杀不赦。其中李少翁、栾大俱被见罪被杀死，比秦始皇更舍得花费，亦更能诛杀欺伪。虽然汉武帝忙碌遣方士访求长生不死之药，他与秦始皇一样，一生未能见到神仙，也未能吃到不死之药，终亦不免走上死亡。秦皇、汉武真可为史鉴也。

我决无意要与顾颉刚、闻一多两位前辈大家作对。我反对他二人主张人死后成仙,是绝不能信从和同意的。我自本着科学态度,并一定抱有历史根据,方敢大胆宣白。史实所见,秦始皇、汉武帝俱是天纵聪明、识力超卓,他二人观点决不会相信死神仙,他二人要求取不死之药,相信只有神仙可以提供,这给予方士们一个炮制仙药的用心方向,无不大力研考天下本草的煎服实效。因是而促成本草学之重大发展。这是秦始皇、汉武帝决想不到之事,但却形成中国药物学进步的动因。

古来史家专章记载医家一门之生平方术者,自以《史记》之《扁鹊仓公列传》为最早之作。此传内容极其珍贵,愿略申陈。

扁鹊仓公乃不同时代,扁鹊为春秋末年医家,曾研判赵简子之昏迷不省。其时三家尚未分晋。扁鹊亦曾审察田和之痛。其时田氏尚未篡齐。证明是春秋末之人。太史公论叙其行事颇为具体精要,后世奉为医家典范。

再次说到同一列传中之仓公,仓公乃齐国太仓长之简称,其名乃是淳于意。因在齐地行医而有名。其同时一位更重要之人物是公乘阳庆,阳庆是本名。公乘乃因阳庆有声名地位,外出可乘公车。其所以有名,自是为人医治疾病,声名渐为一方所重之故。

当西汉吕后当政之世,阳庆已七十余岁。生平积存其治病验方良剂甚多。因年老无子,决计将医方医术全传授给仓公。推算阳庆行医之初当在秦始皇后一时代。一般方士倾全力访不死之药,不免精研本草,阳庆非方士,但为人治病亦要精研本草。能精研本草,方能开出有效良方。他因不是方士而实为方家。

在吕后当政时代,阳庆将生平医术,累积验方一并传授仓公,但要仓公将其旧方一律丢弃不用。仓公得阳庆之教,于是行医有成,声名远播。可是到文帝四年,仓公因案犯罪,要受刑削去足趾。仓公只有五女儿,其第五女缇萦方十六岁,随父赴长安。乃上书皇帝,愿为官奴,求赎免父亲之刑。文帝见书,怜其至孝,遂特赦仓公免刑。文帝得知仓公是名医，乃令仓公将其所医治之人及其病症，以至如何服药治愈，令其开写明白，备为阅览。仓公遂亦一一开写全备，上呈皇帝。似此琐屑小事，一般史家必不理会，但司马迁则将之全部收载仓公列传，真见识力过人。后世之有医案者，当自仓公为创始。

汉文帝既已知晓仓公乃是名医方家，何以不会留他为皇家上下人等治病？此则更有重要者，就是皇家自有御医，官号是侍医，侍医也是精研本草，能开方煎药治病。此中内情颇为曲折。我为之深入研究，撰写一文，题目是《〈汉书·艺文志〉方技略之医药学术体系》，收载于拙书《演史开新别录》，北京中华书局刊印，敬请识家指教。

《汉书·艺文志》乃是全部依循刘向、刘歆父子所校书规模，把古来天下学问分为六门，定为六艺略、诸子略、诗赋略、兵书略、数术略、方技略六大门类，乃是中国学术史上重大贡献。这里只谈方技略。方技一词是指何事？答案出自西汉皇家侍医所定，就是医药道术。至于何以称方技，何时定出方技一义，史无可据，只有推测。

方技名谓，尚可解说，自方士大寻不死之药，而通常医治病症之人也就被称为方家，若仓公即是。盖同样是取本草配方，按寒热温凉之功用，煎药服下，即可治病。因此这些方家的治病道术就被汉家侍医沿用成方技一个定名（白话来说是"开药方之技"）。

至于何时方始被皇家侍医想出用方技为医学家，在史实上更是永久难有可靠答案，只是当汉成帝时负责校"方技略"之侍医李柱国就已在熟用，而刘向、刘歆父子已应同样熟知，俱非偶然出现此一重要名词。既是早成于成帝之前，亦难判断究在何时而创生此名词。没有一定答案，真是抱歉。

现在郑重宣白，而今在六略中草撰"方技略"，中国历世无人重视，而今成最重视，势必要据其内涵而探究此门学术之重要性。

侍医李柱国，将方技学术分别为四个支系，命之为医经、经方、房中、神仙四类,至十八世纪,清乾隆时期有章学诚著《校雠通义》一书,此书专谈《汉书·艺文志》,在六略之中谈方技略最简略。但他指出"方技略"应收有"脉经"一支,"本草"一支,盖西汉早已有之,而李柱国漏列此两系。在此但存一说,不续深论。

鄙人以为"方技略"极可珍贵。特别是其中之"房中""神仙"两系。为免于繁琐,"方技略"引书甚多,皆可存而不论。

李柱国所定出之"房中",今日看来,应是性技术教育之书,在此约二百年前汉文帝十二年,马王堆出土之十四种古药书,其中有三种是古时性教育之书,在一本竹简书之性教育,原有书名叫《天下至道谈》,书中专讲男女性姿势性技巧。成帝时之侍医李柱国,所收房中书目亦指健康女性,多是性教育,而特重生儿子,亦教导男性修养性能力,不具广加引举。但在此可直引李柱国对"房中"之解释原文:

> 房中者,情性之极,至道之际。是以圣王制外乐以禁内情,而为之节文。传曰:先王之作乐,所以节百事也。乐而有节,则和平寿考。及迷者弗顾,以生疾而陨性命。(《汉书·艺文志》方技略)

此段正式引文,已为房中之正大宗旨,申述甚是明白。

下面当可进一步谈谈方技略中之"神仙"一系,仍当直引李柱国申叙之原文。

李柱国在方技略中开出"神仙"一系,用今时眼光看来,简单说这就是现时医道中之"老人医学"。只是汉代已有,值得重视。

我人阅看"神仙门"所列书目,便知其宗旨在为年老之人作各种防护之道。如其有步引之书,即《庄子》书中之道引。又增加按摩一项,食芝菌一项,更多之书即是《神农本草》,则称之为药饵。凡此皆是老人医学。再次直引李柱国原文,以明晓其"神仙门"之用意:

> 神仙者,所以集性命之真,而游求于其外者也。聊以荡意平心,同死生之域,而无怵惕于胸中。然而或者专以为务。则诞欺怪迂之文,弥以益多,非圣王之所以教也。孔子曰:"索隐行怪,后世有述焉,吾不为之矣。"(《汉书·艺文志》)

由李柱国述论之神仙一门,可知当年老人医学之纯正宗旨。看来顾颉刚、闻一多二人之神仙说,实与之风马牛不相及。

下面须再直引李柱国原文所论之"方技"一义:

> 方技者,皆生生之具,王官之一守也。太古有岐伯、俞拊,中世有扁鹊、秦和。盖论病以及国,原诊以知政。汉兴有仓公,今其技术暗昧,故论其书,以序方技为四种。(《汉书·艺文志》)

述论至此,则世人当知古来医学道术,至西汉形成一门学问,表现中国医学学术之成立,后世历代沿承发展,代有新益,不及具论矣。

例三

前面所写两例,乃学术性议论,未免繁重。现在又提出三四两例,则完全属于普通常识。文字短,内容浅,自不会令人沉闷。

例三所要谈的是近十年中热门话题的绪余。

我国二十世纪学界领袖,要首推傅斯年先生,他能开新、肯实干。故有考古发掘及创设历史语言研究所之学术重镇。细节不表,他于五十年代因国共内战而将历史语言研究所连图书、铜器、头骨,一并航运到台湾,终于在南港恢复其一切研究工作,不待详述。

近年有大陆学者,撰著大陆与台湾两地学人关系以及分离故事,此类专书,颇受各界爱读,人物俱已物故,书传自能保存纪录。鄙人要在此际略作一些补充,亦可见两方交流,实非易见,亦非容易。

历史语言研究所在南港有不少权威名家,其中董作宾(字彦堂)先生是甲骨学名家。以所著《殷历谱》及《甲骨文断代》而负盛名,并亦担任历史语言研究所所长。

在大陆考古与古史学界,能提起董作宾之名者不多。以鄙人所知,只有王献唐及徐中舒两位很重视董作宾。见于王氏所著《炎黄氏族文化考》一书。王献唐学术成就深,声誉名望高。其书乃为史前史开山之作,绝不提旧石器、新石器,而于黄帝以前增叙炎帝更上及于伏羲氏。广用甲骨、金文,尤重传统文献,其书可存世不朽。至于徐中舒亦是史学大师,著有《先秦史论稿》。

在历史语言研究所又有汉史权威劳榦(字贞一)先生,他生平著作甚多,而最具贡献之作是其《居延汉简考释及释文》,功力至深而成效至钜。可惜台湾史界无人利用做研究。然在大陆却有陈直先生合并敦煌木简,研考河西走廊自汉武帝以至汉元帝之成边、成所、成卒及成卒职守、戍卒家人子女,详加论述,重要年代引自武帝以及元帝各年。汉简史料直延伸至东汉初年,甚是精详,此对劳榦先生乃是一大知音人。陈直精于汉学,并长于铜镜铭,致力最博,自汉以下,包括南北朝以及唐代均有涉论,乃是一名家。

在历史语言研究所,尚有吴缉华先生,他是明史权威史家,于运河、朝政、官守、官制,俱有重要论述。因是明史大家,多人不知,他于古代年代学,亦有深厚研究。大陆学者吴树平校注清人顾栋高之《春秋大事表》全三册,就援引吴缉华补充顾栋高之年表,颇为看重吴缉华先生。

例四

在此要谈论最常用的通俗的文章或详篇的集子,以供世人一般性阅读鉴赏,并能获得对中国文学的基础知识。

当然为此要举示六十年代台湾师范大学国文系老师以及我的几位国文系学长等所做之工作。

师大国文系老师谢冰莹教授,和几位学长林明波、邱燮友、左松超等(俱已是在校教授)联合工作,选择自清康熙年间由一位浙江秀才吴楚材先生所编选的《古文观止》一书,由他们四人,将其中文章加以断句、分段,并作每一文字之国音符号注音,再作文章字辞详明注解,令人易懂。再将全文以语体文译成白话。尚再须附开原作者姓名身世、成就贡献以及诗文著作。此外尚须将原文章之体制结构,写作技巧,作简略分析,以增加读者识见。

总之,师大校友所做纯为通俗起见,方便各界人士在余暇中增长识见。鄙人做学问,不敢高蹈自重,亦早购买阅读。

接着再提示一本唐诗选集,乃是师大学长邱燮友教授在各样唐诗选集中,选择了清代乾隆时进士孙洙的《唐诗三百首》。孙洙也多次任地方官,晚年乃选编《唐诗三百首》。孙洙是江苏无锡人,曾遍读唐代名家诗集,在其中精选三百二十一首。于古体、近体、乐府三种体制,均有收录,可谓全备。

邱燮友教授选本细心,同样加注国音符号,又有语译、诗体分析,以及作者传略,皆仿《古文观止》方式,盖便于世人阅读,我之诗学肤浅,向未用心。今亦购买一册,存之手边,待暇之时,取来选读几首,不能深入,聊为遣兴而已。

例五

此次提示一篇书评,要评论罗尔纲所著之《湘军新志》,当罗尔纲青壮之时,在胡适门下任研究助理有五年之久。罗尔纲有此良机,不免自负高才。当年就撰著《湘军新志》一书,书一问世,当即令人耳目一新,看来有些新见解。罗氏亦颇具自信。其一,他书中提到湘军之起,是"兵为将有的起源"。

以鄙人毕生治史经验,我于湘军、淮军下功夫最大,到今而言,敢说是具有深厚功力。自须勇敢批评罗尔纲创说不能成立。先看曾国藩练湘军之始,已明言仿效戚继光之《纪效新书》,要知戚继光剿平倭寇,乃是靠其戚家军,世人共知,此时已是兵为将有的起源。何须晚至曾国藩时期?

第二个问题,罗氏之《湘军新志》说明湘军所以制胜的关键,乃是湘军兵士月饷,是每月银子四两五钱。罗氏指明绿营兵士月饷只有二两五钱,远不及湘军优厚。看来他全不敢说当年大军集于江南大营,拥兵七万之众,这些大军全是绿营兵,湘军插不上手。当年看不到士兵月饷如何,而全国各省协饷源源而来。湘军是没有份的。再加江、浙两省,以富厚资源接济江南大营,而湘军分不到分文。像清朝廷,把绿营当成国军(称经制军),看湘军只是湖南一地偏兵,怎会看重湘军?湘军靠什么支持。除湖南接济军饷之外,主要是靠地方厘金。兵到何处,即在何处设卡收厘金,此是可靠饷源,也可怜得很。如此我得推翻罗尔纲之瞀说。

再说罗氏《湘军新志》内容之疏漏,真是令人大为惊异。下面略加解说。

既然是《湘军新志》,不是要表述全面军力之内容吗?实际书中于湘军全支系,未作交代。今提示如下。

江忠源一支,在于新宁,江公战死后尚有江忠济,江忠淑领军,此支湘军,书中只字未提。新宁尚有一支刘长佑、刘坤一湘军,转战广东。罗氏看来是只字未提。

本来湘乡成立湘军最先者是王珍一军,王珍在咸丰七年病死。其军由王开化、张运兰分统,但是号称"老湘营",其战将刘松山以及王氏族人均随左宗棠规复陕甘二省,并在刘松山死后由其侄刘锦棠追随左宗棠收复新疆全省。这支军队,罗氏只字未提。

世人能知谁是湘军主力吗?答案是罗泽南这一支,其军不过六千人而名将俱集其军,有李续宾、李续宜、刘蓉、蒋益澧、杨昌濬,俱是独当一面之将校,并最终升任督抚。罗泽南战死,李续宾接统,李续宾战死,李续宜接统。如此大支军伍,而罗氏只字未提。

湘军胡林翼受任湖北巡抚,对于曾国藩助力最大。然胡林翼知兵任将,气度恢宏,在其旗下,培植战将四家。一为鲍超五百人起家成为霆军,扩充到一万五千人。其时重用多隆阿,多隆阿虽是满人而所带则为湘军兵勇,当时有"多龙鲍虎"之称。其三唐训方一支,大军援皖北,官至巡抚。其四,雷正琯晚出,助左宗棠规复陕甘二省。凡此四军,罗氏亦只字未提。

曾国藩亲信李元度领军平江勇,陈士杰领桂勇。罗氏亦只字未提。

看来曾国藩及其弟曾国荃应当看成主流吧,尤其自咸丰十年国藩当上两江总督以钦差大臣节制四省军务,此起即是面对太平军要直捣金陵,消灭太平军。曾国荃原亦率领数千打下安庆增至一万,自此沿江直下,目的围攻金陵,自同治元年至三年六月攻下金陵,其统兵已过五万人之众。攻破天京,红旗报捷,清封国藩一等候,国荃一等伯,李臣典一等子,萧孚泗一等男。如此攻克金陵大军,即《湘军新志》亦无甚着意。想想所写此书,所为何来?怎不受人质疑。未料竟有不学无术的何炳棣看中《湘军新志》,在罗氏晚年,将其书大为力捧吹嘘。我亦亲闻其言。奉劝学界有心人能拿来王闿运之《湘军志》、王定安之《湘军记》互相作一比较,即可判断《湘军新志》价值如何。

征引书目

甲　专书

章学诚.章氏遗书.八册.上海：商务印书馆

张荫麟.张荫麟文集.台北：中华丛书委员会.1956

刘复译.乾隆英使觐见记.上海：中华书局.民国六年(1917)

刘咸炘.治史绪论.台北：鼎文书局影印.尚友书塾印.民国十七年
　　(1928)

吴相湘.近代史事论丛.第一册.台北：文星书店.1964

章炳麟.訄书.台北：中国国民党党史委员会印(影印清末原本).1968

江永.周礼疑义举要.载皇清经解.第五九至六十册

春秋左传注疏：六十卷.嘉庆二十年(1815).十三经注疏本.江西南昌二
　　府学刊

章嵚.中华通史.五册.台北：商务印书馆.1959

冯友兰.中国哲学史.二册.上海：商务印书馆.民国二十三年(1934)

徐旭生.中国古史的传说时代.1960

夏曾佑.中国古代史.商务印书馆.1963 年一版

钱穆.中国历史研究法.台北：三民书局.1969

梁启超.中国历史研究法.上海：商务印书馆.民国十一年（1922）一月
　　初版

蔡尚思.中国历史研究法.上海：中华书局.民国十三年（1924）

陈恭禄.中国史.第一册（自上古以至秦）.长沙：商务印书馆.民国二十
　　九年（1940）一月初版.民国三十年（1941）三月再版

魏应麒.中国史学史.长沙：商务印书馆.民国三十年（1941）

金毓黻.中国史学史.台北："国史研究室"影印.1972 年 10 月（初版为
　　1941 年 8 月）

李宗侗.中国史学史.台北：中华文化出版事业委员会.1953 年初版.
　　1955 年 5 月再版

杜维运、黄进兴.中国史学史论文选集.二册.台北：华世出版社.1976

朱希祖.中国史学通论.南京：独立出版社.民国三十二年（1943）四月初
　　版.民国三十六年（1947）十二月再版

翦伯赞.中国史纲.第一卷（史前史、殷周史）.上海：生活书店.民国三十
　　五年（1946）七月初版.民国三十五年（1946）十月再版

周谷城.中国通史.上、下二册（自远古叙至民国军阀）.上海：开明书店.
　　民国二十八年（1939）八月初版.民国二十九年（1940）十一月二版

班固.汉书.台北：明伦出版社影印.1972

湘报类纂.六卷（八册）.光绪二十八年（1902）.上海：中华编译印书馆印

何炳松译.新史学（James Harvey Robinson. *New History*）.上海：商务印
　　书馆.民国十三年（1924）

董之学译.新史学与社会科学（Harry Elmer Barnes. *The New History and
　　the Social Studies*）.上海：商务印书馆.民国二十二年（1933）

学人.文史丛刊.第一辑.台北:"中央日报"社印行.1957

顾颉刚等编.古史辨.全七册.台北:明伦出版社影印.1970

王国维.观堂集林.台北:世界书局影印.1961

龚自珍.龚自珍全集.台北:河洛出版社影印.1975

柳诒徵.国史要义.台北:中华书局.1971 年 11 月四版

国语.中华书局.四部备要本

黎东方译.历史之科学与哲学(Henri Sée. *Science et Philosophie de l'Histoire*).台北:商务印书馆影印.1963

周培智.历史学历史思想与史学研究法述要.台北:史学出版社.1973

张存武、陶晋生合编.历史学手册.台北:食货出版社.1976

容继业译.历史意义与方法(Donald V. Gawronski. *History:Meaning and Method*).台北:幼狮书店.1974

王任光译.历史论集(Edward H.Carr. *What is History?*).六次讲演集于一书:一、历史家与事实.二、社会与个人.三、历史、科学与道德.四、历史上之因果关系.五、历史与进步.六、历史研究的新展望.台北:幼狮书店.1968

廖中和译.历史的功用(A.L.Rowse. *The Use of History*).台北:幼狮文化事业公司.1970

何炳松.历史研究法.民国十六年(1927)

吕思勉.历史研究法.台北:华世出版社影印.1974

杨鸿烈.历史研究法.台北:华世出版社影印.1975

余英时.历史与思想.台北:联经出版公司.1976

黄以周.礼书通故.五十卷.光绪十九年(1893).黄氏试馆刊.台北:华世出版社影印.1976

杨衒之撰、徐高阮重别文注并校勘.重刊洛阳伽蓝记.台北:台联国风出版社.1975 年 11 月再版本(1960 年 8 月初版,线装本)

张荫麟.论传统历史哲学.台北:"中央文物供应社".1953

萧子显.南齐书.上海:商务印书馆影印.宋蜀大字本

赵翼.廿二史札记.三十六卷.上海:中华书局.四部备要本

帛书老子(内附伊尹九主及黄帝四经).台北:河洛图书出版社.1975

屈万里.尚书释义.台北:中华文化出版事业社.1956 年初版.1966 年第
    四版

泷川资言.史记会注考证.台北:宏业书局影印.1972

向达、梁思成、黄静渊、陈建民、陈训恕译.世界史纲(H. G. Wells. *The
    Outline of History*).上海:商务印书馆.民国十六年(1927)

周谦冲译.史学家与科学家(Gaetano Salvemini. *Historian and Scientist*:
    An Essay on the Nature of History and the Social Sciences).商务印书
    馆.民国三十四年(1945)四月初版.1962 年十一月台北版

张致远(贵永).史学讲话.台北:中华文化出版事业委员会.1952

蒋祖怡.史学纂要.民国三十三年(1944)七月重庆初版.台北:正中书
    局.1952

余鹤清.史学方法.台北:乐天出版社.1971 年 1 月再版

陈韬译.史学方法论(E. Bernheim. *Lehrbuch der Historischen Methode*).台
    北:商务印书馆.1970 年 2 月第二版

陆懋德.史学方法大纲.重庆:独立出版社.民国三十四年(1945)

傅斯年.史学方法导论.载傅孟真先生集.中编.丁种.台北.1952

李宗侗.史学概要.台北:正中书局.1968

宋晞编.史学论集.台北:华冈出版社.1977

向达译.史学史(Harry Elmer Barnes. *History of History*).上海:商务印书
    馆.民国十九年(1930)十二月初版.民国二十三年(1934)国难后
    第一版

涂永清译.史学导论.台北:水牛出版社.1976

姚永朴.史学研究法.台北:"中央文物供应社".1953

李泰棻.史学研究法大纲.民国九年(1920)五月初版.民国十年(1921)四月再版.北京武学书馆发行(中研院近代史研究所藏)

许冠三.史学与史学方法.台北:旋风出版社.1959

李思纯译.史学原论(Ch. V. Langlois, Ch. Seignobos. *Introduction aux Etudes Historiques*).上海:商务印书馆.民国十五年(1926)十月初版.民国二十二年(1933)二月再版

蒲起龙释、吕思勉评.史通释评.台北:华世出版社.1975

张采田.史微.台北:华世出版社影印.壬子重刊本.1975

吴大澂.说文古籀补.著十四卷.补遗一卷.苏州:振新书社石印本.光绪九年(1883)(序)

顾颉刚.当代中国史学.南京:胜利出版公司.民国三十六年(1947).台北影印本

郑樵.通志.上海:商务印书馆.民国二十四年(1935).万有文库本

何炳松.通史新义.上海:商务印书馆.民国十九年(1930)六月初版.民国二十三年(1934)三月再版

王闿运.王志.二卷.光绪三十三年(1907).刊于承阳

贺昌群.魏晋清谈思想初论.上海:商务印书馆.民国三十六年(1947)

饶宗颐.文选序"画像则赞兴"说.南洋大学李光前文物馆文物汇刊.创刊号.新加坡.1972年刊

章炳麟(太炎).文始.上海:右文社印章氏丛书本

章学诚.文史通义.台北:汉声出版社.1973年二版

姚从吾先生全集——历史方法论.第一册.台北:正中书局.1971

严复.严几道文钞.上海:国华书局.民国十一年(1922)

罗振玉.殷虚书契考释.载罗雪堂先生全集.三编.台北:华文书局影印.1970

杜维运.与西方史家论中国史学.台北.1966

李思纯.元史学.上海.中华书局.民国十五年(1926)十二月初版.民国二十九年(1940)一月第四版

乙 论文

古伟瀛.爱德华·休特的史家与电脑.食货月刊.四卷四期.台北.1974

傅振伦.章实斋之史学.史学年报.一卷五期.北平.民国二十二年(1933)

吴蔚若.章太炎之民族主义史学.大陆杂志.十三卷六期.台北.1956

王尔敏.陈寅恪著《元白诗笺证稿》读后.食货月刊.二卷十期.台北.1973

柳诒徵.正史之史料.史地学报.二卷三期.南京.民国十二年(1923)

牟润孙.记所见之二十五年来史学著作.思想与时代.1964年刊.收入"中国史学史论文选集"

陆宝千.嘉道史学.中研院近代史研究所集刊.第四期.下册.台北.1974

马先醒.简牍形制述要.史学论集.台北:华冈出版社.1977

怀遇.浅谈历史著作的通俗化.《"中央日报"》副刊.台北.1969年11月23日

劳榦.近代中国史学述评.史学论集.台北:华冈出版社.1977

萧一山.近代史书史料及其批评.第三期.志林.民国三十一年(1942)刊.收入"中国史学史论文选集"

于宗先.经济史研究的新趋向.食货月刊.一卷四期.台北.1971

钱穆.经学与史学.民主评论.三卷二十期.香港.1952

杜维运.经世思想与中国史学.史学论集.台北:华冈出版社.1977

杜维运.清乾嘉时代之历史考证学.大陆杂志.史学丛书.第二辑第六册.台北.1977

郑鹤声.清儒对于"元史学"之研究.史地学报.三卷四至五期.四期.民国十三年(1924)、十四年(1925)分刊

陈训慈.清代浙东之史学.史学杂志.二卷六期.民国十九年(1930)

鲍家麟译.作为社会科学的史学.食货月刊.一卷三期.台北.1971

杜维运.中西史学之争.思与言.二卷四期.台北.1964

罗炳绵.中国近代社会史研究途径的探索.食货月刊.六卷八期.台北.1976

王恒余.中国古代"史"之研究.未刊稿本

王恒余.中国古代的尹官.大纲稿本.未刊.1968年3月15日稿

罗香林.中国谱牒学史.史学论集.台北:华冈出版社.1977

柳诒徵.中国史学之双轨.史学与地学杂志.第一期.台北:文海出版社影印.1971

钱穆.中国史学之特点.新亚生活双周.第一卷十五期.香港.1958.收入"中国史学史论文选集"

吕谦举.中国史学思想的概述.人生半月刊.第三四二期.香港.1965

王尔敏.发展学术必须自健全工具做起.思与言.五卷六期.台北.1968

蓝文徵.范蔚宗的史学.民主评论.四卷十二期.香港.1953

Jerry Ginsburg 著、黄进兴译.分析式历史哲学对史家的启示.食货月刊.六卷七期.台北.1976

杨树达.汉书释例.燕京学报.第三期.北京.民国十七年(1928)

杜维运.西方史学输入中国考.台湾大学历史系学报.第三期.台北.1976

Frank E.Manuel 著、江勇振译.心理学在史学上的应用与滥用.食货月刊.二卷十期.台北.1973

阮芝生.学案体裁源流初探.史原.第二期.台北.1971

Isaiah Berlin 著、李恩涵译.环绕"科学的历史"的有关问题.思与言.三卷一期.台北.1965

Samuel E.Monrison 著、杨绍震译.一个历史家的信仰(1950年12月29日在芝加哥集会之美国历史学会会长讲演词).大陆杂志.史学丛

书.第二辑第六册.台北.1967

黄树民.人类学功能理论的发展.思与言.五卷五期.台北.1968

谢剑.人类学与历史学.思与言八卷一期.台北.1970

周梁楷.卡耳及巴特费尔德史学理论之比较.中兴大学文史学报.第五
    期.台中.1975

陈锦忠.科际整合与历史研究.《"中央日报"》副刊.台北.1968 年 5 月
    20 日

黄俊杰译.科学方法与史学家的工作.思与言.九卷六期.台北.1972

刘光汉.古学出于史官论.国粹学报.第一期.学篇.上海:国粹学报馆.光
    绪三十一年(1905)正月二十日

陶希圣.古代的史官与史学.食货月刊.三卷三期.台北.1973

陈华.历史解释中之地理因素.食货月刊.四卷十期.台北.1975

黄进兴.历史解释和通则的关系:韩培尔观点之检讨.食货月刊.四卷八
    期.台北.1974

黄安雄.历史解释的理念架构与经验事实.思与言.十三卷三期.台
    北.1975

黄进兴.历史相对论的回顾与检讨:从比尔德和贝克谈起.食货月刊.五
    卷二期.台北.1975

Seymour Lipset 著、黄俊杰译.历史学与社会学:若干方法学上的省察.
    食货月刊.一卷十二期.台北.1972

陆宝千.历史学的理论架构.思与言.一卷五、六期.台北.1963

毛一波.历史一词的来源.大陆杂志.二十七卷九期.台北.1963

何炳松.历史上之演化问题及其研究法.史学与地学.第四期.台北:文海
    出版社影印

杨君实.历史的趣味.《"中央日报"》副刊.台北.1970

劳榦.历史的考订与历史的解释.学人.文史丛刊.第一辑.《"中央日

报"》.台北.1957

Samuel P.Hays 著、邱成章译.历史的社会研究.观念方法与技术.食货月刊.四卷四期.台北.1974

杜维运.历史文章.《"中央日报"》.附刊."学人".第一八八期.台北.1961年1月24日

杜正胜.历史研究的课题与方法.食货月刊.三卷五期.台北.1973

傅斯年.历史语言研究所工作之旨趣.中研院历史语言研究所集刊第一本.广州.民国十七年(1928)

增补书目

雷海宗.中国文化与中国的兵.台北:里仁书局.1984

许冠三.新史学九十年.香港中文大学出版社.1986

梁启超史学论著三种.香港:三联书店.1984

王充.论衡注释.北京:中华书局.1979

杜维运.史学方法论.台北:华世出版社.1979

温儒敏、丁晓萍合编.时代之波——战国策派文化论著辑要.北京:中国广播电视出版社.1995

沙学浚.地理学论文集.台北:商务印书馆.1972年初版.1996年三印

王尔敏.百年来的史学风气与史学方法.汉学研究通讯.八〇号.台北.2001

王尔敏.二十世纪史学之开拓与先驱史家.近代中国.一四七期.台北.2002

王尔敏.关于当代史学主流特色之史学方法.近代中国.一五一期.台北.2002